2018 年度辽宁省哲学社会科学规划基金项目
（项目编号：L18AZS001）

# 辽代五京地方政务运行研究

王旭东 著

知识产权出版社
全国百佳图书出版单位
——北京——

**图书在版编目（CIP）数据**

辽代五京地方政务运行研究 / 王旭东著 . -- 北京：知识产权出版社，2021.7
ISBN 978-7-5130-7593-0

Ⅰ . ①辽… Ⅱ . ①王… Ⅲ . ①地方政府—行政管理—研究—中国—辽代 Ⅳ . ① D691.22

中国版本图书馆 CIP 数据核字 (2021) 第 132765 号

**内容提要**

辽王朝建置五京，直接管辖地方州县，这种统辖方式有效地加强了中央对地方的统治和管辖。在辽朝统治的二百余年，围绕皇权而进行的朝廷内部斗争一直不断，而中央与地方并没有发生大的矛盾冲突，说明五京地方管理制度对辽代政局稳定具有重要意义。本书对辽代五京地方政务运行情况进行全面考察，包括五京建置、五京留守的职掌，考补五京留守任职人员，由家族出身、入仕途径和前任职官分析辽代五京留守的任选，推断留守的更换频率，对留守的去职进行分类，总结出辽代五京地方政务运行基本概况。

**责任编辑：**李　婧　　　　**责任印制：**孙婷婷

**辽代五京地方政务运行研究**

LIAODAI WUJING DIFANG ZHENGWUYUNXING YANJIU

王旭东　著

**出版发行：**知识产权出版社有限责任公司　　**网　　址：**http：//www.ipph.cn
　　　　　　　　　　　　　　　　　　　　　http：//www.laichushu.com
**电　　话：**010-82004826
**社　　址：**北京市海淀区气象路50号院　　**邮　　编：**100081
**责编电话：**010-82000860转8594　　**责编邮箱：**lijing@cnipr.com
**发行电话：**010-82000860转8101　　**发行传真：**010-82000893
**印　　刷：**北京中献拓方科技发展有限公司　　**经　　销：**各大网上书店、新华书店及相关专业书店
**开　　本：**720mm×1000mm　1/16　　**印　　张：**18.25
**版　　次：**2021年7月第1版　　**印　　次：**2021年7月第1次印刷
**字　　数：**280千字　　**定　　价：**82.00元

ISBN 978-7-5130-7593-0

# ◎目录

# ◎绪论

近年来，随着辽史研究的不断推进，学术界对辽代官员群体、社会阶层的专门性研究也日益深入，由此对辽代社会的研究也不断加深。[1]但纵观国内外研究现状，笔者发现关于辽代五京地方政务运行机制的研究却受到一定的忽视和冷落，除了五京留守汇总表以外[2]，相关研究成果均散见在各种辽代研究的论著中。学术界对辽代五京地方政务运行缺乏全面、系统、深入的考察研究明显不足，因此，本研究想就此做初步探讨。

辽代五京地方政务运行比较直接地体现在地方职官——留守。因为辽代五京留守一般兼任府尹，代表天子守土，镇守一方，其地位尤为特殊[3]，其职掌范围涵盖统

---

❶ 张国庆．辽代社会史研究 [M]. 北京：中国社会科学出版社，2006；王善军．世家大族与辽代社会 [M]. 北京：人民出版社，2008；冯小琴．辽代政权中的汉族官僚集团 [J]. 甘肃高师学报，2004（6）：109–111；陶玉坤．辽朝家族史研究 [J]. 史学史研究，2007（4）.

❷ 吴廷燮．辽方镇年表 [M]// 金毓黻．辽海丛书第一册．沈阳：辽沈书社，1984：39–78；杨若薇．契丹王朝政治军事制度研究 [M]. 北京：中国社会科学出版社，1991：286–292；项春松．辽代历史与考古 [M]. 呼和浩特：内蒙古人民出版社，1996：48，55，70，78，87.

❸ 王民信．辽“东京”与“东京道”[M]// 王民信辽史研究论文集．台北：台湾大学出版中心，2010：313–344.

军作战、租赋钱谷、官吏廉察、边境防务等多个方面，在贯彻执行中央意志、实现所在地区的有效统治、协调中央与地方的关系等方面发挥着至关重要的作用。

辽王朝作为少数民族建立的政权，在五京地方政务运行方面首先考虑的是对留守的选任，既要考虑到本民族的因素，切实保障统治阶层的既得利益，又要将汉族等其他民族中的世家大族纳入其中，为我所用，实施“因俗而治”。

## 一、辽代五京建置问题

杨树森曾就上京临潢府（今内蒙古自治区巴林左旗）、东京辽阳府（今辽宁省辽阳市）、南京析津府（今北京市）、中京长定府（今内蒙古自治区赤峰市）、西京大同府（今山西省大同市）营建过程、建置规制做过详细叙述。[1]杨若薇在《契丹王朝政治军事制度研究》的“五京的建置过程”部分论述了五京建置过程。[2]姜含的《辽代五京建置研究》从历史地理角度论述了辽代五京建置的历史渊源、建置沿革、城市职能以及五京的作用及其影响等。[3]学术界对辽代五京建置时间持有不同的观点：曹尔琴在《宋代行政区划的设置与分布》中论述了辽五京始设时间；[4]韩滨娜在《略论辽代地方行政区划制度》中对辽五京建置时间提出了自己的观点；[5]李锡厚、白滨在《中国政治制度通史·辽金西夏》中也对五京建立时间做了研究；[6]于宝林在《契丹古代史论稿》附录二“契丹五京及契丹在草原腹地（上京道、中京道）建城镇资料集

---

[1] 杨树森．辽史简编 [M]. 沈阳：辽宁人民出版社，1984：185−191.

[2] 杨若薇．契丹王朝政治军事制度研究 [M]. 北京：中国社会科学出版社，1991：172−184.

[3] 姜含．辽代五京建置研究 [D]：沈阳．辽宁大学，2011：2.

[4] 曹尔琴．宋代行政区划的设置与分布 [J]. 中国历史地理论丛，1992（3）：71−88.

[5] 韩滨娜．略论辽代地方行政区划制度 [J]. 东北师范大学学报，1993（2）：30.

[6] 李锡厚，白滨．中国政治制度通史·辽金西夏 [M]. 北京：人民出版社，1996：109−110.

录”中考证了五京设置的时间。[1] 此外，伞雾虹的《辽朝上京建置研究》就辽上京的建置做了专门探讨。[2]

## 二、辽代五京留守问题

### （一）辽代五京留守职官设置

杨若薇在《契丹王朝政治军事制度研究》中指出，留守的职任长期化、固定化，且形成了一套完整的留守官署。从已有的资料中可以找到辽朝留守司中设置的一些职官：留守、知留守事、副留守、行府尹事、同知留守事、留守判官、留守推官等，留守一职成为长期定职。留守总揽一方军、政、财诸大权，坐镇一方，几拟于人主。[3] 何天明的《辽代南面官探讨》一文中认为，南面京官（亦曰京官）的设置有政治和经济原因。作为地方行政部门，五京均设有最高办事机构“留守司”。最高长官为“某京留守”，兼行京城府尹之事。留守由中央直接选派，契丹、汉人均占相当比例。被任用者，一般都曾担任过“朝官”中的某一要职，或在朝中挂职。[4] 在《辽代南面京官探讨》一文中他进一步指出，辽代的“南面京官”是随着五京的建立而设置的，是主管五个京城各类事务的行政机构和职官体系。京官设置可能以五京的地理位置并依其发挥的作用为基本思路的，同时参考了唐代的制度，又根据统治需要进行了必要的改造而形成的。[5] 屈文军在《辽西夏金元史十五讲》中也认为，留守实际上是固定一方的地方大臣，这一点与中原王朝的京城留守是不一样的；他们到各个京城做官，不像中原王朝一样被认为是“入为朝官”，而只能称作“出”为地

---

[1] 于宝林．契丹古代史论稿 [M]. 合肥：黄山书社，1998：413–418.

[2] 伞雾虹．辽朝上京建置研究 [D]. 大连：辽宁师范大学，2006.

[3] 杨若薇．契丹王朝政治军事制度研究 [M]. 北京：中国社会科学出版社，1991：189–192.

[4] 何天明．辽代南面官探讨 [J]. 内蒙古师范大学学报，1991（2）：91–97.

[5] 何天明．辽代南面京官探讨 [J]. 内蒙古社会科学，2005（1）：39–44.

方官。[1]

韩滨娜的《略论辽代地方行政区划制度》、杨福瑞的《辽朝推行州县制过程考述》、王明荪的《论辽代五京之性质》等也对辽代五京留守司和留守有所涉及，提供了很有价值的研究思路和线索。[2]

1. 辽代五京首任留守问题

就某京留守设置而言，五京研究进展并不一致，有的研究成果比较丰富、结论明确，而有的结论争论较多，现分别介绍如下：

**上京留守** 《辽方镇年表》记载，会同五年至六年（942—943 年）耶律遥辇首任上京留守，杨福瑞在《辽上京留守系考》中认为，上京留守设立于会同元年（938 年）之后、会同六年（943 年）之前，耶律迪辇是《辽史》中所见的第一个上京留守。而《契丹王朝政治军事制度研究》中认为，天赞三年至天赞四年（924—925 年）耶律倍第一个担任上京留守。

**东京留守** 《辽方镇年表》中记载，天显三年至天显十年（928—935 年）耶律觌烈第一个担任东京留守，杨若薇《契丹王朝政治军事制度研究》也持同样观点。都兴智在《试论耶律羽之家族与东丹国》一文中认为，东京留守应出现在辽东京确立的天显五年（930 年）之后，首任东京留守可能是耶律隆先。[3]林鹄也支持此观点，他指出东京地区军政归北院，民事归南院，可能发生在景宗朝。史籍中可以明确时代的东京留守，最早即出现于此时。《平王隆先传》曰："母大氏。景宗即位，始封平王。未几，兼政事令，留守东京。薄赋税，省刑狱，恤鳏寡，数荐贤能之士。后与

---

[1] 屈文军．辽西夏金元史十五讲 [M]. 上海：上海古籍出版社，2008：28.

[2] 韩滨娜．略论辽代地方行政区划制度 [J]. 东北师大学报，1993（2）：30-33；杨福瑞．辽朝推行州县制过程考述 [J]. 内蒙古社会科学，2008（4）：44-49；王明荪．论辽代五京之性质 [J]. 史学汇刊，2009（23）：143-191.

[3] 都兴智．略论辽朝统治时期辽宁境内的民族 [J]. 辽宁工程技术大学学报，2006（6）：624-627.

统军耶律室鲁同讨高丽有功。”[1]隆先是世宗的弟弟、景宗的叔叔，从他的身份以及留守东京后的政绩来看，此时的东京留守应当已是东京地区事务的总负责人。[2]

**南京留守** 《辽方镇年表》记载，天显十一年至十二年（936—937年）赵思温首任南京留守。但杨若薇在《契丹王朝政治军事制度研究》中认为，会同元年至会同二年（938—939年）赵思温担任南京留守。

**中京留守** 《辽方镇年表》记载，统和十二年（994年）室昉首任中京留守，而杨若薇《契丹王朝政治军事制度研究》认为，开泰四年至开泰六年（1015—1017年）王继忠担任中京留守。河上洋的《辽五京的外交机能》认为，在史料中最先出现的中京留守是王继忠。[3]

**西京留守** 《辽方镇年表》记载，会同七年（944年）耶律孔阿首任西京留守；杨若薇《契丹王朝政治军事制度研究》认为，重熙十五年（1046年）耶律马六首任西京留守。

2. 辽代五京留守任职人员的考证

对辽代五京留守任职人员的情况，吴廷燮和杨若薇按照时间顺序进行了列表汇总；项春松参考《契丹王朝政治军事制度研究》中有关五京留守的人数、人名，对副留守做了一些补充。总体而言，这些研究仅仅是汇总，对留守和副留守未加区分。[4]能够出任五京留守的人员多为辽代统治阶级，因此，以此为研究对象的部分论著也做了汇总，如《辽夏金元史徵·辽朝卷》第四编社会编第一章第一节和《辽会

---

❶ 脱脱．辽史·卷七十二·平王隆先列传 [M]. 北京：中华书局，1974：1211.

❷ 林鹄．南望·辽前期政治史 [M]. 北京：生活·读书·新知三联书店，2018：237.

❸ 河上洋．辽五京的外交机能 [M]// 姜维公，高福顺．中朝关系史译文集．长春：吉林文史出版社，2001：314-335.

❹ 吴廷燮．辽方镇年表 [M]// 金毓黻．辽海丛书第一册．沈阳：辽沈书社，1984；杨若薇．契丹王朝政治军事制度研究 [M]. 北京：中国社会科学出版社，1991；项春松．辽代历史与考古 [M]. 呼和浩特：内蒙古人民出版社，1996.

要》中“皇子附皇孙、外戚和外戚世系”。[1]还有很多留守人员的石刻、墓志资料得以留存，学术界对此也做了收集整理和考证。[2]

在五京留守考证方面，南京留守研究较为充分，出版有专著一部，论文五篇。李谷城在《辽代南京留守研究》一书的“第二章 辽代南京留守的任免分期”“第七章 辽代南京留守传记”和“附录一 新编辽代南京留守表”中对24位南京留守逐一考证并汇总。[3]王玲在《辽代燕京与契丹社会发展》一文中，根据《辽史》《续资治通鉴》等文献，制成《辽南京留守表》。[4]康鹏的博士论文《辽代五京体制研究》，参考吴廷燮的《辽方镇年表》、杨若薇的《契丹王朝政治军事制度研究》之《附录辽五京留守年表》、高井康典行的《遼の“燕雲十六州”支配と藩鎮体制——南京道の兵制を中心として》附表［《早稲田大学大学院文学研究科紀要别册第二一集》（哲学・史学编），1994年2月，第113－125页］，又根据文献资料及新出土墓志做了若干修正、补充，重新制《南京留守年表》。[5]

上京留守有六部论著，其中杨福瑞在《辽上京留守系考》中专门对上京留守进行研究，认为自辽太宗耶律德光即位始设上京留守之职，至辽朝灭亡历二百余年，可考者有三十七人先后任过此职，成为辽朝官僚系统中重要的一部分。何天明、曹

---

❶ 张久和．辽夏金元史徵・辽朝卷[M]．呼和浩特：内蒙古大学出版社，2007；陈述，朱子方．辽会要[M]．上海：上海古籍出版社，2009.

❷ 陈述．全辽文[M]．北京：中华书局，1982；向南，张国庆，李宇峰．辽代石刻文续编[M]．沈阳：辽宁人民出版社，2010；盖之庸．内蒙古辽代石刻文研究（增订本）[M]．呼和浩特：内蒙古大学出版社，2007；刘凤翥，唐彩兰，青格勒．辽上京地区出土的辽代碑刻汇辑[M]．北京：社会科学文献出版社，2009；向南，张国庆，李宇峰．辽代石刻文续编[M]．沈阳：辽宁人民出版社，2010.

❸ 李谷城．辽代南京留守研究[M]．北京：中国社会科学出版社，2013：38-66，175，217，289-307.

❹ 王玲．辽代燕京与契丹社会发展[M]//陈述．辽金史论集（第一辑）．上海：上海古籍出版社，1987：159-174；王玲．北京通史第三卷（辽代卷）[M]．北京：北京燕山出版社，1990.

❺ 康鹏．辽代五京体制研究[D]．北京：北京大学，2007.

建华、刘喜民和刘浩然的研究也为上京留守的考证提供了较多史料支撑。[1]

其他三京则没有以留守为研究对象的专著或文章，只是在相关研究中进行了汇总和阐述。[2] 如唐统天和刘竟在《辽代的西京》中论述西京留守司时对西京留守进行了论述；陈福来在《辽金西京研究》附表 1“辽代西京留守一览表”中对辽代西京留守做了汇总。王民信在《辽“东京”与“东京道”》一文中，参考吴廷燮的研究对东京留守任职人员进行了阐述。但关于中京留守问题目前尚未见到相关考证文章。

参考《辽史》以及碑刻资料，将现有研究成果中的各京留守进行对比，笔者发现现有研究成果中的各京留守任职人员略有差别，需要进行分析和研究。在此基础上，需要增补一些各京留守的任职人员，廓清极少数没有担任过某京留守职务的人

---

❶ 吴廷燮 . 辽方镇年表 [M]// 金毓黻 . 辽海丛书第一册 . 沈阳：辽沈书社，1984；杨若薇 . 契丹王朝政治军事制度研究 [M]. 北京：中国社会科学出版社，1991；项春松 . 辽代历史与考古 [M]. 呼和浩特：内蒙古人民出版社，1996；杨福瑞 . 辽上京留守系考 [J]. 昭乌达蒙族师专学报，2004（1）：24–25，39；何天明 . 辽代政权机构史稿 [M]. 呼和浩特：内蒙古大学出版社，2004；曹建华 . 大辽上京人物谱 [M]. 北京：文史出版社，2005；刘喜民，刘浩然 . 走进千年辽上京（下）[M]. 呼和浩特：内蒙古人民出版社，2014：113.

❷ 有关西京留守考证研究的有五部论著：（民国）吴廷燮 . 辽方镇年表 [M]// 金毓黻 . 辽海丛书第一册 . 沈阳：辽沈书社，1984；杨若薇 . 契丹王朝政治军事制度研究 [M]. 北京：中国社会科学出版社，1991；唐统天、刘竟 . 辽代的西京 [M]// 中国古都学会 . 中国古都研究（第十辑）——中国古都学会第十届年会暨学术研讨会论文集 . 天津：天津人民出版社，1992：142–152；项春松 . 辽代历史与考古 [M]. 呼和浩特：内蒙古人民出版社，1996；陈福来 . 辽金西京研究 [D]. 长春：东北师范大学，2007；有关东京留守考证研究的论文有四篇：吴廷燮 . 辽方镇年表 [M]// 金毓黻 . 辽海丛书第一册 . 沈阳：辽沈书社，1984；王民信 . 辽《东京》与《东京道》[M]// 王民信 . 王民信辽史研究论文集 . 台北：台湾大学出版中心，2010；杨若薇 . 契丹王朝政治军事制度研究 [M]. 北京：中国社会科学出版社，1991；项春松 . 辽代历史与考古 [M]. 呼和浩特：内蒙古人民出版社，1996。有关中京留守考证研究的有三篇：吴廷燮 . 辽方镇年表 [M]// 金毓黻 . 辽海丛书第一册 . 沈阳：辽沈书社，1984；杨若薇 . 契丹王朝政治军事制度研究 [M]. 北京：中国社会科学出版社，1991；项春松 . 辽代历史与考古 [M]. 呼和浩特：内蒙古人民出版社，1996.

员。此外，有的留守名字虽不同，但其实为同一人，需要做出认定。

## （二）辽代五京留守职掌

五京留守的职掌是五京地方政务运行的主要内容，学界对此已有若干研究。

### 1. 辽代五京留守职掌的总体研究

据《宋史》记载，中原的“留守管掌宫钥及京城守卫、修葺、弹压之事，畿内钱谷、兵民之政皆属焉。”。[1] 但辽王朝推行军政合一制度，各京留守既是各京所在地最高军事长官，也是最高行政长官，拥有统兵权、行政权和司法权。杨树藩在《辽金地方政治制度之研究》中分别论述了上京留守司、东京留守司、中京留守司和南京留守司的民政和司法职掌。[2] 杨若薇的《契丹王朝政治军事制度研究》对辽五京留守职任进行分析，认为辽朝五京留守司的职掌与宋大致相同，具体职能为：掌管宫钥、畿内钱谷与民政事务、境内治安与决狱、对内镇压人民、对外防范侵扰等。[3] 韩滨娜在《略论辽代地方行政区划制度》中也支持杨若薇的观点，指出辽代的五京留守掌诸宫钥及京城守卫、修葺、弹压之事，举凡一方之钱谷、兵民、刑罚之政都在其权限之内。[4] 蒋金玲的博士论文《辽代汉族士人研究》认为，留守具有如下职能：一是经济职能，劝耕农桑、经度财赋；二是文化职能，管理教育、教授儒学；三是军事外交职能。[5] 辛鹏龙的硕士论文《辽代西京文化研究》在论述西京职官制度时指出，五京留守具有管理经济、治安和一定的兵权。[6]

河上洋在《辽五京的外交机能》中认为，辽五京留守均具备外交职能，在职掌

---

[1] 脱脱．宋史·卷一六七·职官七 [M]. 北京：中华书局，1977：3960.

[2] 杨树藩．辽金地方政治制度之研究 [M]// 宋史研究座谈会．宋史研究集（第 11 辑）. 台北：“中华丛书编审委员会”，1979：363 — 373.

[3] 杨若薇．契丹王朝政治军事制度研究 [M]. 北京：中国社会科学出版社，1991：187−188.

[4] 韩滨娜．略论辽代地方行政区划制度 [J]. 东北师范大学学报，1993（2）：30−33.

[5] 蒋金玲．辽代汉族士人研究 [D]. 长春：吉林大学，2010：89−208.

[6] 辛鹏龙．辽代西京文化研究 [D]. 长春：长春师范学院，2010：12−13.

方面留守不仅拥有行政权力，也掌管军事指挥权；[1]康鹏在《辽代五京体制研究》中认为，辽朝诸京留守均具备军事职能；[2]张国庆在《辽代理农使职考略》中指出，五京留守要管理农业；[3]王明荪在《论辽代五京之性质》中认为，辽五京留守具有管理政务、民政的性质[4]。

2. 辽代五京留守职掌研究

学术界还将某一京留守某一方面的职掌作为研究对象展开研究，研究南京留守职掌的成果最多，其次为东京，而中京、上京和西京留守职掌研究成果较少。

南京留守职掌。李谷城在《辽代南京留守研究》“第四章　辽代南京留守的功过”中全面汇总了南京留守的职能，并做出评述，为全面了解南京留守的职掌提供了很大帮助。[5]其他研究多关注南京留守某一方面的职掌，如论述南京留守军事职掌的有：河上洋在《辽五京的外交机能》中指出，根据辽中央的命令，南京留守有对宋采取军事行动、担负防御、获取情报与外交涉等职责；[6]陶玉坤在《辽宋和盟状态下的新对抗——关于辽宋间谍战略的分析》中指出，燕京留守府设有专门机构，调遣间谍，觇视对方虚实，平时则戍守边防；[7]明甫在《雍熙北伐——宋太宗二次伐辽的失利以及杨业之死》中指出，南京留守直接参与对宋的南伐，抗击宋军入侵；[8]付

[1] 河上洋．辽五京的外交机能 [M]// 姜维公、高福顺．中朝关系史译文集．长春：吉林文史出版社，2001：332.

[2] 康鹏．辽代五京体制研究 [D]. 北京：北京大学，2007：17.

[3] 张国庆．辽代理农使职考略 [J]. 中国农史，2008（1）：10-16.

[4] 王明荪．论辽代五京之性质 [J]. 史学汇刊，2009（23）：143-191.

[5] 李谷城．辽代南京留守研究 [M]. 北京：中国社会科学出版社，2013：104-123.

[6] 河上洋．辽五京的外交机能 [M]// 姜维公、高福顺．中朝关系史译文集．长春：吉林文史出版社，2001：314-335.

[7] 陶玉坤．辽宋和盟状态下的新对抗——关于辽宋间谍战略的分析 [J]. 黑龙江民族丛刊，1998（1）：70-75.

[8] 明甫．雍熙北伐——宋太宗二次伐辽的失利以及杨业之死 [J]. 深交所，2009（10）：63-65.

璐、孟凡云在《耶律宗教生平及大事略考——以耶律宗教兄弟的墓志为主》中指出，正是耶律隆庆任职南京留守期间，辽宋订立“澶渊之盟”。[1]有关南京留守经济职能的研究有：舒焚在《辽朝中期的改革》中指出，南京留守萧孝穆在燕云地区部分推行封建赋役制度；[2]杨树森在《辽史简编》中指出，耶律休哥任职南京留守时，“均戍兵，更休法，劝农桑，修武备，边境大治”[3]，为辽对宋的军事进攻做好准备。[4]对南京留守文化职能的研究有高福顺的《辽朝科举制度研究》，以燕京留守刘晞为例，指出留守不仅要主持科举取士活动，而且还要亲自阅卷取士。[5]此外，赵旭峰在《辽王朝在燕云地区民族政策之研究》中论述了南京留守在改善民族关系方面的作为。[6]

东京留守职掌。林荣贵在《辽朝经营与开发北疆》中对东京留守的职掌做出全面概括，主要包括三个方面：戍本土、征高丽、统女真；[7]王民信在《辽“东京”与“东京道”》中认为，留守的主要职责在于“安民”“抚民”，在与高丽的战与和中处于重要地位。[8]有关东京留守处理高丽事务的论述较多，河上洋在《辽五京的外交机能》中指出，东京留守具有独特的外交职能，在辽朝与高丽的外交事务中，通常是由东京留守代表朝廷与高丽打交道，实现对高丽的军事征伐、政治统治、和平交往等；[9]杨军在《东亚封贡体系确立的时间——以辽金与高丽的关系为中心》中指出，

---

[1] 付璐，孟凡云．耶律宗教生平及大事略考——以耶律宗教兄弟的墓志为主 [J]. 科技创新导报，2009（29）：176.

[2] 舒焚．辽朝中期的改革 [J]. 武汉师范学院学报，1983（5）：93.

[3] 脱脱．辽史・卷八十三・耶律休哥传 [M]. 北京：中华书局，1974：1300.

[4] 杨树森．辽史简编 [M]. 沈阳：辽宁人民出版社，1984：114.

[5] 高福顺．辽朝科举制度研究 [D]. 长春：吉林大学，2008：97-98.

[6] 赵旭峰．辽王朝在燕云地区民族政策之研究 [J]. 大连民族学院学报，2006（2）：16.

[7] 林荣贵．辽朝经营与开发北疆 [M]. 北京：中国社会科学出版社，1995：94.

[8] 王民信．辽“东京”与“东京道”[M]// 王民信．王民信辽史研究论文集．台北：台湾大学出版中心，2010：313-344，原载于政大边政研究年报 [J].1982（13）：1-22.

[9] 河上洋．辽五京的外交机能 [M]// 姜维公，高福顺．中朝关系史译文集．长春：吉林文史出版社，2001：321-327.

高丽与辽的外交活动多在辽东京进行。❶此外，东京留守还掌控女真的事务，程尼娜在《辽代女真属国、属部研究》中指出，东京留守对长白山女真进行管理，负责其贡纳、授爵秩、征兵等，对系辽籍女真人征收兵役和赋税。❷周峰在《辽代治边三题》中也对东京留守管辖女真做出论述，其任务是贯彻“因俗而治”的治边思想，重视对不同民族风俗习惯的尊重。❸孙玮将东京留守视作东京地区最高行政长官，是固定一方的行政军事长官，负责东京地区的政治、军事、民政、外交事务。由中央直接指派，总管京内大小事务，且地位极高，驻地位于辽阳府。辽朝留守掌管境内治安、决狱、民政等。❹

其他三京留守职掌。林荣贵在《辽朝经营与开发北疆》中认为，上京留守要对京都地区的治安负责；❺陈福来在《辽金西京研究》中指出，辽西京是辽朝控制西夏的战略据点和控制蒙古高原中部各部族的屯兵要地，由此可以看出西京留守的军事职掌。❻辛鹏龙据《辽史·百官志》列出了西京留守司、西京诸使、西京都总管府、西京都虞侯司、西京巡警院、西京处置使司的职官设置，并以见诸辽代墓志、《辽史》、其他史籍的职官加以说明。概括西京留守的职掌有：①管理地方经济贸易、赈济灾民、安抚百姓；②执掌境内的治安、决狱；③留守握有一定兵权，对内镇压百姓，对外御敌。西京下设州、县，西京诸州节度使有军事、民事两类职责，节度使要经中央任命，且其军权受到朝廷的节制。❼而有关中京留守职掌，目前学术界相关研究极少。

---

❶杨军．东亚封贡体系确立的时间——以辽金与高丽的关系为中心 [J]. 贵州社会科学，2008（5）：121.

❷程尼娜．辽代女真属国、属部研究 [J]. 史学集刊，2004（2）：86.

❸周峰．辽代治边三题 [J]. 赤峰学院学报，2008（4）：10.

❹孙玮．辽朝东京海事问题研究 [D]. 大连：辽宁师范大学，2011：15.

❺林荣贵．辽朝经营与开发北疆 [M]. 北京：中国社会科学出版社，1995：93.

❻陈福来．辽金西京研究 [D]. 长春：东北师范大学，2007：8.

❼辛鹏龙．辽代西京文化研究 [D]. 长春：长春师范学院，2010：12-13.

### （三）辽代五京留守的任选

辽代五京留守涉及人员众多，研究成果较为丰富，但分布在不同专题的研究成果之中。

1. 辽代五京留守的家庭出身

（1）对五京留守家庭出身的总体研究

王善军以杨若薇的《辽五京留守年表》为基础，说明契丹世选之家占据留守职位的情况。[1]康鹏的《辽代五京体制研究》在上述研究基础上，以留守为例分析了地方要员的选任方式。[2]首先，分析了汉人的选任。该文指出，辽朝立国之初，对于汉人的任用多是不得已而为之；及至中后期，变为有选择的任用汉人，原则上汉人腹地地方长官只用契丹人，而契丹腹地地方长官兼用契丹人和汉人。但那些契丹化的汉人家族则另当别论，从地方要员的选任情况来看，辽朝并没有拿他们当汉人看待。其次，分析了契丹人的选任。五京留守契丹人的选任存在着世选因素，皇族与后族出任留守的数量明显要多于庶族。与此同时，辽朝皇子、皇孙常常出任诸京留守一职，也是辽朝统治者通过将皇位世选下移至诸京留守世选的方式来化解皇位继承的冲突，这一点在南京留守的选任上表现得最为明显。而对于契丹平民以及外族人来说，军功则是他们出任留守必不可少的阶梯。

（2）契丹世家大族出任留守问题

有关契丹留守的个体研究散布在各种论著当中，现选择几例：

一是对萧思温的研究。黄莉在《辽代婚姻综述》中，以萧思温为例，认为他在辽太宗时娶太宗女燕国大长公主，历任北府宰相、南京留守等要职，虽才智平平却

---

[1] 王善军．辽代世家大族研究 [D]. 保定：河北大学，2001：80；王善军．世家大族与辽代社会 [M]. 北京：人民出版社，2008：185－186.

[2] 康鹏．辽代五京体制研究 [D]. 北京：北京大学，2007：99－106；康鹏．辽代地方要员选任方式浅议 [M]// 中国社会科学院历史研究所隋唐宋辽金元史研究室．隋唐辽宋金元史论丛（第四辑）．上海：上海古籍出版社，2014：295－302.

权势极高。❶李桂芝在《辽景宗即位考实》中记述时任南京留守萧思温在景宗即位过程中发挥的重大作用，其受益最大，因此在随后的政治斗争中被谋杀。❷向南在《契丹萧思温家族》中考证了萧思温家族族属世系，出任上京留守的萧继远和东京留守的萧保先即属于此系。❸

二是对耶律隆庆、耶律宗政的研究。齐春晓、何天明在《试探以“贤”著称的契丹皇族成员耶律宗政》中指出，耶律隆庆曾任南京留守，每当他前往皇帝住所觐见皇帝，往往受到皇帝“亲出迎劳”的礼遇；辽道宗派心腹耶律宗政就任上京留守，是要在地方上制约耶律重元的势力，耶律宗政判任上京留守期间，“倚毗之重，时无与阶”。❹付璐、孟凡云在《耶律宗教生平及大事略考——以耶律宗教兄弟的墓志为主》中认为，耶律隆庆自幼便深得景宗和承天后的喜爱，加之能征善战，故统和十六年（998年）宋国王耶律休哥死后，由他继任南京留守。❺

三是对耶律仁先的研究。耶律仁先出身契丹贵族，有《耶律仁先墓志》存世，韩宝兴和吴英哲分别对此进行了考释。❻孙昊在《辽代的辽东边疆经略——以鸭绿江女真为中心的动态考察》中指出，耶律仁先是由北院枢密使迁任东京留守的，时间段约为兴宗重熙二十一年（1052年）至道宗清宁元年（1055年）❼。

---

❶ 黄莉．辽代婚姻综述 [J]. 昭乌达蒙族师专学报，2003（3）：22.

❷ 李桂芝．辽景宗即位考实 [J]. 学习与探索，2006（6）：163-164.

❸ 向南．契丹萧思温家族 [M]// 辽宁省辽金契丹女真史研究会．辽金历史与考古（第一辑）. 沈阳：辽宁教育出版社，2009：108，110.

❹ 齐春晓，何天明．试探以“贤”著称的契丹皇族成员耶律宗政 [J]. 黑龙江民族丛刊，1998（2）：61-64.

❺ 付璐，孟凡云．耶律宗教生平及大事略考——以耶律宗教兄弟的墓志为主 [J]. 科技创新导报，2009（29）：174，176.

❻ 韩宝兴．契丹小字《耶律仁先墓志》考释 [J]. 内蒙古大学学报，1991（1）：70-78；向南．辽代石刻文编·耶律仁先墓志 [M]. 石家庄：河北教育出版社，1995：352；吴英哲．契丹小字《耶律仁先墓志》补释 [J]. 内蒙古大学学报，2002（5）：49-54.

❼ 孙昊．辽代的辽东边疆经略——以鸭绿江女真为中心的动态考察 [J]. 贵州社会科学，2010（12）：107.

还有一些研究论述中涉及多位留守，如王玲的《辽代燕京与契丹社会发展》，该文以耶律休哥、萧孝穆、耶律仁先为例，论证了担任留守的契丹人对汉族文化的掌握达到了较为娴熟的地步。[1]武玉环在《论辽与高丽的关系及辽的东部边疆政策》中，述及数位处理高丽事务的东京留守。[2]

此外，墓志考释类文章也对一位或多位留守任职情况进行了论述，这类文章较多，如《乌日根塔拉辽墓出土的契丹小字墓志铭考释》[3]《辽萧义墓志考释》[4]《辽代韩匡嗣与其家人三墓志铭考释》[5]《契丹小字〈耶律迪烈墓志铭〉考释》[6]《契丹小字〈耶律奴墓志铭〉考释》[7]《契丹大字〈耶律昌允墓志〉考释》[8]《近年庆陵出土辽代墓志补证》[9]《辽耶律宗愿墓志考释》[10]《契丹小字〈韩敌烈墓志铭〉考释》[11]《辽代汉文〈永

---

❶ 陈述．辽金史论集（第一辑）[M]．上海：上海古籍出版社，1987：171-172.

❷ 武玉环．论辽与高丽的关系及辽的东部边疆政策 [J]．吉林大学社会科学学报，2001（4）：77.

❸ 陈乃雄，杨杰．乌日根塔拉辽墓出土的契丹小字墓志铭考释 [J]．西北民族研究，1999（2）：72-88，285.

❹ 刘东社．辽萧义墓志考释 [J]．文博，2000（6）：55-62.

❺ 刘凤翥，金永田．辽代韩匡嗣与其家人三墓志铭考释 [M]// 刘凤翥，唐彩兰，青格勒．辽上京地区出土的辽代碑刻汇辑．北京：社会科学文献出版社，2009：311-327.

❻ 卢迎红，周峰．契丹小字《耶律迪烈墓志铭》考释 [J]．民族语文，2000（1）：43-52.

❼ 石金民，于泽民．契丹小字《耶律奴墓志铭》考释 [J]．民族语文，2001（2）：61-68.

❽ 王云龙．契丹大字《耶律昌允墓志》考释 [M]//《中国古都研究》编委会．中国古都研究（第十八辑下册）——中国古都学会 2001 年年会暨赤峰辽王朝故都历史文化研讨会论文集．香港：国际华文出版社，2001：52；刘凤翥，王云龙．契丹大字《耶律昌允墓志铭》之研究 [J]．燕京学报辑刊，2004（17）：66.

❾ 盖之庸．近年庆陵出土辽代墓志补证 [J]．内蒙古文物考古，2002（1）：97-106，89.

❿ 盖之庸．辽耶律宗愿墓志考释 [J]．中国历史文物，2002（3）：49-57，48.

⓫ 唐彩兰，刘凤翥，康立君．契丹小字《韩敌烈墓志铭》考释 [J]．民族语文，2002（6）：29-37.

清公主墓志〉考释》[1]《辽耶律宗愿墓志释文商榷》[2]《辽代萧乌庐本等三人的墓志铭考释》[3]《辽秦国太妃晋国王妃墓志考》[4]《辽代〈韩德昌墓志铭〉和〈耶律（韩）高十墓志铭〉考释》[5]《辽萧孝恭萧孝资墓志铭考释》[6]《辽代〈耶律隆祐墓志铭〉和〈耶律贵墓志铭〉考释》[7]《辽陈国公主家世考释》[8]《〈宣以回纥国国信使墓志〉考释》[9]《辽朝梁颖墓志铭考释》。[10]

（3）汉人世家大族出任留守问题

针对汉官留守个体研究的论著非常丰富，兹列如下：

一是对赵延寿的研究。曲守成在《辽代守制考论》中论述了天显十二年（937年）夏，赵德钧卒，其子赵延寿本应自觉履行"丁父忧"而守制三年，以尽孝道，但恰在此时，辽太宗封其为幽州节度使、燕王，不久迁南京留守，总南山事。在这种情况下，延寿既没有履践守制礼制，又无请丧假的记述，而是毅然莅官行事，整日忙于军政事务，说明赵延寿担任"南京留守，总南山事"是因战时需要。[11]刘达科在

[1] 袁海波，李宇峰．辽代汉文《永清公主墓志》考释[J]. 中国历史文物，2004（5）：71-76.

[2] 王昕．辽耶律宗愿墓志释文商榷[J]. 中国历史文物，2004（5）：77-81.

[3] 刘凤翥，唐彩兰，高娃．辽代萧乌庐本等三人的墓志铭考释[M]// 刘凤翥，唐彩兰，青格勒．辽上京地区出土的辽代碑刻汇辑．北京：社会科学文献出版社，2009：369-379，原载文史，2004（2）.

[4] 万雄飞．辽秦国太妃晋国王妃墓志考[J]. 文物，2005（1）：88-96.

[5] 刘凤翥，唐彩兰，青格勒．辽上京地区出土的辽代碑刻汇辑[M]. 北京：社会科学文献出版社，2009：380-395，原载国学研究，2005（15）.

[6] 贾鸿恩，李俊义．辽萧孝恭萧孝资墓志铭考释[J]. 北方文物，2006（1）：81-88.

[7] 刘凤翥，唐彩兰，高娃，李建奎．辽代《耶律隆祐墓志铭》和《耶律贵安·迪里姑墓志铭》考释[M]// 刘凤翥，唐彩兰，青格勒．辽上京地区出土的辽代碑刻汇辑．北京：社会科学文献出版社，2009：396-421.

[8] 刘珊．辽陈国公主家世考释[J]. 考古与文物，2007（3）：98-101.

[9] 都兴智．《宣以回纥国国信使墓志》考释[J]. 北方文物，2010（3）：83-86.

[10] 杨卫东．辽朝梁颖墓志铭考释[J]. 文史，2011（1）：171-181.

[11] 曲守成．辽代守制考论[J]. 学习与探索，1998（6）：13.

《辽朝汉族文人心态透视》中则进一步论述赵延寿虽多半生为契丹冲锋陷阵，摧坚破敌，其目的仍是要建立汉人自己的政权，不愿归附于契丹。❶

二是对韩知古、韩匡嗣、韩德让、韩制心家族的研究。王民信的《〈辽史·韩知古传〉及其世系补证》、李桂芝的《〈辽史·韩知古传〉校补》和李月新的《〈辽史·韩知古传〉研究》对韩知古出任留守的经历进行了考证。❷王德忠在《论辽朝社会阶层间的流动及其意义》中指出，韩匡嗣先后被任命为上京、南京留守，韩德让出任上京、南京留守，韩氏父子以宫户出身的汉官身份担任多由宗室亲王担任的留守一职，反映出辽统治者对他们的信任。❸刘强在《韩德让略评》中记述了韩匡嗣担任留守前后的作为。❹葛华廷在《浅说辽代名相韩德让——兼就韩德让与萧绰的关系与李锡厚先生商榷》一文中，讲述了韩德让出任留守前后的所作所为。❺葛华廷在《辽代“横帐”浅考》中对韩制心担任留守进行了论述。❻

三是对高勋的研究。高勋先后任上京和南京留守，高路加论述了高勋的生平，对其评价是“文武双全”；❼李桂芝认为，高勋好结权贵，在穆宗时，封赵王，为上京、南京留守；穆宗被杀时，他是率甲骑驰赴迎驾者之一。❽《辽史》卷八十五《高勋传》

---

❶ 刘达科．辽朝汉族文人心态透视 [J]. 江苏大学学报，2006（6）：8.

❷ 王民信．《辽史·韩知古传》及其世系补证 [M]// 王民信．契丹史论丛．新北：学海出版社，1973；李桂芝．《辽史·韩知古传》校补 [M]// 达力扎布．中国边疆民族研究．北京：中央民族大学出版社，2008；李月新．《辽史·韩知古传》研究 [M]// 姜锡东．宋史研究论丛（第十一辑）．保定：河北大学出版社，2010.

❸ 王德忠．论辽朝社会阶层间的流动及其意义 [J]. 东北师范大学学报，2005（2）：39.

❹ 刘强．韩德让略评 [J]. 内蒙古师范大学学报，1999（6）：76-77.

❺ 葛华廷．浅说辽代名相韩德让——兼就韩德让与萧绰的关系与李锡厚先生商榷 [J]. 北方文物，2005（2）：82.

❻ 葛华廷．辽代“横帐”浅考 [J]. 北方文物，2000（4）：79.

❼ 高路加．辽金元高姓述略 [M]// 宋德金，景爱，穆连木，史金波．辽金西夏史研究．天津：天津古籍出版社，1997：126-147.

❽ 李桂芝．辽景宗即位考实 [J]. 学习与探索，2006（6）：158-165.

对此亦有记述："景宗即位，以定策功，进王秦。"[1] 周峰在《辽代前期汉人重臣高勋生平发微》一文中则较为详尽地阐述了高勋担任上京和南京留守期间的作为。[2]

对汉官留守群体进行研究的还有：王明荪《略论辽代的汉人集团》，列举了从太祖到道宗时期担任留守的汉人；[3] 萧启庆在《汉人世家与边族政权——以辽朝燕京五大家族为中心》一文中对汉人世家大族仕进人数做了统计，指出其中有多人曾任某京留守；[4] 冯小琴在《辽代政权中的汉族官僚集团》中以上京留守高勋、南京留守韩匡嗣为例，论述了汉族官僚集团的作为；[5] 关树东的《辽朝的选官制度与社会结构》[6] 和桑秋杰、高福顺的《辽朝东京地区官学教育发展探析》，论述了辽初和辽圣宗时期有大量汉人进入辽政权，其中有多人担任某京留守；[7] 蒋金玲在《辽代汉族士人研究》一文中有多个统计表涉及辽五京留守，其中《辽代汉族进士家世表》指出马人望曾祖马廷煦曾任南京留守，《辽代五京留守汉士表》对曾担任五京留守者分别计算人次，进行汇总。[8]

学术界对汉官进士留守也展开了研究。朱子芳、黄凤岐在《辽代科举制度述略》中认为，通过科举扩大了辽朝的统治集团，汉族地主阶级知识分子成为辽朝统治集团的一员后，对巩固辽的统治做出不小的贡献，指出五京留守中上京留守刘伸、中

---

[1] 脱脱．辽史·卷八十五·高勋传 [M]. 北京：中华书局，1974：1317.

[2] 周峰．辽代前期汉人重臣高勋生平发微 [J]. 北方文物，2011（1）：52–56.

[3] 王明荪．略论辽代的汉人集团 [M]// 王明荪．宋辽金史论文稿．台北：明文书局，1981：79–86，原刊于政治大学边政研究所年报，1980（11）：229–270.

[4] 萧启庆．汉人世家与边族政权——以辽朝燕京五大家族为中心 [M]// 宋史座谈会．宋史研究集（第 27 辑）．台北："国立编译馆"，1997：481–542.

[5] 冯小琴．辽代政权中的汉族官僚集团 [J]. 甘肃高师学报，2004（6）：109–110.

[6] 关树东．辽朝的选官制度与社会结构 [M]// 张希清，田浩，黄宽重，于建设 .10—13 世纪中国文化的碰撞与融合．上海：上海人民出版社，2006：438–461.

[7] 桑秋杰，高福顺．辽朝东京地区官学教育发展探析 [J]. 东北师范大学学报，2008(3).

[8] 蒋金玲．辽代汉族士人研究 [D]. 长春：吉林大学，2010：37，91–92.

京留守牛温舒即是最好的例证。[1] 萧启庆在《汉人世家与边族政权——以辽朝燕京五大家族为中心》中指出，科举考试不过是象征性的，是辽统治者为解决世家子弟因人口繁衍而无法保障出仕为官的难题，从而为其另辟蹊径，这样使世家子弟锦上添花，从而在仕途上保持了较强的持续性。[2] 李桂芝在《辽朝进士杂考》中认为，五京留守中邢抱朴、马得臣、刘景可能是以进士身份入仕并出任留守之职的。[3] 博士硕士论文方面：高福顺在《辽朝科举制度研究》中认为，邢抱朴、马得臣、萧朴三人不是通过常科中的明经科进入仕途的，很可能是通过科举而被发现的治世人才。[4] 蒋金玲的博士论文《辽代汉族士人研究》“表 2.2 辽代汉族进士仕历表”，其中有 4 位进士出任留守，分别为：姚景行（上京留守）、刘伸（上京留守）、窦景庸（中京留守）、刘宵（中京留守）；[5] 从陈福来《辽金西京研究》“附录 1 辽代西京留守一览表”和“附录 3 辽金西京进士一览表”，可知进士苏京曾任西京留守。[6]

（4）五京留守的民族特点

契丹人能够出任南面官留守一职，而且担任五京留守时间和次数占绝大多数，对此张正明《契丹史略》中有过分析，作者认为南面官不全是汉人，契丹人做南面官的也不少。反之，汉人做北面官的就比较罕见了。凡是做南面官的契丹人，也被称为汉官，并且也穿汉服。辽朝选派契丹大臣分别任南京留守和西京留守，对当地的汉官起监督作用。南京留守通常由皇子或皇叔担任，镇抚幽燕，虽有备宋之名，实亦有防汉人之意。[7]

---

[1] 朱子芳，黄凤岐．辽代科举制度述略 [M]// 陈述．辽金史论集（第三辑）．北京：书目文献出版社，1987：1−12.

[2] 萧启庆．汉人世家与边族政权——以辽朝燕京五大家族为中心 [M]// 宋史座谈会．宋史研究集（第 27 辑）．台北：“国立编译馆”，1997：481−542.

[3] 李桂芝．辽朝进士杂考 [J]. 学习与探索，2009（2）：219−221.

[4] 高福顺．辽朝科举制度研究 [D]. 长春：吉林大学，2008：90.

[5] 蒋金玲．辽代汉族士人研究 [D]. 长春：吉林大学，2010：44−47.

[6] 陈福来．辽金西京研究 [D]. 长春：东北师范大学，2007：36，41.

[7] 张正明．契丹史略 [M]. 北京：中华书局，1979：150−151.

学术界也对汉族世家大族能够担任五京留守的原因进行了分析。罗文星《辽朝政权与汉人世家——以幽州安次韩氏家族为例》，以韩延徽入辽和辽统治者的态度，反映出辽初汉人世家大族之所以能够走上留守岗位，原因是多方面的：统治者心胸开阔、统治汉人农业地区的需要、战争的需要、汉人世家大族的个人素养和贡献、汉人世家大族在当地的影响等。❶

王明荪的《略论辽代的汉人集团》和宋丹、曹喜顺的《辽朝汉族官员政治地位变迁分析》，分析了在辽政权中汉族官员群体的作用。辽朝的统治者为了适应社会的发展，在大量任用契丹贵族为官的同时，也大量任用有治国经验的汉族士人为官。辽朝汉族官员的地位经历了一个漫长曲折的演变过程，在不同时期辽朝统治者对汉族官员的任用有所差别。从辽初汉官制度的初步形成、辽中期汉族官员执掌军政大权，再到辽后期汉族官员政治地位的变化，同时以汉族官员群体为研究对象，探究了汉族官员在辽朝政治地位的变迁过程及其原因。❷

申友良在《辽金元时期东蒙古地区的民族融合》中列举了辽代汉人的契丹化趋势：一是与契丹族通婚。二是一些汉人由于尽忠于契丹人的统治，被赐国姓，其中就有担任留守的，如王继忠、陈昭衮、李俨、韩德让。三是一些汉人知识分子的民族意识逐渐淡薄。❸

何天明在《澶渊议和与王继忠》中以王继忠为例，分析了他的契丹化过程。王继忠以牵线人的身份置身于辽宋之间，促成“澶渊之盟”。和约缔结后，他受到辽圣宗赐以“宫户三十，加左武卫上将军，摄中京留守”的重赏和擢用，并不断加官晋爵。开泰五年（1016年），任汉人行宫都部署，封琅琊郡王。翌年，进封楚王，并赐

---

❶ 罗文星．辽朝政权与汉人世家——以幽州安次韩氏家族为例 [J]. 辽夏金元史教研通讯，2004（1）：115–148.

❷ 王明荪．略论辽代的汉人集团 [M]// 王明荪．宋辽金史论文稿．台北：明文书局，1981：63–126. 原刊于政治大学边政研究所年报，1980(11)：229–270；宋丹，曹喜顺．辽朝汉族官员政治地位变迁分析 [J]. 商业文化，2011（4）：275–276.

❸ 申友良．辽金元时期东蒙古地区的民族融合 [J]. 内蒙古社会科学，1997（2）：60–61.

“国姓耶律”。何天明认为，对此有两点需要说明。其一，辽代由“郡王”变为“一字王”，就其政治地位而言，是重大提高；其二，赐国姓，并非简单的姓氏变化，更应注意的是缩小了他同契丹族的距离，成为汉族契丹化的一例，也标志着他的社会地位、政治待遇的提升。❶ 由此可见，辽政权对汉族士人的拉拢和利用。

2. 辽代五京留守入仕途径研究

目前，学术界研究辽代官员入仕途径的成果较多。唐统天认为，契丹贵族有三条仕进之途：一是世选制。二是由内官而晋身。三是以荫补官。❷ 王善军对于辽代世家大族包含契丹族、奚族、汉族、渤海的入仕途径做了论述，主要途径有世选、荫补、科举和军功补迁。❸ 张志勇认为，辽朝官吏的选任方式以世选制、科举制为基本方式，还有举荐与征召、任子与恩荫、赏赐与赠予、入粟补官等。❹ 关树东认为，契丹贵族通过世选、荫补、荐举、充任御帐祗侯郎君、护卫、近侍小底等途径世代为官；而对来自五代、宋朝的汉族文武官员和儒士在辽初实行招纳拉拢扶植政策，吸收其进入辽政权，开始担任一定的职官；另有部分汉人则为宫分户，他们在后来因功出宫籍，汉区、渤海区占田数量较少的中小地主可以通过科举、作吏等途径进入官僚阶层；此外还有吏员出职、军人劳效、纳资补官、旌表补官和由僧人、医卜、优伶入官等。❺ 蒋金玲在博士论文中认为，赏赐、荫补及科举是辽任用汉族士人最主要的入仕方式。❻ 由于留守属于辽职官的一部分，所以五京留守的入仕途径集中反映了辽王朝职官选任的特点。

目前，学术界认为，在辽代，官员入仕途径宽泛、多样，有利于维护契丹统治

---

❶ 何天明．澶渊议和与王继忠 [J]. 内蒙古社会科学，2002（3）：48.

❷ 唐统天．辽代仕进补议 [J]. 社会科学辑刊，1990（3）：84-89.

❸ 王善军．辽代世家大族研究 [D]. 保定：河北大学，2001：74-91；王善军．世家大族与辽代社会 [M]. 北京：人民出版社，2008：174-208.

❹ 张志勇．辽朝选任官吏的方式考述 [J]. 辽宁工程技术大学学报，2004（2）：184-187.

❺ 关树东．辽朝的选官制度与社会结构 [M]// 张希清，等 .10—13 世纪中国文化的碰撞与融合．上海：上海人民出版社，2006：438-461.

❻ 蒋金玲．辽代汉族士人研究 [D]. 长春：吉林大学，2010：26-50.

阶级的利益；世选制为宗室和外戚所独占，享有一定的特权，可以更加容易地入仕；荫补、科举等入仕方式，一定程度上扩大了统治基础。五京留守的入仕途径直接体现着上述特点，同时又因各京、各民族、各时期的不同而具有本身的特点。

3. 辽代五京留守前任职官问题

担任五京留守是辽代官员迁转过程中的重要一环，对于五京留守及其前任职官做出分析，对于深入了解辽代职官制度有很大帮助，但现有相关研究成果极少。

学术界一般多从理论研究出发对五京留守的前任职官做出分析，缺少统计，如何天明在《辽代南面官探讨》中提出，南面京官（亦曰京官）是指辽上京、中京、南京、东京、西京的留守官，由中央直接选派。被任用者，一般都曾担任过“朝官”中的某一要职，或在朝挂职。[1] 具体而言，王滔韬在《辽朝南面朝官体制研究》中指出，执政官一般外任为五京留守。[2] 屈文军在《辽西夏金元史十五讲》中指出，留守任选始终强烈地依赖于个人的自身素质和业绩、他的家庭关系、他与皇帝和权臣的私人关系以及他的军队等。[3] 王玉亭在《辽代韩德昌及其子嗣职官述略——兼论玉田韩第五代权势问题》中考察辽道宗朝有关两府宰相外放制度的信息，即两府宰相外放至总要之地后，下一职任将会是某京留守。[4]

## （四）辽代五京留守的更换频率与去职

关于辽代五京留守的更换频率，在《辽史》、石刻等资料中均没有明确记载。杨福瑞在《辽上京留守系考》一文中提出，按辽代官僚任免制度，辽朝各职务间的迁调是相当频繁的，一个人在一个官职上的任期都不会太长。从辽朝历史来看，一般

---

[1] 何天明．辽代南面官探讨 [J]. 内蒙古师范大学学报，1991（2）：96.

[2] 王滔韬．辽朝南面朝官体制研究 [J]. 重庆交通学院学报，2006（3）：40.

[3] 屈文军．辽西夏金元史十五讲 [M]. 上海：上海古籍出版社，2008：30.

[4] 王玉亭．辽代韩德昌及其子嗣职官述略——兼论玉田韩第五代权势问题 [J]. 北方文物，2009（3）：75.

情况下，有的任一二年，有的甚至仅有数月，能达到四年的已经很长了。[1]《册府元龟·铨选部·条制六》载，后周显德五年（958 年）正月规定：“诸道幕职、州县官……起今年正月一日后，所授官并以三周年为月限，闰月不在其内。”[2]这一职官三年更换的规定可做参考。《常遵化墓志》载：“年终官毕，返驾归朝。”从墓志中反映出辽代的财赋、贸易、商税等官，任期一年，秩满多不延续……而其他地方州官，秩满，应归朝再任。特定情况下，有连年调动者。如耶律庶几，重熙十七年十月任信州，十八年正月任上京留守，十九年任矍州……说明了辽代任职制度的灵活性与合理性。[3]任期一年也为留守任期提供了参考。

关于辽代五京留守的去职安排，目前学术界没有专门研究，只在研究辽代人物时有所涉及，如前文所述墓志考释等文章。

---

❶ 杨福瑞．辽上京留守系考 [J]. 昭乌达蒙族师专学报，2004（1）：24.

❷ 王钦若．册府元龟 [M]. 北京：中华书局，1960：4320.

❸ 齐作声．辽代墓志疏证·常遵化墓志 [M]. 沈阳：沈阳出版社，2010：95，98.

# 第一章

# 辽代五京建置

辽疆域辽阔,《辽史·地理志一》载:“东朝高丽，西臣夏国，南子石晋而兄弟赵宋。吴越、南唐航海输贡。”❶辽先后建置五座都城，即上京临潢府、东京辽阳府、南京析津府、中京大定府、西京大同府。辽五京分处五地，虽方位不同，但都和当时的政治、军事等密切相关，实质上是为了加强对不同地区、不同民族进行有效统治。

## 第一节 辽代上京建置

辽上京自建置开始直至辽亡，一直是辽代的政治、经济、宗教文化中心，在今内蒙古巴林左旗南 1 里的波罗城。

### 一、辽上京临潢府建置过程

上京作为辽王朝最重要的都城，有一个发展演变过程，经历了龙眉宫、西楼（西楼邑）、临潢、皇都、上京等阶段。

#### （一）龙眉宫

《辽史·地理志一》“上京道”条载:“太祖取天梯、蒙国、别鲁等三山之势于苇甸，射金龊箭以识之，谓之龙眉宫。神册三年城之，名曰皇都。天显十三年，更名上京，府曰临潢。”❷“上京，太祖创业之地。负山抱海，天险足以为固。地沃宜耕植，水草便畜牧。金龊一箭，二百年之基，壮矣。”❸由此可知，上京作为阿保机的大本营（政治活动中心），其早期名称叫龙眉宫。

关于龙眉宫的建筑时间,《辽史》中没有明确记载。《辽史》记载阿保机于 913 年

---

❶ 脱脱．辽史·卷三十七·地理志一 [M]. 北京：中华书局，1974：437.

❷ 脱脱．辽史·卷三十七·地理志一 [M]. 北京：中华书局，1974：438.

❸ 脱脱．辽史·卷三十七·地理志一 [M]. 北京：中华书局，1974：440.

“秋八月己卯，幸龙眉宫，轘逆党二十九人”[1]，由此推断龙眉宫建筑应在此年之前。从阿保机政治活动来看，龙眉宫的建筑时间当在901—907年，也就是阿保机担任迭剌部夷离堇至担任契丹可汗这个时间段内。龙眉宫只在《辽史·太祖纪》和《辽史·地理志》“上京”条中各一见，或说明龙眉宫之名只存于辽太祖朝或辽太宗朝初期，随着时间推移，龙眉宫可能被改建或扩建为楼阁式建筑物，成为辽帝祭祀太祖阿保机和开国皇后述律平的场所，名称也相应发生了变化。[2]

（二）西楼

阿保机被拜为于越总知军国事之后（903年），加快了攫取汗权步伐，为了避开契丹汗族遥辇氏等诸显贵的耳目，把家族驻牧地祖山地区作为自己的大本营，并建筑了龙眉宫作为议事场所。此后，他继续东征西讨，不断积累政治资本，最终迫使遥辇氏把汗权让给自己（906年），并接过了象征可汗权力的旗鼓和神帐。

阿保机为了妥善保管神帐，于担任契丹可汗的第二年（908年），在距离龙眉宫不远的一处丘冈上，即今上京城遗址中部偏北的丘冈上建筑了明王楼，作为保管和祭祀神帐之所。从此明王楼代替龙眉宫成为当地的标志性建筑，辽上京地区也随之有了一个新的称谓——西楼。

不过西楼虽然与明王楼有关系，但并非纯粹意义上的楼阁。这里的“楼”并不是特指两层以上的建筑物，而是指汗国可汗常驻区域的某一建筑或多组建筑物，是汗国政治中心或汗国临时政治中心。[3]

西楼称谓的出现，标志着阿保机已经将契丹汗国的政治中心迁徙到迭剌部耶律

---

[1] 脱脱．辽史·卷一·太祖纪上[M]．北京：中华书局，1974：8.

[2] 刘喜民，刘浩然．走进千年辽上京（上）[M]．呼和浩特：内蒙古人民出版社，2014：59.

[3] 刘喜民，刘浩然．走进千年辽上京（上）[M]．呼和浩特：内蒙古人民出版社，2014：60-61.

氏家族的世袭领地——祖山地域，亦即沙河与浪河流域（今巴林左旗）。[1]

西楼为阿保机时代“四楼”之一。对于“四楼”，史学界说法不一。陈述先生认为不存在四楼，仅有“西楼”，是契丹大部落迭剌的对音，是阿保机出身部落（迭剌部）的异称。[2] 王树民先生认为，契丹“四楼”确实存在，并且是阿保机建国政策中的一个重大步骤。[3] 傅乐焕先生认为，“四楼”是耶律阿保机四时捺钵之地，并认为“楼亦指捺钵”。[4] 葛华廷先生认为，“四楼”为汉式建筑，辽上京开皇殿前身的明王楼即西楼。[5] 杨军先生认为，契丹四楼的“楼”，是“龙”或“龙城”的同音异译，指契丹可汗的驻地，并具有一定的宗教内涵，而不是指多层建筑物楼。[6] 田广林先生认为，契丹西楼最早是指辽朝初期行政中心所在的地域名称，而非特指某处或某组具体建筑。[7] 任爱君先生认为，“契丹四楼，即辽太祖初期的斡鲁朵，也就是契丹人俗称的‘宫分’”[8]，“楼”之音“乃是对‘斡鲁朵’一词的省译或异译”。[9] 西楼本是大部落的游牧地，即世里氏家族五代世居的辽代祖州及临潢府一带的地域范围。[10] 西楼的卓放地，实际在临潢府一带。[11] 刘一则认为文献中的契丹“西楼”，实际上应来源或借鉴于古突厥语，义为“冬季草场”或“冬窝子”，不包含任何表示方位的

---

[1] 刘喜民，刘浩然．走进千年辽上京（上）[M]. 呼和浩特：内蒙古人民出版社，2014：63.

[2] 陈述．契丹社会经济史稿·附录 [M]. 北京：生活·读书·新知三联书店，1963：191–206.

[3] 王树民．略论契丹建国初期营建的四楼 [J]. 文史，1982（16）：99–103.

[4] 傅乐焕．辽代四时捺钵考五篇 [M]// 傅乐焕．辽史丛考．北京：中华书局，1984：89.

[5] 葛华廷．辽代四楼研究 [J]. 北方文物，2008（4）：92–99.

[6] 杨军．契丹“四楼”别议 [J]. 历史研究，2010（4）：171–179.

[7] 田广林．《辽史》与辽人语境中的契丹西楼 [J]. 辽宁师范大学学报，2011（6）：129.

[8] 任爱君．契丹史实揭要 [M]. 哈尔滨：哈尔滨出版社，2001：202.

[9] 任爱君．契丹“四楼”及其名号考述 [J]. 昭乌达蒙族师专学报，1989（3）：1–8；任爱君．契丹史实揭要 [M]. 哈尔滨：哈尔滨出版社，2001：186.

[10] 任爱君．阿保机时期之契丹四楼考辨 [J]. 昭乌达蒙族师专学报，1990（1）：1–11.

[11] 任爱君．契丹四楼源流说 [J]. 历史研究，1996（6）：35–49.

意义。[1]

（三）临潢

《辽史·地理志》载："太祖以迭剌部之众代遥辇氏，起临潢，建皇都。"[2] 由此可知，上京之地在建筑皇都城之前除了西楼称谓外，还有一个称谓——临潢。"临潢"不仅仅是临近潢水（今西拉木伦河）之意，而且还有更深层次的政治寓意——具有皇帝（可汗）居地的含义。关于"临潢"地名出现的时间，在《辽史》中没有明确记载，不过从阿保机的政治经历来看，是在阿保机担任迭剌部夷离堇或担任契丹可汗之后。

辽会同元年（938 年），辽太宗获取燕云十六州后，将西楼皇都升为上京，南京（今辽阳）改为冬京，幽州升为南京，设三府为三京最高行政机构，三京府名便是因地名而起名，即上京城因在临潢而设临潢府，东京城因在辽阳而设辽阳府，南京城因在幽州（古时亦称幽都）而设幽都府（辽圣宗改为析津府）。[3]

（四）皇都

辽神册元年（916 年）二月，即计杀诸部酋长重新统一八部不久，阿保机仿效中原传统的皇帝制度，在龙化州筑坛称帝，国号大契丹，年号神册，给自己上尊号为大圣大明天皇帝，给妻子述律平上尊号为应天大明地皇后，册封长子耶律倍为皇太子，正式建立契丹国。神册三年（918 年）二月，命汉臣康默记在西楼临潢以龙眉宫为中心建筑了皇都城。从此，辽上京地区又多了一个称谓——皇都。皇都城的营建，标志着西楼正式代替东楼（龙化州）成为契丹国的政治中心。

辽王朝皇都城的营建，在契丹民族发展史上具有划时代的意义，直接奠定了以

---

[1] 刘一. 对契丹"西楼"的新认识 [J]. 黑龙江民族丛刊，2014（1）：129.

[2] 脱脱. 辽史·卷三十七·地理志一 [M]. 北京：中华书局，1974：437.

[3] 刘喜民，刘浩然. 走进千年辽上京（上）[M]. 呼和浩特：内蒙古人民出版社，2014：70−71.

契丹族为主体的辽王朝二百余年的根基。契丹建国前，契丹本土就散居着一些汉人，这些汉人或是契丹贵族从中原抢掠而来，或是中原汉人为了躲避战乱逃入契丹。这些汉人来到契丹后，由于不习惯游牧生活，有些便又跑回了中原。为了使这些汉人安心地在契丹生活下来，阿保机采纳了汉族知识分子的建议，实行“因俗而治，各得适宜”政策，如拨给汉人土地从事农业生产，允许汉人盖房定居、娶妻生子，汉人犯罪仍然适用中原法律等，这些政策在很大程度上稳定了汉人人心，使他们安心地在契丹生活下来。这种政策在契丹建国前、汉人数量不太多的情况下，能够起到有效的鼓励作用。契丹建国后，随着汉人的增多，汉人和契丹人的矛盾逐渐凸显出来，如何管理汉人和处理汉人与契丹人的矛盾，便成为契丹国必须要解决的问题。而中原文化和游牧文化的一个很大差异，就是对国家的认知不同。中原人对国家的认知是皇帝、皇都、官衙；游牧民族对国家的认知是可汗、斡鲁朵。因此，要想让大量的汉人在契丹定居下来，就必须让汉人感到在契丹生活如同在中原一样，即要给汉人创造一个可认知的国家环境，而不是让汉人适应游牧民族政权的统治。皇都的营建，无疑是给了汉人一个可认知的国家环境。

实践证明，在皇都城建成后，不仅使大量的汉人和渤海人安心地定居在皇都周边，而且还吸引了大量汉族、渤海等知识分子进入契丹政权为官。如此也促进了北方游牧民族社会的多元化，增进了民族间的融合和认同感，改变了游牧民族传统的生产方式。[1]

### （五）上京

上京城自辽太宗升皇都为上京（938 年）基本定型，开始进入使用阶段，一直到上京城被金兵攻陷（1120 年），上京城作为辽王朝首都共存在 202 年（从 918 年皇都城建成算起）。在这 200 余年的时间里，上京城作为当时世界性商业都会，不仅是

---

[1] 刘喜民，刘浩然．走进千年辽上京（上）[M]. 呼和浩特：内蒙古人民出版社，2014：74−77.

辽王朝政治、经济、文化中心，而且也是当时东北亚政治、经济、文化、宗教中心，契丹文化的发源地。

## 二、辽代建置上京的原因

神册三年（918年），辽在草原上建立皇都，即后来的上京。游牧民族政权往往并不需要一个庞大的中心城市作为都城，因为其中央官僚机构和全国性的经济贸易并不发达。因此，游牧帝国常常只是建立王庭或牙帐。如果单纯从行政或经济角度着眼，神册三年阿保机还未征服渤海，也还未据有燕云十六州，而草原上新建的城市不属于皇帝私有，就是头下军州，契丹完全没有必要建立像皇都这样庞大的都城。那么，阿保机建皇都，就只能从礼仪方面去理解。也就是说，皇都与称帝一样，是阿保机用汉地王朝的礼仪模式来论证君主权力合法性的一种手段。这是林鹄的观点，此外还可以从上京形制及最初居住情况进行佐证。今存上京遗址由南北二城构成。任爱君指出，从两城东墙相错的情况看，二者修建时间不同，南城（汉城）当晚于北城（皇城）。《辽史·地理志》提到，天显元年（926年），"平渤海归，乃展郛郭"。[1]任爱君认为"郛郭"指皇城外城墙，据此推测其修建在渤海之役之后，而阿保机时期的上京仅限于皇城中的宫殿区。[2]不过，《太祖纪》载天显元年太祖崩后，"（九月）丁卯，梓宫至皇都，权殡于子城西北"。[3]所谓"子城"，当指皇城中的宫殿区，那么其外城墙应当在太祖建都之初即已修建，因此笔者疑"郛郭"实指汉城。

如此说成立，上京建立之初包括皇城全部，周长约6.4公里，面积超过2平方公里。但据《辽史·地理志》，皇城中的主要建筑多在天显元年后才得以修建。最初的聚落虽然面积已相当可观，但建筑可能并不多。另外，后来被安排在汉城居住的汉

---

❶ 脱脱. 辽史·卷三十七·地理志一 [M]. 北京：中华书局，1974：440.

❷ 任爱君. 契丹辽朝前期（907—982）契丹社会历史面貌解析 [D]. 呼和浩特：内蒙古大学，2005：145—148.

❸ 脱脱. 辽史·卷二·太祖纪下 [M]. 北京：中华书局，1974：23.

人和渤海人中最早迁徙至此的也不早于天赞元年（922 年），而且最初只是在皇城附近散居，可能直到天显元年汉城修建后才被集中安置。❶因此，最初上京城中居民也非常有限。建筑与居民的稀少进一步证明，阿保机修建上京的目的，主要是为了以中原的意识形态来论证其皇位的合法性。❷

辽王朝鼎盛时期版图："东至于海，西至金山，暨于流沙，北至胪朐河，南至白沟，幅员万里。""总京五，府六，州、军、城百五十有六，县二百有九，部族五十有二，属国六十。"❸按照当今版图来看，辽朝鼎盛时期的版图：东临日本海；南至今河北中部和山西北部；西逾阿尔泰山，到额尔齐斯河；北抵外兴安岭和贝加尔湖，近安加拉河；东北至鄂霍次克海和库页岛。❹辽王朝首都辽上京在东北亚，版图面积重心在东北亚，诸属国、属部主要也分布于东北亚及中亚、西亚地区。一方面，诸属国、属部每年或隔年向辽庭朝贡，以表示归附辽王朝，辽上京城内专门建有接待诸属国、属部首领、使臣、信使的驿馆；另一方面，辽庭以上京为政治中心向诸属国、属部发号施令，或册封诸属国、属部首领为王，或派契丹人到诸属国、属部为首领，对诸属国、属部实施统治和管理，政治势力影响了整个东北亚，并延伸到中亚和西亚，辽上京实际上已经成为当时东北亚的政治中心。❺

上京是多种经济的汇聚地。上京是契丹腹地，契丹建国前以单一的游牧经济为主导。契丹建国前后，随着中原汉人及农耕产业的北移，上京地区不仅发展成为典型的半农半牧区，而且手工业、商业贸易也逐渐发展起来。五代时期，后晋人胡峤曾于辽世宗朝初到过辽上京，在这里生活了七年时间，回到中原后著有《陷北记》，记载了在契丹的见闻，其文中记有"又行三日，遂至上京，所谓西楼也。西楼有邑

---

❶ 脱脱 . 辽史・卷三十七・地理志一 [M]. 北京：中华书局，1974：439-440.

❷ 林鹄 . 南望・辽前期政治史 [M]. 北京：生活・读书・新知三联书店，2018：31-33.

❸ 脱脱 . 辽史・卷三十七・地理志一 [M]. 北京：中华书局，1974：438.

❹ 张修桂，赖青寿 . 辽史地理志汇释 [M]. 合肥：安徽教育出版社，2001：10.

❺ 刘喜民，刘浩然 . 走进千年辽上京（上）[M]. 呼和浩特：内蒙古人民出版社，2014：89.

屋市肆，交易无钱而用布。有绫、锦诸工作，宦者、翰林、伎术、教坊、角抵、秀才、僧尼、道士等，皆中国人，而并、汾、幽、蓟之人尤多”。[1]由胡峤有关辽上京的汉城记述说明辽太宗朝以上京汉城为中心的经济贸易已经有了相当规模。一方面，上京城内建有接待诸属国属部首领、使臣、信使的馆驿，诸属国属部到上京城向辽廷朝贡、贺仪的同时，辽帝也必然要回赐、答礼，自然就发生了经济交换；另一方面，辽上京城是当时草原丝绸之路的东端。有辽一代，日本、高丽、南唐、吴越、北宋、西夏、吐蕃、吐谷浑、甘州回鹘、高车回鹘、安萨兰回鹘、波斯、大食等国和北族各部，前来辽上京朝贡和通商的官方使团、民间商队，络绎不绝，其中又以回鹘商贩为草原丝绸之路上的主力军，辽廷为了给回鹘商贩提供便利，特意在上京汉城内设置了回鹘营，供回鹘商贩居住和从事商贸活动。因此，可以说辽上京城是当时举世瞩目的世界性商业都会，是当时东北亚经济中心。[2]

契丹族原来信奉萨满教，建国后随着儒、佛、道等教的传入，儒、释、道、萨满等教在契丹社会大行其是，并行不悖，尤以佛教为盛。辽太宗曾在上京一次饭僧五万人，辽圣宗曾在上京开龙寺一个月饭僧万人，辽道宗朝僧尼数达十万之众，甚至出现“一岁而饭僧三十六万，一日而祝发三千”[3]的景观。据《辽史》记载，辽上京城内至少建有天雄寺、义节寺、龙寺、崇孝寺、安国寺、圣尼寺、福先寺、天长观、孔子庙等寺庙道观。考古发现，辽上京城周围还建有开教寺、弘法寺、弘福寺、开化寺、开龙寺、真寂之寺、宝积寺、开悟寺等寺院。在一座城池内外建有如此众多的寺庙道观，在世界历史上也实属罕见。据《辽史》及辽上京附近出土的辽代僧人《鲜演墓碑》记载，辽代僧尼为官者不在少数，佛学著作也颇有建树，不仅对高丽、西夏、日本、宋朝等邻邦具有较大的影响，而且还远播中亚、西亚。因此，辽上京

[1] 赵永春．奉使辽金行程录（增订本）[M]．北京：商务印书馆，2017：9.

[2] 刘喜民，刘浩然．走进千年辽上京（上）[M]．呼和浩特：内蒙古人民出版社，2014：89-91.

[3] 脱脱．辽史・卷二十六・道宗纪六 [M]．北京：中华书局，1974：314.

不仅是辽王朝的宗教文化中心，而且也是当时东北亚的宗教文化中心。❶

## 三、辽上京行政建置

就上京地区来说，其所属行政建置，既有契丹式的部族、宫卫、头下军州，也有汉式的京、府、州、县。辽圣宗以后，契丹捺钵制度日趋完善，四时捺钵成为辽朝流动的统治中心，上京则是中央政府的常住地所在。地处契丹腹地的辽上京，交错分布着契丹式的部族、宫卫、头下军州以及汉式的京城府治，建置情况较复杂，兼具南、北面官制。宫卫与头下军州均为契丹政权所有的头下组织，上京所属的州县，或是隶属宫卫，或是归契丹高级贵族，俱属北面系统，与通常所说的州县具有本质区别。❷

据《辽史·地理志》记载，上京留守管辖11个州（其中，节度州8个、刺史州2个、观察州1个），16个头下州，9个边防州城，10个县，大致10万户，50万口人（此人口数为以汉、渤海为主从事农耕的农业人口，不包括契丹等游牧民族及9个边防州城人口）。❸具体如下：（1）府。临潢府，辖十县，具体为临潢县、长泰县、定霸县、保和县、潞县、易俗县、迁辽县、渤海县、兴仁县、宣化县。（2）州。节度州：统县、越王城的祖州，统县的怀州、庆州、泰州、仪坤州、饶州、长春州，统刺史州（不详是否辖县）、县的龙化州。观察州：统县的永州；刺史州：统县的乌州、降圣州；头下州：级别为节度的徽州、成州、懿州、渭州，级别不详的壕州、原州、福州、横州、凤州、遂州、丰州、顺州、闾州、松山州、豫州、宁州，头下州均不辖州县。边防城：辖两刺史州的节度州镇州，观察州静州，刺史州招州，河

---

❶ 刘喜民，刘浩然．走进千年辽上京（上）[M]. 呼和浩特：内蒙古人民出版社，2014：91-92.

❷ 丁海斌．中国古代陪都史 [M]. 北京：中国社会科学出版社，2012：424.

❸ 张韬．辽代道级行政区划研究 [D]. 长春：吉林大学，2016：21.

董城、静边城、皮被河城、塔懒主城。[1]需要说明的部分地区不归上京留守管辖。汤开建认为居于上京道的党项国、西北唐古位于西北路招讨司境内，姚家族居上京道庆州东北。[2]上京临潢府所辖行政区域以现在的地理位置大致为东至嫩江、第二松花江，南至辽西彰武、阜新，北至外兴安岭和贝加尔湖，西至阿尔泰山和额尔济斯河，面积为辽王朝总面积的四分之三。

## 第二节　辽代东京建置

辽东京城原为辽阳故城，唐朝时属于渤海国。入辽后，太祖神册四年（919 年），重修辽阳故城，并以渤海、汉户建东平郡，为防御州。太宗天显三年（928 年），迁东丹国居民居之，升为南京。天显十三年（938 年）改南京为东京，府曰辽阳，为辽的五京之一。《辽史·地理志》曰："太祖建国，攻渤海，拔忽汗城，俘其王大諲譔，以为东丹王国，立太子图欲为人皇王主之。神册四年，葺辽阳故城，以渤海、汉户建东平郡，为防御州。天显三年，迁东丹国民居之，升为南京……天显十三年，改南京为东京，府曰辽阳。"[3]

### 一、辽东京辽阳府建置过程

东京辽阳府建于太宗会同元年（938 年）。[4]辽太祖攻破渤海后，神册四年（919 年），在辽阳故城的基础上重建东平郡为防御州。天显三年（928 年）迁东丹人民于东平郡，升东平郡为南京。会同元年辽太宗改南京为东京，治所在辽阳府（治今辽

[1] 脱脱.辽史·卷三十七·地理志一 [M]. 北京：中华书局，1974：438-451.
[2] 汤开建.契丹境内党项部落的分布 [J]. 宁夏社会科学，1990（2）：76.
[3] 脱脱.辽史·卷三十八·地理志二 [M]. 北京：中华书局，1974：456-457.
[4] 天显十三年改元会同元年。

宁省辽阳市）。

东京辽阳府曾为东平郡，设为“郡”仅此一例,《辽史》中有多处记载，如《太祖纪上》《地理志二》《食货志下》等，都称为“东平郡”，应当是正确的。❶东京辽阳府设郡之前是否已为契丹所有颇有争论。《辽史》是将东京辽阳作为渤海国故土的。《辽史·地理志二》“东京辽阳府”载，“唐高宗平高丽，于此置安东都护府，后为渤海大氏所有……传子祚荣，建都邑，自称震王，并吞海北，地方五千里，兵数十万。（唐）中宗赐所都曰忽汗州，封渤海郡王。十有二世至彝震，僭号改元，拟建宫阙，有五京、十五府、六十二州，为辽东盛国……（辽）太祖建国，攻渤海，拔忽汗城，俘其王大諲譔，以为东丹王国，立太子图欲为人皇王以主之。神册四年，葺辽阳故城，以渤海、汉户建东平郡，为防御州。天显三年，迁东丹国民居之，升为南京。”❷这段记载显然将东京辽阳府作为渤海大氏之地。而《辽史·兵卫志》在“五京乡丁”的序中更明确指出:“辽阳，汉之辽东，为渤海故国。”与事实不符。东京是契丹族在新获得渤海土地及人民之后，为控制这一地区，以及加强其与契丹内地联系的目的而建置的。❸

升南京，迁东丹国都城至此，此事在《辽史·太宗纪上》《辽史·地理志》都载于天显三年（928 年），然而据耶律羽之墓志，迁东丹国之事，自耶律羽之提出建议至实施，皆在天显四年（929 年）。❹结合史料与志文记载来看，应是羽之于天显三年（928 年）十二月上奏朝廷，徙民、迁都之举最早不会早于天显四年（929 年）初。“期年而成”，大约在天显四年年末或五年年初，故东平郡升为南京也应在天显

❶ 余蔚．中国行政区划通史·辽金卷 [M]. 上海：复旦大学出版社，2012：170.

❷ 脱脱．辽史·卷三十八·地理志二 [M]. 北京：中华书局，1974：455-456.

❸ 杨若薇．契丹王朝政治军事制度研究 [M]. 北京：中国社会科学出版社，1991：175-178.

❹ 李锡厚．《辽史》与辽史研究 [J]. 中国社会科学院研究生院学报，1995（5）：63-73；梁万龙．《大契丹国东京太傅相公墓志铭并序》考释 [J]. 内蒙古大学学报，2002（3）：20-24.

五年。❶

天显五年所建南京是东丹国的南京，并非契丹国的南京，东丹国的南京是相对于原渤海上京龙泉府而言，从东平郡所处的地理位置来看，将其称为东丹国的南京是恰当的，若是作为契丹国的南京来理解则名实不符，是年新立的《大东丹国新建南京碑铭》可以证实这一点。会同元年（938 年）南京改称东京后，辽朝对国土管理方式进行全面调整，将东丹国疆域收归契丹直接管理，东京遂成为契丹国的东京，故而在辽代所有史料中均称为辽东京或大契丹国东京。❷

综上可见，东京辽阳府经历了东平郡（神册四年至天显五年）、东丹国南京（天显五年至会同元年）和辽东京（会同元年至辽亡）三个发展阶段。

## 二、辽代东京建置的原因

第一，巩固渤海故地统治秩序的军事目的。辽朝统治者设立东京并把东丹国的首府迁到这里的军事目的十分明确，天显三年（928 年）耶律羽之上表辽太宗说："（渤海）遗种浸以蕃息，今居远境，恐为后患……乘其微弱，徙还其民，万世长策也。"❸辽朝统治者通过迁徙渤海遗民的办法切断他们原有的社会联系，进而淡化乃至平息他们国破家亡的仇恨，巩固渤海故地统治秩序的企图昭然若揭。

第二，东京独特的地理位置是辽、金时期东部战略重地。东京乃"辽东重地，非勋戚不能镇抚❹"，东京承担着在军事上控制辽朝东方局势的任务，在其战略体系中的地位十分重要，其中最重要的目标是高丽。在《辽史·百官志二》"北面边防官"条下记载了控扼高丽的主要任务的东京兵马都部署司等军事指挥机构。在后来

---

❶ 盖之庸．内蒙古辽代石刻文研究 [M]. 呼和浩特：内蒙古大学出版社，2002：16；都兴智．试论耶律羽之家族与东丹国 [J]. 辽宁工程技术大学学报，2008（6）：618.

❷ 康鹏．辽代五京体制研究 [D]. 北京．北京大学，2007：53.

❸ 脱脱．辽史·卷七十五·耶律羽之列传 [M]. 北京：中华书局，1974：1238.

❹ 脱脱．辽史·卷九十三·萧惠列传 [M]. 北京：中华书局，1974：1373.

辽朝对高丽的战争中，东京都是辽朝军队的出发地，而且多以东京留守担任军队的统帅。❶

第三，辽朝加强对原渤海国遗民的管理力度。辽阳地区原为渤海国故地，早在辽太祖三年（909 年）春正月，阿保机就“幸辽东”。《辽史·太祖纪》载：神册三年（918 年）“冬十二月庚子朔，幸辽阳故城”。❷神册四年（919 年）二月丙寅，“修辽阳故城，以汉民、渤海户实之，改为东平郡，置防御使。夏五月庚辰，至自东平郡”。❸神册六年（921 年）十二月，“诏徙檀、顺民于东平、沈州”。❹上述史实说明，辽阳地区在阿保机征服渤海之前已为契丹所占有。当时，契丹并未在辽阳建京城，只是就地设置了一个防御郡。太宗天显二年（928 年），迁东丹国居民居之，升为南京。天显十三年（938 年），改南京为东京。建都一个主要目的是为了安置原渤海国遗民，并强化对他们的统治。❺

## 三、辽东京行政建置

《辽史·百官志》载：东京北面边防官曾设兵马都部署、兵马都监、都部署判官、诸指挥使、诸统军使。东京兵马都部署司设契丹、奚、汉、渤海四军都指挥使司，其名称分别为契丹奚军都指挥使司、奚军都指挥使司、汉军都指挥使司、渤海军都指挥使司。东京都统军使司下设东京都详稳司、保州都统军司、汤河详稳司（亦曰南女直汤河司）。在南面边防官中设立金吾营，并设铜州北兵马指挥使司、涞州南兵马指挥使司。以上辽阳路诸司，控扼高丽。另外，在东京辽州设置北女直兵马司。

❶ 王德忠．论辽朝五京的城市功能 [J]. 北方文物，2002（1）：78.

❷ 脱脱．辽史·卷一·太祖纪上 [M]. 北京：中华书局，1974：13.

❸ 脱脱．辽史·卷二·太祖纪下 [M]. 北京：中华书局，1974：15.

❹ 脱脱．辽史·卷二·太祖纪下 [M]. 北京：中华书局，1974：17.

❺ 丁海斌．中国古代陪都史 [M]. 北京：中国社会科学出版社，2012：438-439.

据《辽史·兵卫志》载，辽东京的边境戍兵，以鸭绿西北峰为界，黄龙府正兵五千人，咸州正兵一千人；沿女直界至鸭绿江，军堡七十人，各守军二十人，计正兵约一千四百人。

据《辽史·地理志》载，东京留守管辖“户四万六百四。辖州、府、军、城八十七”。[1]具体情况以下：（1）府。辽阳府，统九县，即辽阳县、仙乡县、鹤野县、析木县、紫蒙县、兴辽县、肃慎县、归仁县、顺化县；龙州，黄龙府，降宋辽人史愿《亡辽录》记其为大藩府[2]，统三县：黄龙县、迁民县、永平县。一个辖县的观察州：益州，下辖静远县；四个不辖县的刺史州：安远州、威州、清州、雍州；级别为防御辖县的镇海府；级别为刺史不辖县的率宾府、定理府、铁利府；级别不详、不辖县的安定府、长岭府。（2）州。节度州：辖县刺史州（有的辖县、有的不辖县）有开州、海州、显州、乾州、沈州、辽州、同州、信州，保州另辖级别为刺史的军；统县有辰州、贵德州、通州、双州、咸州、懿州、苏州、复州、祥州；宾州、兴州既不辖县又不统州，绿州统县但所辖州级别不详。观察州[3]：宁州、归州、宁江州，均辖县。防御州：辖县的广州、衍州，不辖县的冀州。刺史州：辖县的卢州、铁州、崇州、宗州、集州、遂州、韩州、银州、湖州、渤州、郢州、铜州、连州、肃州，不辖县的涞州、吉州、麓州、荆州、滕州、安州。级别不详的州：辖县的定州，不辖县的汤州、东州、尚州、荣州、率州、荷州、源州、渤海州、河州。（3）城。不领县的来远城，级别为刺史不辖县的顺化城。[4]

需要说明的是部分部族不由东京留守司管理，程尼娜对东京道辖境内的女真人

---

[1] 脱脱．辽史·卷三十八·地理志二[M]. 北京：中华书局，1974：457.

[2] 徐梦莘．三朝北盟会编·卷二十一·政宣上帙二十一[M]. 上海：上海古籍出版社，1987：152 .

[3]《辽史》记载，“衍州，安广军。防御。以汉户置。初刺史，后升军”，“宁江州，混同军。观察。清宁中置。初防御，后升”（脱脱．辽史·卷三十八·地理志二[M]. 北京：中华书局，1974：475，477），可知观察州的级别高于防御州，防御州的级别高于刺史州。

[4] 脱脱．辽史·卷三十八·地理志二[M]. 北京：中华书局，1974：455-477.

进行了研究，将这部分女真人分作熟女真、生女真、五国部三部分。熟女真即辽女真，主要散居在东京道东部、南部的州县，辽朝于这一地区设置的属国属部建置称为大王府，具体有南女直大王府（在辽东半岛南端）、曷苏馆路女直国大王府（今辽阳以南盖州东北一带）、鸭绿江女直大王府（在鸭绿江东西地区）、北女直国大王府（在今辽宁铁岭南北到吉林四平一带）、黄龙府女直部大王府（在今吉林农安一带）、回跋部大王府（在今吉林境内辉发河流域）、女直国顺化王府（在今吉林市以南地区）、长白山女直国大王府（长白山中部至朝鲜半岛咸镜南道一带）。东京道东北部边地即自松花江、牡丹江流域至东部滨海地区分布着众多的未系辽籍的生女真部落，松花江下游、黑龙江下游两岸地区分布着五国部，辽代于生女真部、五国部设有节度使。辽将具有羁縻统辖特点的属国属部纳入地方行政区划之内，如辽将其设于道、府州之下，对强化羁縻制的统辖关系具有重要作用。❶

在辽代统治的近200年，辽阳城作为“五京之一”，地位显赫，经济方面如农业、商业、采矿冶炼业、制陶及其他手工业十分发达，人口近30万。东京辽阳府辖境西至今康平县以西大凌河下游，东临滨海（日本海），东南至鸭绿江下游南岸，北至今松、嫩合流起点，东北直达黑龙江下游。

纵观历史，辽阳向来都是我国东北地区的政治、经济、文化中心。东京辽阳府为辽国东北边防的枢纽，为此辽统治者还专门设立了“辽东路，控扼高丽，置东京兵马都部署司、契丹、奚、汉、渤海四军都指挥使，保州统军司、汤河详稳司、金吾营”❷，“长春路镇抚女真、室韦。置黄龙府兵马都部署司、咸州兵马详稳司、东北路都统军司”。❸辽东京“辖地东西约一千三百公里，南北约一千七百公里，其范围大致东至今东海，南至日本海边，西至齐齐哈尔一线（与上京为邻），北越苏联结雅河上游外兴安岭一带，东北则与北海毗邻。而辽阳府治却偏于西南一隅。”❹

---

❶ 程尼娜．辽代女真属国、属部研究 [J]. 史学集刊，2004（2）：84-90.

❷ 叶隆礼．契丹国志 [M]. 上海：上海古籍出版社，1985：211.

❸ 叶隆礼．契丹国志 [M]. 上海：上海古籍出版社，1985：212.

❹ 项春松．辽代历史与考古 [M]. 呼和浩特：内蒙古人民出版社，1996：50.

## 第三节 辽代中京建置

中京大定府，辽统和二十五年（1007 年）建，是辽极盛时期的陪都，位于今内蒙古赤峰市宁城县大明镇，地处开阔的老哈河（古称土河）北岸冲积平原上，这里土地肥沃，地近中原。据《辽史·地理志》载："圣宗尝过七金山土河之滨，南望云气，有浮郭楼阙之状，因议建都[1]。""（统和）二十五年，城之，实以汉户，号曰中京，府曰大定[2]。"统和二十七年夏"四月丙戌朔，驻跸中京，营建宫室[3]"。此地原为奚族故地，辽圣宗统和二十年（1002 年），由辽朝的五帐院向圣宗进献奚王之地。统和二十二年（1004 年），辽宋达成"澶渊之盟"。统和二十三年（1005 年），辽圣宗便在此地修建了辽朝的国都，并于统和二十五年（1007 年）完成了新都的修建，"号曰中京，府曰大定"。从此，这里便成为辽朝中后期的政治、经济、军事、文化中心。

辽中京城的修建是经近 20 年的时间才使其逐步完善起来的。中京建于辽代中期，这时契丹民族已从游牧生活过渡到城市定居生活，国力日强。西部和东部的一些少数民族政权，如西夏、龟兹、于阗、女真、高丽等，均成为向其纳贡之国。同时在统和二十二年与北宋签订"澶渊之盟"后，迫使北宋向辽纳贡，此时圣宗便拟在土河之滨建都。这样利于与宋交往，吸收北宋先进的经济、文化。历史上，辽中期以后，契丹典章制度完备和文化的提高与辽代统治中心的南移不无关系。

---

❶ 脱脱．辽史·卷三十九·地理志三 [M]. 北京：中华书局，1974：481.

❷ 脱脱．辽史·卷三十九·地理志三 [M]. 北京：中华书局，1974：481-482.

❸ 脱脱．辽史·卷十四·圣宗纪五 [M]. 北京：中华书局，1974：164.

## 一、辽中京大定府建置过程

辽中京大定府，隋唐时期为奚族的游牧之地，辽太祖五年（911 年）开始成为辽朝的一部分，统和二十六年（1008 年）辽迁都于中京。此外《辽史》中还记述了短暂的镇州中京。

### （一）奚王牙帐阶段

辽中京城在“奚王牙帐地”基础上兴建。[1]中京所在地原为比较特殊的部族政治实体——奚族大王府及其所辖部落区，辽太祖在征服、占有奚人土地的同时，也开始对奚人部落进行改造。

辽太祖“并奚王之众，抚其帐部，拟于国族”。[2]但这里说的“并”，绝非合并，而是部落间的联合与协作。《辽史》关于“西奚、东部奚、乌马山奚”的记载[3]，也表明奚王府曾在相当长的一段时间内，保持相对独立的部落个体形态。辽太祖为可汗的第五年（911 年），曾对西部奚及奚本部大举用兵，“是役所向辄下，遂分兵讨东部奚，亦平之”。[4]此次征讨，不仅大幅度地压缩了奚族部落的分布区域，而且还使奚王府部落从此成为契丹政权的附庸，但奚族主体部落仍然保持并享有“大王府”[5]的待遇和地位，标志着契丹统治区与奚族统治区已经形成简单的“政治组合体”。这是契丹政权与奚王府统治机构的直接组合，而非部落个体完全纳入的统一整合方式。[6]

---

[1] 脱脱 . 辽史・卷三十九・地理志三 [M]. 北京：中华书局，1974：481.

[2] 脱脱 . 辽史・卷四十五・百官志一 [M]. 北京：中华书局，1974：711.

[3] 脱脱 . 辽史・卷三十六・兵卫志下 [M]. 北京：中华书局，1974：429.

[4] 脱脱 . 辽史・卷一・太祖纪上 [M]. 北京：中华书局，1974：4.

[5] 脱脱 . 辽史・卷四十六・百官志二 [M]. 北京：中华书局，1974：726.

[6] 任爱君 . 辽朝对奚族诸部的征服及其统治方略 [M]// 辽上京契丹・辽文化研究学会 . 首届辽上京契丹・辽文化学术研讨会论文集 . 呼伦贝尔：内蒙古文化出版社，2009：30；任爱君 . 契丹对奚族的征服及其统治方略 [J]. 内蒙古社会科学，2010（2）：40.

天赞二年（923 年）发生的反叛，由东扒里斯家族的胡损所发动。东扒里斯，即遥里氏，乃奚王族十帐部。反叛的据点，即奚王府西部的箭笴山（今河北省秦皇岛市山海关附近的黑山）。这是一次具有家族特征的反叛，反叛平息后，东十八里斯被耶律阿保机组建为堕瑰部，遂号六部奚。因堕瑰部部民源为“奚府给役户，并括诸部隐丁，收合流散”[1]，人员构成与身份均低于其他五部，故对此又有六部五帐分之称。奚六部由奚王直接统治，奚王虽由奚人担任，但已由过去的王族内部父子兄弟世代相传改由辽帝任命。

辽对奚人政权的改造也是逐步进行的，最初奚王府虽然也设有执掌统兵之职的“常衮”，但以后权力逐渐转至契丹人手中，“常衮”成为无所掌的空衔。为了监视和控制奚军，辽还派契丹人充奚王府监军，参与奚王府事。经过改编后的奚王府，已成为辽王朝行政机构中的一部分，奚王成为辽政府中的一个官员，奚人从此失去了政权上的独立地位。[2]

辽对奚政权的第二次改编在圣宗时期。统和十二年（994 年）“并奚王府奥里、堕瑰、梅只三部为一”[3]，又“特置二剋部以足六部之数”。[4] 二剋即南剋、北剋，按《辽史·国语解》为“掌军官名”。李涵先生认为二剋是直属奚王帐下的军队。将隶属奚王的直属部队改编为二部，表面看对奚政权的改造没有本质意义，但从统和十四年（996年）辽廷借口“奚王和朔奴讨兀惹，败绩，籍六部隶北府”[5]这一事件来看，当初改编奚王直属部队的目的就显现出来了。通过这次改编，奚王直属部队并同六部统归辽中央下设的北府宰相管辖，从而使奚王失去管理部众权与军权。至此

---

[1] 脱脱. 辽史·卷三十三·营卫志下 [M]. 北京：中华书局，1974：387.

[2] 李涵，沈学明. 略论奚族在辽代的发展 [M]// 中国社会科学院历史研究所宋辽金元史研究室. 宋辽金史论丛（第一辑）. 北京：中华书局，1985：282.

[3] 脱脱. 辽史·卷十三·圣宗纪四 [M]. 北京：中华书局，1974：145.

[4] 脱脱. 辽史·卷三十三·营卫志下 [M]. 北京：中华书局，1974：387.

[5] 脱脱. 辽史·卷三十三·营卫志下 [M]. 北京：中华书局，1974：387.

还不算结束，征兀惹的败绩，还造成奚王自身被“削官”。[1] 经过一番改编，至统和十四年（996 年），奚人活动区的实际控制权才完全转移到契丹贵族手中，此后中京的营建就开始了。[2]

## （二）辽中京阶段

关于辽中京兴建的时间，《辽史 · 地理志三》“中京道”条载：“（统和）二十五年（1007 年），城之，实以汉户，号曰中京，府曰大定。”另外，《辽史》卷十四还明确记载了统和二十六年（1008 年）五月“遣使贺中京成”一事。可见，《辽史》将始建中京的时间以及竣工的时间分别系于统和二十五年（1007 年）和二十六年（1008 年）。实际上，将统和二十五年视为开始兴建中京城是有一定道理的。其理由至少有三：其一，辽与北宋交战不休，直至 1004 年双方议和，战事基本停止，此时考虑建设之事与逐步安定的政局相协调。在经济上则有北宋的“岁币”作为补充，弥补了战后经费紧张的缺口。其二，统和二十四年夏五月壬寅朔，史书载有圣宗“幸炭山清暑。幽皇太妃胡辇于怀州，囚夫人夷懒于南京，余党皆生瘗之”一事，表明在此前后契丹族上层曾有矛盾，涉及后妃级人物，这种问题相当棘手。其三，统和二十四年，“冬十月庚午朔，帝率群臣上皇太后尊号曰‘睿德神略应运启化承天皇太后’，群臣上皇帝尊号曰‘至德广孝昭圣天辅皇帝’。大赦”。此举看是一种形式，但对于已经真正行使皇权的圣宗来说是一个转折点。除上述三点外，中京所在地区政局的安

[1] 脱脱 . 辽史 · 卷十三 · 圣宗纪四 [M]. 北京：中华书局，1974：148.

[2] 王民信 . 辽朝统治下的奚族 [M]// 王民信 . 辽“东京”与“东京道”. 王民信 . 王民信辽史研究论文集 . 台北：台湾大学出版中心，2010：29–43；原载于政大边政研究所年报 [J].1974（5）：47–65；李涵、沈学明 . 略论奚族在辽代的发展 [M]// 中国社会科学院历史研究所宋辽金元史研究室 . 宋辽金史论丛（第一辑）. 北京：中华书局，1985：277–294；韩茂莉 . 辽代中京及周围地区农业生产的发展 [J]. 古今农业，1998（4）：10–18；任爱君 . 契丹对奚族的征服及其统治方略 [J]. 内蒙古社会科学，2010(2)：37–41；任爱君 . 辽朝对奚族诸部的征服及其统治方略 [M]// 辽上京契丹 · 辽文化研究学会 . 首届辽上京契丹 · 辽文化学术研讨会论文集 . 呼伦贝尔：内蒙古文化出版社，2009：27–37.

定也不可忽视。由于前20年的经营，以及对北宋的和议，辽朝的统治重心已经南移，特别是统和二十年（1002年）十二月，“奚王府五帐六节度献七金山土河川地”，也是契丹族与奚族之间关系进一步和谐的印证，这也为议建中京提供了社会保证。而且，中京城就是在“奚王牙帐地”兴建的。将《辽史》中有明确记载的统和二十六年（1008年）五月“遣使贺中京成”一事与二十五年正月的记载互证，可知辽中京城共施工一年零五个月，速度之快在北方草原地区建城历史上也是不多见的。[1]

关于中京的营建，《辽史·地理志》载：“圣宗尝过七金山土河之滨，南望云气，有郛郭楼阙之状，因议建都。择良工于燕、蓟，董役二岁，郛郭、宫掖、楼阁、府库、市肆廊庑，拟神都之制。”[2]所谓“神都”即唐东都洛阳，武则天于光宅元年（684年）曾“改东都为神都”。辽王朝标榜上承唐制，所以中京的建设摹拟唐代都城。由于辽原有上京，犹如唐原有长安，所以中京规划不仿长安而仿洛阳。[3]圣宗提议建都在前，而奚王献地在后，其实这只是一种政治手段，由前文所述，这时的奚王在政治、军事上都失去原有的权力。在圣宗作出“建都”提议之后，统和二十

---

[1] 何天明.辽朝步入盛世的京城——辽中京[J].西部资源，2010（6）：51.

[2] 脱脱.辽史·卷三十九·地理志三[M].北京：中华书局，1974：481.

[3] 李锡厚，白滨.中国政治制度通史（第七卷 辽金西夏）[M].北京：人民出版社，1996：111；李锡厚.《辽史·地理志》辨误[M]//中国社会科学院历史研究所隋唐宋辽金元史研究室.隋唐辽宋金元史论丛（第四辑）.上海：上海古籍出版社，2014：244-245。关于“神都”，学界观点多异。如杨树森认为辽中京“主要的是模仿长安和汴京的模式”。（杨树森.辽史简编[M].沈阳：辽宁人民出版社，1984：90）；《辽中京简介》有“辽中京布局仿宋都汴梁城”。（参见宁城县文物管理所.辽中京简介[M].赤峰：宁城县文物管理所编印，1985：2）；《中国大百科全书·考古学卷》说：“辽中京城布局仿北宋汴京制度”。（中国大百科全书·考古学[M].北京：中国大百科全书出版社，1986：279）；王玲认为，辽中京建造仿效幽州（王玲.辽代燕京与契丹社会的发展[M]//陈述.辽金史论集（第一辑）.上海：上海古籍出版社，1987：166）；余蔚认为，“《辽史》之称神都，自然是上京无疑”（余蔚.中国行政区划通史·辽金卷[M].上海：复旦大学出版社，2012：38）；郑毅指出，《辽史》对中京城的记载较为简略，只说中京城在规模上完全模仿上京的制度［郑毅.辽与奚族的关系演变及辽中京的建置开发[J].学理论，2012（35）：204-205）］。

年（1002 年）奚王不得不“献七金山土河川地”于辽帝。[1] 统和二十四年（1006 年）奚“五帐院”又向辽主“进奚王牙帐地”。[2] 至此，奚王不但失去了对奚人、土地的基本管辖权力，而且也失去了自己的立足之地。中京建于“澶渊之盟”之后，不仅标志着契丹军事、经济实力强大，而且促进了辽国重心的南移。中京建成后，除了作为礼仪上的都城外，同时还是统治汉族地区的高级行政机构所在地，成为辽中后期重要的政治、文化中心之一。[3] 如同《宋搏等使辽行程录》中记述的中京情况：“契丹所居曰中京，在幽州东北，城垒卑小，鲜居人，夹道多蔽以城垣。宫中有武功殿，国主居之；文化殿，国母居之。又有东掖、西掖门。”[4]

### （三）镇州中京

辽前期曾以镇州为中京并设置了中京留守司。据《辽史》记载，太宗大同元年（947 年）“命赵延寿为中京留守，治镇州”。[5] 辽代历史上曾经出现过两个“镇州”，其一在今河北省正定县，地处冀中平原。清人顾祖禹认为，辽初所置之“中京”即位于此处。“（镇州）开运三年，陷于契丹，伪升为中京。汉仍曰镇州，寻复为真定府。”[6]《资治通鉴·卷二八六》载：“时契丹以恒州为中京。”这里的恒州即本书的镇州，其名称变化如下：五代后晋天福七年（942 年）二月，改镇州为恒州（治真定）。五代后汉天福十二年（947 年）五月，契丹以镇州为中京，镇州曾改称镇阳。八月，

---

❶ 脱脱 . 辽史·卷十四·圣宗纪五 [M]. 北京：中华书局，1974：158.

❷ 脱脱 . 辽史·卷三十九·地理志三 [M]. 北京：中华书局，1974：481.

❸ 李锡厚 . 辽中期以后的捺钵及其与斡鲁朵、中京的关系 [J]. 中国历史博物馆馆刊，1991（11）：95-100、115.

❹ 赵永春 . 奉使辽金行程录（增订本）[M]. 北京：商务印书馆，2017：12.

❺ 脱脱 . 辽史·卷四十八·百官志四 [M]. 北京：中华书局，1974：804.

❻ 顾祖禹 . 读史方舆纪要·卷十四·北直五 [M]. 北京：中华书局，1974：59.

改恒州为镇州（治真定）。[1]其二统和二十二年（1004年）六月，经“皇太妃奏置”[2]，“以可敦城为镇州[3]”。该城位于距上京三千多里外的鄂尔浑河上游哈达桑东的北古回鹘城，也就是后来的西辽德宗耶律大石聚众西迁之处。据考证，“可敦城”成为镇州远在辽朝设中京于镇州的半个世纪之前[4]，因而不可能是太宗所置的“中京”。太宗时期的“镇州”是位于冀中平原的镇州无疑。

太宗灭晋，“升镇州为中京。以赵延寿为大丞相兼政事令、枢密使、中京留守”。[5]众所周知，契丹以幽州为南京，镇州北距幽州有数百里之遥，却升为“中京”，这明显有违常理，让人觉得匪夷所思。后晋置东京开封、西京洛阳、北京太原及邺都。耶律德光南下灭晋，后晋大将杜重威降辽后，官邺都留守如故。[6]太宗在升镇州为中京的同时，“将东京为防御州”。[7]而西京则被保留，曾为契丹南京留守的刘晞被任命为西京留守。[8]北京太原为刘知远所据，刘氏最初遣人向德光示好，实系观望，太宗亦优容之，但在刘氏称帝后，下昭削夺其官爵。因此，林鹄怀疑，镇州之所谓“中京”，可能并非大契丹国之中京，大辽亦非大契丹国，而是继承后晋的汉地新朝。大辽继承了后晋的西京洛阳、北京太原与邺都，但废东京而代之以中京，仅为镇州更靠近契丹本土，更便于太宗统治中原。[9]正如《辽史》所载，中京的建立是出于太

---

❶ 杨若薇．契丹王朝政治军事制度研究 [M]. 北京：中国社会科学出版社，1991：185；河上洋．辽五京的外交机能 [M]// 姜维公，高福顺．中朝关系史译文集．长春：吉林文史出版社，2001：318—319.

❷ 脱脱．辽史·卷三十七·地理志一 [M]. 北京：中华书局，1974：451.

❸ 脱脱．辽史·卷十四·圣宗纪五 [M]. 北京：中华书局，1974：159.

❹ 长泽和俊，陈俊谋．辽对西北路的经营（上）[J]. 民族译丛，1984（4）：44.

❺ 脱脱．辽史·卷四·太宗纪下 [M]. 北京：中华书局，1974：59.

❻ 薛居正．旧五代史·卷一〇九·杜重威列传 [M]. 北京：中华书局，1976：3289.

❼ 薛居正．旧五代史·卷一三七·契丹传 [M]. 北京：中华书局，1976：4295.

❽ 司马光．资治通鉴·卷二八六·后汉纪一 [M]. 北京：中华书局，1974：9333.

❾ 林鹄．南望·辽前期政治史 [M]. 北京：生活·读书·新知三联书店，2018：93.

宗“以备巡幸”的需要。[1]此后不久，迫于当地汉人的反抗，契丹很快退回燕云地区，镇州之中京仅存在了短短几个月时间。[2]

## 二、辽代建置中京的原因

多位学者探讨了辽朝设立中京的原因。李义认为，辽朝为了缓解、调整尚处于奴隶制向封建制过渡的经济文化，以及比较落后的本土部族与以封建生产方式为主的南方地区形成的矛盾与差异，是辽朝新立中京的一个重要原因，中京地区地势平坦、交通便利、经济文化发展起步较早则是另一原因。[3]明盼盼归纳辽朝建立中京的原因为：一是出于契丹族控制奚族的需要，二是出于与北宋外交的需要。[4]张瑞杰列出辽朝兴建中京城的原因是辽朝具备建造新城的经济实力，方便宋朝使臣往来，便于控制各地，加强对奚人的控制。[5]袁刚、李俊义归纳辽朝选定中京建都的原因为：一是辽朝既不愿意放弃对西拉木伦河流域的有效统治，又想加强对奚人的控制；二是既希望发展对宋的关系，又不愿过度接近中原地区；三是中京地区交通便利、地理位置重要，辽朝据此可以实现控制契丹内外的目的。[6]另有学者提出辽朝设置西京的原因，石维娜认为辽朝与西夏的矛盾是辽朝设立西京道的一个直接原因[7]，陈福来

---

❶ 脱脱．辽史·卷四·太宗纪下 [M]. 北京：中华书局，1974：60.

❷ 康鹏．辽代五京体制研究 [D]. 北京：北京大学，2007：96；袁刚，李俊义．辽朝在不同时期设立的“中京”及其相关问题探讨 [J]. 赤峰学院学报，2013（7）：8-9.

❸ 李义．辽中京产生的原因与作用 [M]// 中国古都研究（第十八辑上册）——中国古都学会 2001 年年会暨赤峰辽王朝故都历史文化研讨会论文集．北京：国际文化出版社，2001：227.

❹ 明盼盼．辽中京兴衰研究 [D]. 长春：东北师范大学，2010：4-7.

❺ 张瑞杰．赤峰地区辽代城镇分布及其文化属性 [D]. 大连：辽宁师范大学，2014：16.

❻ 袁刚，李俊义．辽朝在不同时期设立的“中京”及其相关问题探讨 [J]. 赤峰学院学报，2013（7）：10.

❼ 石维娜．辽金西京大同的军事地位 [J]. 大同大学学报，2011（2）：44-47.

将辽朝设置西京道的原因归纳为防御西夏。[1]综合而言，辽建置中京原因如下：

第一，中京城具有优越的地理位置，因占据国土的中心点而建都。中京乃辽国之“中土”。中京地理位置与中原接壤，地处辽河上游，燕山以北为少数民族杂居地带。辽中京大定府城，修建在发源于燕山南麓七老图山脉的老哈河上游，这里有肥沃的河谷平原。北临七金山（今称九头山），西近马盂山（今称七老图山），南濒土河（今称老哈河），东接努鲁儿虎山。四面环山，犹如屏障环绕，造就了这一地区气候温和、水草丰美、土地肥沃、宜耕宜牧的地域特色。辽中京介于燕山南北以及东北地区南部经济、文化的交汇点上，可谓咽喉要道的形胜之地。辽中京的修建与辽、宋间签订的“澶渊之盟”密切相关，并成为辽王朝发展鼎盛时期的标志。[2]

第二，辽朝为控制奚族并统治巩固疆域之需。契丹建国后，设奚王府统领奚族事务，奚族成为辽朝统治下有稳定的居住地、有独立的治理机构的非契丹部族。统和十四年（996 年），奚王和朔奴与东京留守萧恒德共同领兵讨伐东北的兀惹族战败，给辽朝进一步解决奚族问题提供了契机，辽圣宗下令奚王府所辖的六部部众改隶北宰相府管辖，成为契丹部族之一。奚王府虽然依旧存在，但却失去了统领部众的权力，奚王与辽中央政权是臣属关系，而并非完全是中央与地方的隶属关系，因而对辽中央政府来说，奚王政府有一定的相对独立性。这种相对独立性，突出表现在奚族仍保有自己的土地。而辽朝在奚族故地修建都城，进一步加强了中央控制，统和二十四年“奚王府五帐六节度献七金山土河川地”[3]给辽朝，至此辽朝才真正解决了奚族问题，开始了对奚族的直接统治。辽政权在真正获得奚地、控制奚民之后，就其地建置中京，是与获得渤海地后置东京、获得幽云十六州地后置南京之旨意大致相同，即以京城之设来加强对新附得地区的统治，加强此地与中央的联系。就近监视和统治奚族也就是顺理成章的事情了。[4]

---

[1] 陈福来．辽金西京研究 [D]. 长春：东北师范大学，2007：8.

[2] 王宏北，树林娜．辽代中京大定府述略 [J]. 黑龙江民族丛刊，2007（6）：81.

[3] 脱脱．辽史・卷十四・圣宗纪五 [M]. 北京：中华书局，1974：158.

[4] 丁海斌．中国古代陪都史 [M]. 北京：中国社会科学出版社，2012：433-434.

第三，中京的建立是辽统治者在因俗而治思想指导下，完善以捺钵体制为主、京城体制为从属的统治体系需要。[1]

随着辽统治力量的日益强大，他们认识到“逐水草而畜牧”的游牧生活方式对于实行更有效的统治已力不从心。具体而言，面对辽阔的疆域，继续采用四时捺钵的统治方式已然落伍。因此，必须建立以城市为中心，分管周边更为广阔的地区，以四时捺钵巡守来加强中央对地方的统治体系，并以此来巩固契丹政权。圣宗之前，东京、南京和上京业已存在，中京城的建立正是统治者随着形势发展进一步完善京城体制的重要体现。由此可见，辽代京城体系并不是一成不变的，而是随形势发展逐渐完善。

根据傅乐焕、王守春等学者对辽代捺钵之地的研究，提出了辽前期以“春捺钵”为主的行猎活动主要集中在长泺（即长泊）等西辽河平原的河湖地带，辽圣宗以后明显转向松嫩平原，而当时西辽河地区的环境并未发生大的变化，其主要原因是出于政治考虑，即辽中京没有建设时，圣宗以前各帝频繁前往土河一带行猎，监视、震慑奚人的意图更甚于行猎本身，而自统和二十五年（1007 年）营建中京后，奚人与契丹人分庭抗礼的局面基本结束，契丹人不但从政治上彻底控制了奚人，而且将十余万农业人口迁移至此，大片草原开辟为农田，这时监视、震慑已无必要。因此，以土河为目的地的捺钵自然也就中止了。[2]或许可以这样说，中京建立前后，春捺钵中土河地位的下降和冬捺钵中中京地位的凸显，正是辽统治者根据时势变化调整和完善捺钵体系的必然要求。

由此可见，在辽代以捺钵体制为主的统治体系中，辽中京的建立无疑是城国政治下京城制的统治方式渐趋完善的体现，也是行国政权下的四时捺钵统治方式进一步发展和完善的必然要求。这也验证了乌力吉先生在《关于契丹捺钵文化的再认识》一文

---

[1] 孙危，戎天佑．辽中京建立原因探析 [J]. 史志学刊，2016（3）：15.

[2] 李东楠．辽代都城研究中的几个问题 [J]. 齐鲁学刊，2009（3）：52-53.

中所言："辽之京城体系，就是在皇帝四时捺钵不断发展和运动中逐步完善起来的。"[1]

第四，满足经济发展的需求而建立中京。

辽是兼具行国政权特色和城国政治特点的一个王朝，那么这两种政治体制下所对应的主要经济形式便是游牧经济和农耕经济。据韩茂莉教授研究，辽中期以西拉木伦河流域为核心的上京地区，环境已不能满足当时居民的生存需求，最终以人口迁出来求得人口和资源的暂时平衡。辽中京建立后，朝廷马上从上京附近迁移了十余万农业人口至中京地区。[2] 奚族故地优越的自然条件吸引着辽统治者。但中京建立之前，辽统治者虽有心迁大量农业人口于奚族故地，但对于这批迁移人口的控制和农业发展的管理，仅靠四时捺钵制度显然是不行的，这就需要建立一座中心城市并结合其所下辖州县来对该地区农业经济、人口等进行管理和控制。

中京城的建立直接推动了该地区农耕经济的发展，这也间接表明，其建立之初的目的之一便是缓解辽上京地区的环境压力，加强对奚族故地农业经济的开发。据相关学者研究，畜牧业一直是辽代西辽河流域生产的命脉。在辽代西辽河流域经济构成中，畜牧业的地位远远超过农业，畜牧业是契丹人的传统支柱产业。辽代西辽河流域农业是一种独特的"插花地"形式，即在国家政策影响下，人为地将农耕区分散嵌入畜牧区之中，造成农业用地和畜牧业用地犬牙交错的局面。[3] 这种"插花地"形式的农业将两种经济方式进行融合，确切地说是将农牧经济结构在一定程度上的调整，一方面是根据自然条件而进行的，但国家政策所起的作用不容忽视。笔者在上文奚王牙帐地吸引辽统治者因素中也提到，奚族地区较之传统的契丹居地而言，拥有更好的农业条件和先进的生产方式。所以，辽统治者在这里建立中京是出于发展该地区先进农业经济成果的需要，而同时又把中京作为冬捺钵地的重要地点之一，

---

[1] 乌力吉．关于契丹捺钵文化的再认识 [J]. 内蒙古大学艺术学院学报，2007（4）：17–18.

[2] 韩茂莉．辽金时期西辽河流域农业开发与人口容量 [J]. 地理研究，2004（5）：682–685.

[3] 张景博．辽金时期西辽河流域人地关系研究 [D]. 沈阳：辽宁大学，2012：22–27.

这是保持和发展本民族传统游牧经济的要求，更是辽统治体系下两种经济方式融合的重要表现。

总之，辽以四时捺钵制度为主、京城制为从属的统治体系是在契丹民族因俗而治的思想指导下的一个创造性成果，京城制的发展随着捺钵制度的发展而得到完善。中京城的建立正是京城制进一步完善的结果，也是这种关系发展变化中的一个重要体现。这种统治体系不仅保持了契丹人的民族传统特色，同时也推进了辽的封建化进程，实现了国富民强。

### 三、辽中京行政建置

据《辽史·地理志》记载，中京留守统辖行政区划如下：（1）府。大定府，辖九县：大定县、长兴县、富庶县、劝农县、文定县、升平县、归化县、神水县、金源县，三个辖县的观察州：高州、武安州、利州，七个辖县的刺史州：惠州、恩州、榆州、泽州、北安州、潭州、松山州；兴中府，统四县、两个辖县的刺史州。（2）州。中京道所属州俱为节度州，辖县的宜州、川州、建州，辖县、刺史（辖县）的锦州、来州。[1]

## 第四节　辽代南京建置

契丹族于936年从后晋统治者手中得到了燕云十六州（今北京、天津北部以及河北、山西北部），到耶律德光会同元年（938年），便把幽州城（今北京西南）升为南京，成为辽朝五京之一。南京古称燕京，辽统和三十年（1012年）改称析津府。

---

[1] 脱脱．辽史·卷三十九·地理志三[M]. 北京：中华书局，1974：481-489.

## 一、辽南京析津府建置过程

幽州城作为辽南京的前身，一直以来都是中原王朝用来防御北方少数民族南下侵扰的军事据点和防御屏障，历来是兵家必争之地。商、周时期，幽州之地先为商王朝北方属国古燕国所据。西周初，武王封黄帝后裔于蓟、封召公于燕，其后燕并蓟，定蓟城为燕都（历史上燕、蓟并提）。战国后期，北方燕国定都于蓟，使蓟城成为“富冠天下”的战国名城之一。秦统一天下，燕、蓟地区的广阳郡成为秦朝北方重镇。两汉、隋唐时期，幽、蓟地区逐渐成为汉族与北方少数民族杂居之地，各民族相互同化与融合，在古代燕、蓟地区的经济、文化发展中起过积极的作用。[1]

辽南京城不仅是辽朝的陪都，也是北中国的经济中心和文化中心。南京城是在辽以前各个朝代的基础上发展起来的，因此辽南京是五京当中最为繁华的京都，其城中街道纵横，市楼、坊市、寺观等建筑数不胜数，故《契丹国志》中记载南京析津府：“户口三十万，大内壮丽，城北有市，陆海百货，聚于其中；僧居佛寺，冠于北方。锦绣组绮，精绝天下。膏腴蔬蓏、果实、稻粱之类，靡不毕出，而桑、柘、麻、麦、羊、豕、雉、兔，不问可知。水甘土厚，人多技艺。”[2]“城内26坊中有因袭唐幽州旧名者，如周宾、肃慎等坊。辽南京万家星井，百货汇集，人才荟萃，经济繁荣，其生产发展的水平远高于契丹本部。所以，也就自然而然地成为辽在华北的政治中心。”[3]并且辽南京所处之地，“石晋未割弃已前，其中蕃汉杂居，胜负不相当。既筑城后，远望数十里间，宛然如带，回环缭绕，形势雄杰，真用武之国也”。[4]由此可见辽南京的重要地位。辽南京作为商业和民族杂居之所，除大量居住的汉人外，

---

[1] 项春松．辽代历史与考古 [M]. 呼和浩特：内蒙古人民出版社，1996：79.

[2] 叶隆礼．契丹国志·卷二十二 [M]. 上海：上海古籍出版社，2014：242.

[3] 朱祖希，张宝秀．千年古都话沧桑：北京城的演进　桥梁　长城 [M]. 北京：光明日报出版社，2006：26.

[4] 厉鄂．辽史拾遗·卷四十七 [M]．北京：中华书局，1985：957.

还有契丹、奚、渤海等少数民族。

## 二、辽代南京建置的原因

第一，辽南京城是重要的交通中心。《辽史》载："其外，有居庸、松亭、榆林之关，古北之口。"[1]此四个关口正是四条交通要道必经之地，松亭关更是辽时自南京通往中京的主要道路。这几条道路再加上其他通往各地的道路，使当时的北京成为交通中心。"在辽和金、元三个王朝统治时，燕山上的三关一口固然重要，而通往中原的道路尤为控制其南部各地或当时整个中国最不可缺少的环节……当时的北京恰是位于这通过三关一口道路的集中点。这个集中点控制了这四条道路，照顾了由西北到东北的各个方面"。[2]

第二，辽南京城是辽对中原地区军事行为的桥头堡。南京城的前身幽州城，是唐朝防御北方少数民族南下侵扰的军事据点，安史之乱以后，成为河北最著名的雄藩大镇之一，也是历来兵家的必争之地。石敬瑭把幽州献给辽朝，对当时及后来相当长的历史时期里中原政权与北方各少数民族关系以及中国北方的政治格局的影响是十分深远的。就辽朝与中原诸政权的关系来说，中原王朝在军事上向来甚为倚重的沿长城、燕北一线的屏蔽作用完全消失，漫长的北部边防门户洞开，而辽朝则反客为主，动辄兴师南进，南京则成了辽朝针对中原地区的重要战略据点。

第三，加强对汉族人民的统治。幽云十六州为汉人州县，是契丹辖境内人口最为稠密的地区，又是经济物产最为繁庶富饶的地区。辽朝京城远居北部，游牧民族政权由于统治辖区疏远，新得此地便置南京，无疑与东京之建有着相同的目的，即在于加强对这一新获地区的统治。[3]

---

[1] 脱脱．辽史·卷四十·地理志四 [M]. 北京：中华书局，1974：494.

[2] 史念海．中国古都和文化 [M]. 北京：中华书局，1998：218–219.

[3] 丁海斌．中国古代陪都史 [M]. 北京：中国社会科学出版社，2012：427.

## 三、辽南京行政建置

辽南京“北面边防官”条下有专门为备御北宋而设立的各级军事指挥机构，与其他诸京所设统军司、都部署司不同，南京的指挥机构是兵马都总管府，长官称为兵马都总管，而且有时是由南京留守兼任的，如萧思温、韩制心在留守任上都曾兼任兵马都总管。重熙四年（1035 年）改为南京都元帅府，设都元帅、大元帅等军职。南京的军事指挥机构等级在诸京中是最高的。

《辽史·百官志二》载：辽南京北面边防官有“南京都元帅府。本南京兵马都总管府，兴宗重熙四年改。有都元帅、大元帅。南京兵马都总管府，属南面，有兵马都总管、有总领南面边事、有总领南面军务、有总领南面戍兵等官。南京马步军都指挥使司，属南面。侍卫控鹤都指挥使司，属南面。燕京禁军详稳司。南京都统军司，又名燕京统军司。圣宗统和十二年复置南京统军都监。牛栏都统领司。都统领、副统领。距马河戍长司。圣宗开泰七年，沿距马河宋界东西七百余里，特置戍长一员巡察。戍长。监军寨统领司。石门统领司。南皮室军详稳司。北皮室军详稳司。猛拽剌详稳司。管押平州甲马司。管押平州甲马。已上南京诸司，并隶元帅府，备御宋国”。[1]

《辽史·地理志》述南京析津府沿革：“自唐而晋，高祖以辽有援立之劳，割幽州等十六州以献，太宗升为南京，又曰燕京……府曰幽都，军号卢龙。开泰元年落军额。统州六、县十一。”[2] 户数在 25 万左右。[3] 据其后罗列的州县来看，南京留守所统六州为顺、檀、涿、易、蓟、景六个刺史州，十一县为析津县、宛平县、昌平县、良乡县、潞县、安次县、永清县、武清县、香河县、玉河县、漷阴县，南京析津府

❶ 脱脱．辽史·卷四十六·百官志二 [M]. 北京：中华书局，1974：747.

❷ 脱脱．辽史·卷四十·地理志四 [M]. 北京：中华书局，1974：493-494.

❸ 张修桂，赖青寿．辽史地理志汇释 [M]. 合肥：安徽教育出版社，2001：163.

共辖二十五县。❶

辽南京是辽国南方的门户，其地东西长约三百六十公里，南北宽约一百七十公里，其辖区大体东至碣石、海阳，居山海关以为险。东南有渤海环绕，西北出居庸关，西出紫荆岭口与辽西京相邻，北与中京大定府相邻，南至河北霸县以拒马河与大宋为界，其统辖范围大体为今北京大部分地区以及天津、河北部分地区。❷据《辽史》记载："自雄州白沟驿渡河，四十里至新城县，古督亢亭之地。又七十里至涿州。北渡范河、刘李河，六十里至良乡县。渡卢沟河，六十里至幽州，号燕京（南京）。"❸

## 第五节　辽代西京建置

西京为古并州（今山西大同），辽太宗时期，后晋石敬瑭将其与幽州同时献给辽国。初为大同军节度使，重熙十三年（1044 年）升为西京，建大同府。十七年（1048 年）置大同县及附属城郭。

### 一、辽西京大同府建置过程

重熙十三年（1044 年），辽朝与西夏发生战争，辽兴宗在击退西夏之后不久，基于云州地区战略地位的重要性，为了对付西夏，升云州为西京，治所为大同，是辽朝五京中最后确定下来的京城。西京大同府是在北魏平城原址上营建的。据文献载：

"西京大同府，陶唐冀州之域。虞分并州，夏复属冀州。周职方，曰北曰并州。

---

❶ 脱脱．辽史・卷四十・地理志四 [M]. 北京：中华书局，1974：493-500.

❷ 项春松．辽代历史与考古 [M]. 呼和浩特：内蒙古人民出版社，1996：81.

❸ 脱脱．辽史・卷四十・地理志四 [M]. 北京：中华书局，1974：496.

战国赵武灵王始置云中郡。秦当作汉。属代王国，后为平城县。魏为新兴郡。晋仍属雁门。刘琨表封猗卢为代王，都平城。辽史兴宗纪曰：重熙十三年十一月丁卯，改云州为西京。元魏道武于此遂建都邑。孝文帝改为司州牧，置代尹，迁都洛邑，改万年，又置恒州。高齐文宣帝废州为恒安镇，今谓之东城，寻复恒州。周复为恒安镇改朔州。隋仍为镇。唐武德四年置北恒州，七年废。贞观十四年云中定襄县于此。永淳元年默啜为边患，移民朔州。开元十八年置云中州。天宝元年改云中郡。干元元年曰云州。干符三年，大同军节度使李国昌子克用为云中守捉使，杀防御使，据州以间，僖宗赦克用，以国昌为大同军防御使不受命。广明元年，李琢攻国昌，国昌兵败，与克用奔北地。黄巢入京师，诏发代北军，寻赦国昌，使讨贼。克用率三万五千骑而南，收京师，功第一，国昌封陇西郡王。克用子存勗灭梁，是为唐庄宗。同光三年，复以云中为大同军节度使。晋高祖代唐，以契丹有援立功割山前、代北地为赂，大同来属，因建西京。”❶

## 二、辽代建置西京的原因

第一，从政治因素分析，西京是能够控制西夏的战略据点。辽朝西京的设立是出于监视西夏及辽夏交界地的军事目的，是辽朝与西夏矛盾的产物。自从党项酋长李继迁背宋自立、实行结辽制宋的对外政策以来，辽夏之间一直保持着比较密切的关系。但是，由于元昊嗣位以后在与北宋进行旷日持久的战争的同时，对辽朝也不像过去那样驯服了，结果导致辽夏关系迅速走向恶化。元昊屡屡染指辽夏交界辽朝一侧的党项部落，辽兴宗不能坐视西夏势力的膨胀，于重熙十三年（1044 年）发动对西夏的大规模战争，史称“河曲之战”。同年十一月，辽兴宗下诏升云州为西京，并在十二月驾临了这个建立伊始的都城。可见，西京完全是出于针对西夏的军事目的而设立的，所

❶ 顾炎武 . 历代宅京记 · 卷十四 · 云中 [M]. 北京：中华书局，1984：215.

以《辽史·百官志》中说“西京多边防官”。[1]辽朝大兴土木修建西京，措置西部边防，甚至引来北宋的的警惕。重熙十五年（1046年），包拯出使辽朝归来的报告中说，辽朝“自两京以来，不辍添置营寨，招集兵马，兵粮积聚不少，但以西讨为名，其意殊不可测”。[2]辽统治者对大同特别重视，“非亲王不得主之”。[3]金灭辽、蒙古灭金，“皆先下大同，燕京不能复固矣”。[4]可以说辽改云州为西京以后，在控制西夏的军事上产生了积极的后果。从此终辽之世，西夏对辽一直处于守势。就辽而言，建西京以后，稳固了西南边境的统治，在对宋和西夏的斗争中处于更加有利的地位。

第二，西京的自然地理位置决定它是重要的战略防御前沿和战略进攻前哨。地处内外长城之间的大同，“东连上谷，南达并恒，西界黄河，北控沙漠。居边隅之要害，为京师之屏藩。自昔用武地也”。[5]大同以北“四望平衍，寇至无可御”[6]，其西部、北部是连绵起伏的阴山和逶迤雄伟的长城，再加上九曲回肠的黄河，形成一道天然屏障。沿长城一线，雄关险塞林立，烽火台星罗棋布。南部则偏关、宁武、雁门关内三关凭临险要，太和、广武等“雁门十八隘”独当要冲。东部有战略要地延绵五百余里的恒山及飞狐、倒马、紫荆外三关，号称“北方锁钥”。这些自然地理特征使大同拥有诸多天然关塞，自古以来就是兵家必争之地。

西京是华北平原和蒙古高原交往联系的枢纽。北上可以到达蒙古高原，出雁门关而南下则是广阔平坦的华北平原。西京这种“内跨中原，外联朔漠”的地理形势，在军事上具有重要的意义。占有西京，既可以通过扼守关隘，屏障天险，抵御北面敌人的进攻，也可以北上主动进攻敌人，同时可以以西京为基地，迅速南下华北平原。

---

❶ 脱脱．辽史·卷四十八·百官志四 [M]. 北京：中华书局，1974：801.

❷ 张田．包拯集·卷九·论契丹事宜 [M]. 北京：中华书局，1963：75.

❸ 脱脱．辽史·卷四十一·地理志五 [M]. 北京：中华书局，1974：506.

❹ 陆岩司，程秀龙，吕福利．《读史方舆纪要》选译 [M]. 太原：山西人民出版社，1978：253.

❺ 顾祖禹．读史方舆纪要（四）·卷四十四 [M]. 北京：中华书局，1957：1992.

❻ 张廷玉．明史·卷二〇〇·蔡天佑列传 [M]. 北京：中华书局，1974：5287.

第三，西京是辽控制领地的屯兵要地。辽时，境内西北部的阻卜、乌古、敌烈等部时叛时降，因而对蒙古高原诸部的控制一度有所增强。辽朝对草原诸部的勒索是沉重的，辽的边吏依势克剥，往往使诸部民无法忍受而多次举行反叛，辽不得不时加征讨。规模最大的一次，是在道宗大安八年（1092 年）爆发的阻卜诸部长磨古斯的叛乱，大败辽西北路招讨使耶律何鲁扫古所统之二室韦、六院部特满及诸群牧、诸宫分等军，沿边诸部乘机尽叛。辽改任耶律挞不也代何鲁扫古。磨古斯设计诈降，挞不也轻信无备，被劫杀于镇州城西南。辽于是遣知北院枢密使耶律斡特剌等率大军征讨，直到寿昌六年（1100 年）擒获磨古斯，斩首以徇，大规模的叛乱始告平息。在此设立西京也有控制臣属部族的考虑。[1]

## 三、辽西京行政建置

辽西京大同府最高领导机关是西京留守司。西京留守司设留守一员，副留守一员，知西京留守事一员，同知西京留守事一员，同签西京留守事一员，西京留守判官一员，西京留守推官一员，其最高长官西京留守行大同府尹事。在西京留守之下，又设西京都总管府、西京处置使司、西京计使司，分掌军事、司法监察和财政管理，称为“三司”，类似宋朝的安抚使司、提点刑狱使司、转运使司。三司长官分别称为都总管、处置使、计使，都总管同时兼任同知大同府事，并设同知大同府事一员协助之，使他在行政管理方面成为西京留守兼大同府尹的助手，加强他在留守司的发言权，可见“三司”长官中以都总管地位最高。

《辽史·百官志》载，西京的北面边防官包括：“西南面安抚使司，西南面安抚使。西南面都招讨司，太祖神册元年置，亦曰西南路招讨司，西南面招讨使。西南边大详稳司。西南路详稳司。西南面五押招讨司。五押招讨大将军。西南路巡察司。又有西南巡边官。西南路巡察将军。西南面巡检司。西南面巡检。西南面同巡检。

---

[1] 丁海斌．中国古代陪都史 [M]. 北京：中国社会科学出版社，2012：445-446.

西南面拽剌详稳司。山北路都部署司。又有知山北道边境事官。金肃军都部署司。南王府。见北面朝官。北王府。乙室王府。山金司，一作山阴司，置在金山之北。已上西京诸司，控制西夏。”❶

《辽史·兵卫志》载：“西京大同府，统县七，辖军、府、州、城十七。”据《辽史·地理志》载西京留守统辖行政区划如下：（1）府。大同府，辖七县：大同县、云中县、天成县、长青县、奉义县、怀仁县、怀安县，两个辖县的刺史州：弘州和德州。（2）州。节度州：辖县的丰州、云内州、蔚州、应州，既辖县又辖刺史州（辖县）的奉圣州、朔州；刺史州：不辖县的宁边州，辖县的东胜州；级别不详的州：不辖县的金肃州。（3）军。不辖县的天德军、河清军。❷从上面的内容可以看出，其位置大体上相当于今天的山西北部、内蒙古南部与河北西北部，而大同就是这一地区的中心城市。

需要指出的是，西京道居住众多的党项部落，山南党项居于阴山以南地区，河濡党项位于河清、金肃、宁边、东胜诸地，山后党项位于阴山之北即倒塌岭节度使司之境，藏才族、庄浪族、言泥族、日利族、月利族、没细族、兀瑶族、阿理撒米部、仆里鳖米部、曷党部、乌迷部、呆儿族位居天德军境内，勒浪族、名波族、直荡族居住在东胜州，没儿族、女女四族居河清军、金肃州，党儿族、杜庆族、嘉舒克顺七族居宁边州，小斛禄部居武州，山西五族位处阴山之西，银瓮族居住于云内州，拓跋黑连部居奉圣州，宋犀族、隆益答部、党项十五部居地在西南路招讨司境内。❸西京道大同府、天德军、云内州振武县等地居住有吐浑（即吐谷浑）人，辽朝以属国属部的方式对其进行统治。❹这些地区不属西京留守管辖。

辽西京大同，不仅是我国北方的政治中心，同时也是经济和文化中心之一，具有繁荣的农业和手工业、兴盛的佛教以及较为发达的文教等。西京大同是漠北和中原联

---

❶ 脱脱．辽史·卷四十六·百官志二[M]. 北京：中华书局，1974：747-748.
❷ 脱脱．辽史·卷四十一·地理志五[M]. 北京：中华书局，1974：505-515.
❸ 汤开建．契丹境内党项部落的分布[J]. 宁夏社会科学，1990（2）：73-81.
❹ 陈德洋．试论辽朝统治下的吐谷浑[J]. 青海民族大学学报，2013（3）：38-41.

系的交通枢纽和咽喉，也是周围地区的商品集散地，是契丹、汉族等各族经济文化交流的重要中心。发达的教育和科举的兴盛，使西京涌现出一大批进士和著名的文学家。西京的繁荣，有力地推动了这一地区的社会进步，加快了契丹族的封建化进程。

## 第六节　辽代五京建置特点

辽代五京建置在《续通志·都邑略》中有具体记载：

辽初国号契丹，不设都名，其所居曰西楼。西楼者，即上京也。国初设四楼，在木叶山者曰南楼，在龙化州者曰东楼，在唐州者曰北楼，与西楼而四。岁时游猎，皆出入其间。至太祖建皇都，太宗即皇都为上京，更置东京、南京，为三京。圣宗置中京，兴宗置西京，而五京具焉。[1]

五京的建置经历了一个较长的过程，并不是在短时间内完成的。从“西楼”到太祖时期的上京，至太宗时期置“三京”，到兴宗时期升云州为西京，最终形成五京。这一过程历经太祖、太宗、世宗、穆宗、景宗、圣宗和兴宗七个时期，前后将近一百三十年。以时间为线索，五京的建置过程可以分为以下三个阶段：从“西楼”到上京的建置、从上京到“三京”的建置、从“三京”到五京的确立。

### 一、“三京”的建置

建置“三京”是辽“会同改制”的重要内容。[2] 天显十二年六月，“晋遣户部尚书

[1] 嵇璜，刘墉．续通志·卷一一〇·都邑略 [M]. 杭州：浙江古籍出版社，2000．

[2] 林鹄．南望·辽前期政治史 [M]. 北京：生活·读书·新知三联书店，2018：154-159，168.

聂延祚等请上尊号，及归雁门以北与幽、蓟之地，仍岁贡帛三十万疋，诏不许”；八月，“晋遣使复请上尊号，不许”。❶直至次年五月，“晋复遣使请上尊号”，德光才“从之”。❷十一月，晋册上尊号使至，辽太宗以此为契机，宣布改元会同，并发布了一系列重大的制度改革诏令。这是辽朝历史上非常重要的事件，林鹄称之为“会同改制”。

《辽史·太宗纪》有关于“会同改制”的直接记载：

> 大赦，改元会同。是月，晋复遣赵莹奉表来贺，以幽、蓟、瀛、莫、涿、檀、顺、妫、儒、新、武、云、应、朔、寰、蔚十六州并图籍来献。于是诏以皇都为上京，府曰临潢。升幽州为南京，南京为东京。改新州为奉圣州，武州为归化州。升北、南二院及乙室夷离堇为王，以主簿为令，令为刺史，刺史为节度使，二部梯里已为司徒，达剌干为副使，麻都不为县令，县达剌干为马步。置宣徽、閤门使，控鹤、客省、御史大夫、中丞、侍御、判官、文班牙署、诸宫院世烛，马群、遥辇世烛，南北府、国舅帐郎君官为敞史，诸部宰相、节度使帐为司空，二室韦闼林为仆射，鹰坊、监冶等局官长为详稳。❸

改制内容之一为改皇都为上京，升幽州为南京，另将东丹国南京升为大契丹国东京。❹《辽史·地理志》“上京”条曰：“太宗援立晋，遣宰相冯道、刘昫等持节，具卤簿、法服至此，册上太宗及应天皇后尊号。太宗诏蕃部并依汉制，御开皇殿，辟承天门受礼，因改皇都为上京。”所谓“诏蕃部并依汉制”，虽然可能只限于当时的仪式，但可以间接反映出这次改制系改从汉制。而南京的建置，是将新入辽的汉地纳入契丹版图。

---

❶ 脱脱．辽史·卷三·太宗纪上 [M]. 北京：中华书局，1974：41.

❷ 脱脱．辽史·卷四·太宗纪下 [M]. 北京：中华书局，1974：44.

❸ 脱脱．辽史·卷四·太宗纪下 [M]. 北京：中华书局，1974：44-45.

❹ “南京为东京”之“南京”乃东丹而非契丹之南京，详见康鹏．东丹国废罢时间新探 [J]. 北方文物，2010（2）：75.

对于东京的设立，以往一般认为无关东丹国之存废。但康鹏指出，在会同元年之后，史籍、石刻中再无东丹国中台省某官或东丹国某官的记载，唯见东京中台省某官或东京某官。此外，会同元年之前，东丹国频繁地活跃于当时的外交舞台上，而其后再无东丹国与他国通使的记载，代之而起的是频频见诸史籍的东京留守与高丽通使的记录。因此，康鹏推断，会同元年东丹国除，中台省变为东京地方机构。[1]也就是说，与燕云十六州入辽同步，此前作为附庸国存在的东丹国被废除了，太宗对其控制区域实施直接统治。

所以，三京的建置，并不仅仅关乎都城制度，而且成为大契丹国建国道路上的一个里程碑。燕云十六州和渤海故地纳入契丹版图，成为其直接统治区域，占了契丹国土的不小比重，这标志着契丹已不再是局限于草原一隅的小政权，而变成了跨有草原与农耕地区的庞大帝国。随着这一转变，其政治体制当然也会发生重要的变化。

三京的建置。改皇都为上京，只是名称的变化。但南京与东京的出现，则牵涉大契丹国国策的转变。王朝如何统治这两个农耕区域，上引《太宗纪》会同元年的记载并未明言，不过我们可以通过其他材料寻找到有关线索。

辽朝对东京地区的统治，应当还是通过东丹国原有的中台省。按《太祖纪》，天显元年二月平渤海后，以中台省为中枢，“皇弟迭剌为左大相，渤海老相为右大相，渤海司徒大素贤为左次相，耶律羽之为右次相”。[2]是年七月，左大相迭剌卒。据《耶律羽之墓志》，羽之于天显二年“迁升左相”“位居冢宰”[3]，即出任左大相。[4]“会同

---

[1] 康鹏．东丹国废罢时间新探 [M]. 北方文物，2010（2）：75−76.

[2] 脱脱．辽史·卷二·太祖纪下 [M]. 北京：中华书局，1974：223.

[3]《耶律羽之墓志》拓片［见盖之庸:《内蒙古辽代石刻文研究》(增订本)，第 3 页］。《辽史·卷七十五·耶律羽之传》认为羽之加守太傅、迁中台省左相事在人皇王奔堂后，恐误。

[4]“天显二年，留守南京。”（脱脱．辽史·卷七十五·耶律觌烈传 [M]. 北京：中华书局，1974：1237.）刘浦江已据《耶律羽之墓志》指出，觌烈实际上出任的是东丹国大内相，而“二年”系“五年”之误。(《辽代的渤海遗民》,《松漠之间》，第 374 页）余蔚则以为“二年”是“三年”之误，且“留守”非官称，乃动词。(《中国行政区划通史·辽金卷》，第 80 页）

改制”只是废除东丹国，中台省仍然保留，耶律羽之仍以左大相的身份主管东京地区事务。

燕云地区情况则要复杂得多。天显十一年十一月，幽州藩帅赵德钧、赵延寿父子降辽，幽州自此入辽。《辽史・赵延寿传》曰：“(天显十二年)德钧卒，以延寿为幽州节度使，封燕王；及改幽州为南京，迁留守，总山南事。”[1]似乎赵氏父子始终掌控幽州，但事实并非如此。

《辽史・赵思温传》载：“天显十一年，唐兵攻太原，石敬瑭遣使求救，上命思温自岚、宪间出兵援之。既罢兵，改南京留守、卢龙军节度使……寻改临海军节度使。”[2]赵思温尝为南京留守亦见中原文献。《旧五代史・契丹传》载：“契丹改天显十一年为会同元年，以赵延寿为枢密使，升幽州为南京，以赵思温为南京留守。”[3]又据《册府元龟》，天显十二年(晋天福二年)十一月，“(晋高祖)诏赐北朝曷鲁相公、聂相公、幽州赵思温缯帛器皿”。[4]可见赵思温确曾短暂地担任过南京留守。

无独有偶，会同中南京留守曾再度易人。《旧五代史・刘晞传》曰：“天福中，契丹命晞为燕京留守，尝于契丹三知贡举。”[5]另据新旧《五代史》，会同四年(晋天福六年)，晋安重荣密与辽幽州守臣(《旧五代史》作“契丹幽州帅”,《新五代史》作“幽州节度使”)刘晞通款。[6]又按《资治通鉴》会同十年(947年，汉天福十二年)正月，“契丹主以前燕京留守刘晞为西京留守”。[7]会同中刘晞确曾任南京留守无疑。

---

[1] 脱脱．辽史・卷七十六・赵延寿传[M]. 北京：中华书局，1974：1247.

[2] 脱脱．辽史・卷七十六・赵延寿传[M]. 北京：中华书局，1974：1250-1251.

[3] 薛居正．旧五代史・卷一三七・契丹传[M]. 北京：中华书局，1976：4288.

[4] 王钦若．册府元龟・卷九七三・外臣部助国讨伐[M]. 北京：中华书局，1960：11436.

[5] 薛居正．旧五代史・卷九十八・刘晞传[M]. 北京：中华书局，1976：3033.

[6] 薛居正．旧五代史・卷九十八・安重荣列传[M]. 北京：中华书局，1976：3008；欧阳修．新五代史・卷五十一・安重荣列传[M]. 北京：中华书局，1974：584-585.

[7] 司马光．资治通鉴・卷二八六・后汉纪一・高祖天福十二年正月[M]. 北京：中华书局，1956：9333.

检《辽史·太宗纪》，会同三年四月尚见“留守赵延寿”❶，则刘晞出任此职当在会同三年四月后或会同四年。《宋史·宋琪列传》云：“晋祖割燕地以奉契丹，契丹岁开贡部。”❷刘晞“三知贡举”，说明仅任南京留守三年。《契丹国志·赵延寿传》载：“会同六年，以赵延寿为卢龙节度使。”❸正与此相合。

赵思温于神册二年即已入辽，属于入辽汉人中的元老重臣。刘晞系文士，尝为后唐幽州藩帅周德威幕职官。看来太宗对赵延寿并不信任。他起用赵思温与刘晞，两度尝试绕过赵延寿对南京地区进行统治，但最终仍不得不倚重赵延寿。这说明赵氏在幽州根基非常之深，对辽中央进一步控制南京是个不小的挑战。

可能正是因为对旧藩镇势力有戒心，虽然幽州升为南京，其实际辖区并未扩大，仍仅限于卢龙节镇。《赵延寿传》谓其“总山南事”，可见山后诸州不在其统治范围。此外，平、营、滦三州（即辽兴军节度使辖区），恐怕也不受其管辖。

南京留守除无法掌控平州及山后地区外，即使在幽州，其军事职权也存在种种限制。按《辽史·太宗纪》，会同五年正月，“诏政事令僧隐等以契丹户分屯南边”。❹僧隐辖下的契丹户，恐非南京留守所能节制。

赵延寿死后，世宗委派亲党入主幽州，辽中央势力得以深入南京地区，消除了一个巨大的隐患。

## 二、五京建置的特点

辽代五京的建置过程从918年开始，一直延续到1044年。通观辽代五京，各有各的特点，建置目的也不尽相同。陈述认为：“五京建置各有各的目的”，“南京以制

❶ 脱脱．辽史·卷四·太宗纪下[M]. 北京：中华书局，1974：47.

❷ 脱脱．宋史·卷二六四·宋琪列传[M]. 北京：中华书局，1977：9121.

❸ 叶隆礼．契丹国志·卷十六·赵延寿传[M]. 上海：上海古籍出版社，1985：164.

❹ 脱脱．辽史·卷四·太宗纪下[M]. 北京：中华书局，1974：51.

燕云，东京以制渤海，上京为国家根本”。[1] 出现这样的情况，主要是因为五京建置和功能有所不同。上京兴建最早，位于契丹本土，是辽太祖阿保机的创业之地，为“辽内四部族”[2] 的牧地，不仅管辖契丹建国前的固有领土和诸部，而且也管辖所征服的大漠草原地区和诸部；东京是契丹灭亡渤海国后所置，管辖区域以原渤海国版图为主，主要功能是统治辽东及东北地区的渤海人和女真人，控驭朝鲜半岛上的高丽国；南京是石敬瑭割让燕云十六州后所置，管辖区域为原燕云十六州区域，主要功能是统治燕云地区的汉人，控驭北宋，经济最为发达，为辽财政的主要来源地，时人认为南京“兵戎冠天下之雄，与赋当域中之半”；[3] 西京是专门为控驭西夏国所置，管辖区域为燕云十六州一部分和西南边陲的党项诸部，故辽“用为重地，非亲王不得主之”；[4] 中京是辽将奚族完全纳入辽王朝统治体制后所置，管辖区域以奚族居住区域为主，主要功能是统治奚族，接待北宋、西夏、高丽使臣等。[5] 辽王朝在“东至于海，西至金山，暨于流沙，北至胪朐河，南至白沟”[6] 幅员万里的大地上，建立起以五京为中心的行政管理体制，并实施有效的管理。[7] 所以，辽五京只是各自所辖区域的行政中心和军事重镇，是统治者为了现实统治需要而逐步完善设立的，用五京来分别统辖州县，是辽“因俗而治”统治政策的体现。[8] 在五京的建置过程中，出现了如下几个特点：

---

❶ 陈述．契丹社会经济史稿 [M]. 北京：生活·读书·新知三联书店，1963：82.

❷ 指遥辇九帐族、横帐三父房族、国舅帐拔里乙室已族和国舅别部，属于辽朝的特权贵族，跟随契丹皇帝四时捺钵。见脱脱．辽史·卷三十三·营卫志下·部族下 [M]. 北京：中华书局，1974：383–389.

❸ 向南．辽代石刻文编·王泽墓志 [M]. 石家庄：河北教育出版社，1995：260.

❹ 脱脱．辽史·卷四十一·地理志五 [M]. 北京：中华书局，1974：506.

❺ 刘喜民，刘浩然．走进千年辽上京（上）[M]. 呼和浩特：内蒙古人民出版社，2014：95.

❻ 脱脱．辽史·卷三十七·地理志一 [M]. 北京：中华书局，1974：438.

❼ 张志勇．辽朝“五京”互动机制研究 [J]. 渤海大学学报，2020（2）：30.

❽ 肖爱民．辽朝政治中心研究 [M]. 北京：人民出版社，2014：59.

第一，从时间上来看，五京的建置过程延续了将近一百三十年，跨度约为整个辽代历史的五分之三，若将“西楼时期”也囊括在内，其所占比重可能会更高。

第二，从动机上来看，五京的建置是偶然性因素与必然性因素共同作用的产物。其偶然性主要体现在时空分布方面，即五京的建置过程并不是通过总体规划布局而最终实现的。在其建置过程中，辽代统治者的战略选择和突发政治事件对五京的建置产生了最直接的影响，正是这些不可预知事件的发生，使五京的建置具有很大的偶然性成分。但另一方面，伴随着外部环境的变化，辽代积极扩大自己的势力范围，在领土面积不断扩张的背景下，又不得不逼迫统治者采取措施，以此来应对前所未有的统治局面。因此，建立局部和区域的统治中心成为辽对地方进行有效统治的一种必然选择。

因此，辽代建置五京的原因是多方面的。思想上是“因俗而治”“一国两制”治国政策的体现；政治上是基于巩固契丹贵族的统治地位的考量；经济上是由不同生产方式与生活方式决定的，也有确保契丹贵族经济利益的需要；历史上借鉴中原王朝城市治理经验，保留像辽阳、幽州、渤海古城的历史传统；文化上是不同民族的交流与认同，并进行文化的整合；从地理条件上看，五京所处地理位置十分重要，进可攻，退可守，是拱卫辽王朝这座大厦的天然屏障；再加上受自然环境的影响等。❶

第三，从过程上来看，在宏观方面，五京的建置经历了由“西楼”—上京—“三京”—五京的过程。从微观角度讲，上京的初建和扩建、南京的演变以及中京的修筑等，体现了辽代五京在建置过程中包含着个体的完善演变和发展的阶段性特征。

总之，时间、动机和空间成为影响五京建置过程的几个重要因素。受其影响，在五京的建置过程中出现了建置时间的延续性与跨度性较大、建置动机的偶然性与必然性共存和建置过程的宏观性与微观性差异等特点，使五京的建置过程成为多种因素共同作用的结果和产物。❷

---

❶ 张志勇. 辽朝“五京”互动机制研究 [J]. 渤海大学学报，2020（2）：30.

❷ 刘晋华. 辽代五京布局特征研究 [D]. 长春：东北师范大学，2018：17.

# 第二章

# 辽代五京留守司及其职掌

辽王朝相继建立五座“京城”，并使之成为军事、政治、经济中心。不论皇帝是否出巡或亲征，五京都作为正式建制一直存在。“留守司”是五京最高军政领导机构，职官设置完备，其最高长官称某京“留守”。辽代五京留守为常设长官，一般情况下，留守兼行京城府尹之事。

## 第一节　辽代五京留守司

从职官设置的完整性来看，五京留守司是一个比较完备的地方统治机构，设有留守、副留守等职官。五京留守是常设的行政主官，京官体系比唐宋要正规、完整。五京设有留守、副留守、知某京留守事、某府少尹、同知某京留守事、同签某京留守事、某京留守判官、某京留守推官等。

### 一、辽代五京留守司建置

《辽史·百官志》列五京留守司兼府尹职名总目如下：

某京留守行某府尹事。圣宗统和元年见上京留守、行临潢尹事吴王稍。

某京副留守。天祚天庆六年见东京副留守高清臣。

知某京留守事。萧惠，开泰二年知东京留守事。

某府少尹。圣宗太平四年见临潢少尹郑弘节。

同知某京留守事。太平八年见中京同知耶律野。

同签某京留守事。萧滴洌，太平六年同签南京留守事。

某京留守判官。室昉，天禄中为南京留守判官。

某京留守推官。圣宗开泰元年见中京留守推官李可举。[1]

---

[1] 脱脱. 辽史·卷四十八·百官志四 [M]. 北京：中华书局，1974：803-804.

张韬认为《辽史·百官志》五京留守司职名总目当修正如下：

某京留守，也作知某京留守事。

同知某京留守事，也作同签某京留守事、某京同知留守、某京留守同知。

某京副留守，也作知某京副留守事。

某京留守判官。

某京留守推官。[1]

《辽史》载南面京官包括三京宰相府、诸京内省客省、五京诸使、五京留守司、五京都总管府、五京都虞侯司、五京警巡院、五京处置使司与五京学，属“五京并置者”，其下又有所谓“特置者”。[2]但五京留守，乃京官之首，当移置首位。[3]五京留守司长官为某京留守，也称知某京留守事，或判某京留守事。《辽史·百官志》“知某京留守事”条为重出，需斟酌。杨若薇、韩滨娜、何天明、陈福来等将留守与知留守事并列[4]，说明诸位认为留守与知留守事为两种职官。因此，本书以某京留守为主要研究对象。

据《宋史》记载，中原的“留守司掌管宫钥及京城守卫、修葺、弹压之事，畿内钱谷、兵民之整兼属也。”[5]但辽王朝推行军政合一制度，各京留守既是各京所在地最高军事长官，也是最高行政长官，拥有统兵权、行政权和司法权。杨树藩在《辽金地方政治制度之研究》中分别论述了上京留守司、东京留守司、中京留守司和南

---

[1] 张韬．辽代道级行政区划研究 [D]. 长春：吉林大学，2016：100.

[2] 脱脱．辽史·卷四十八·百官志四 [M]. 北京：中华书局，1974：801-807.

[3] 林鹄．辽史百官志考订 [M]. 北京：中华书局，2015：326.

[4] 杨若薇．契丹王朝政治军事制度研究 [M]. 北京：中国社会科学出版社，1991：190；韩滨娜．略论辽代地方行政区划制度 [J]. 东北师大学报，1993（2）：31；何天明．辽代政权机构史稿 [M]. 呼和浩特：内蒙古大学出版社，2004：227；陈福来．辽金西京研究 [D]. 长春：东北师范大学，2007：5.

[5] 宋史·卷一六七·职官七 [M]. 北京：中华书局，1977：3960.

京留守司的民政和司法职掌。❶杨若薇的《契丹王朝政治军事制度研究》一书认为，辽朝五京留守司的职掌与宋大致相同。辽代留守总揽一方军、政、财诸大权，具体职能为掌管宫钥、畿内钱谷与民政事务、境内治安与决狱、对内镇压人民、对外防范侵扰等。❷韩滨娜在《略论辽代地方行政区划制度》中也支持杨若薇的观点，指出辽代的五京留守掌诸宫钥及京城守卫、修葺、弹压之事，举凡一方之钱谷、兵民、刑罚之政都在其权限范围之内。❸蒋金玲的博士论文《辽代汉族士人研究》对留守职掌有所涉及，认为汉族士人出任留守在经济、文化、军事和外交等方面有所贡献，但多处于从属地位。❹姜含从政治、经济、军事、文化四个方面论述了五个京城的职能。❺从行政管理上，则可概括为：强化对地方的管理与控制，巩固辽的长治久安。李桂芝指出："五京是用来统辖州县的，治理的重点是汉人和渤海人。"❻傅海波、崔瑞德认为："每一座都城……是一个当地行政管理网的区域性中心"，"这些都城，尤其是南京和东京的总管（留守），在其各自地区内行使着极大权力，他们是辽朝政治体系中最强有力的人物之一"。❼由此可见，辽统治者是如何对地方的管控乃至全国的管理与控制的。

少数学者专门就东京、南京、西京职官设置及其职掌予以论述。孙玮将东京留守视作东京地区最高行政长官，是固定一方的行政军事长官，负责东京地区的政治、军事、民政、外交事务。由中央直接指派，总管京内大小事务，且地位极高，驻地

---

❶ 杨树藩．辽金地方政治制度之研究 [M]// 宋史研究座谈会．宋史研究集（第 11 辑）．台北："中华丛书编审委员会"，1979：363-373.

❷ 杨若薇．契丹王朝政治军事制度研究 [M]. 北京：中国社会科学出版社，1991：187-192.

❸ 韩滨娜．略论辽代地方行政区划制度 [J]. 东北师范大学学报，1993（2）：31.

❹ 蒋金玲．辽代汉族士人研究 [D]. 长春：吉林大学，2010：89-208.

❺ 姜含．辽代五京建置研究 [D]. 沈阳：辽宁大学，2011.

❻ 李桂芝．辽金简史 [M]. 福州：福建人民出版社，2001：51.

❼ 傅海波，崔瑞德．剑桥中国辽西夏金元史 [M]. 北京：中国社会科学出版社，2007：78.

位于辽阳府。辽朝留守掌管境内治安、决狱、民政。❶王淑兰提出辽朝在南京道设有宰相府代表中央权力机构，又设留守司管理南京军、政事务。❷辛鹏龙的硕士论文《辽代西京文化研究》在论述西京职官制度时指出，五京留守具有经济大权、管理治安和一定兵权。❸

综合相关史料发现，辽代五京留守远远超越“留守”原意。留守，从隋唐起，皇帝出巡或亲征时指定亲王或大臣留守京城，得便宜行事，称京城留守。其陪都和行都则常设留守，以地方行政长官兼任。但在辽五京留守获得了特殊的发展❹，成为高级官吏，总揽一方军事、政治大权，坐镇一方，几拟于人主。❺留守的军事职掌首先是对京都地区的军事防务，其次是处理边事，最后是挂帅出征。由于五京所处的位置不同，其发挥的战略优势也各不相同：南京近南，镇辖南境，备御北宋；西京近西，镇辖西境，控制西夏；东京近东北，镇辖东北地区，控扼高丽；上京近北，统辖全辽，主制北疆地区；❻中京在中，为辽国之“中土”。❼而留守在行政、经济、文化等方面也具有重要职掌，关键在于调动行政、经济、文化等一切手段实现各京都及其所在地区的稳定与发展。

因五京留守例兼留守司治所所在府的府尹，上京留守司治临潢府、东京留守司治辽阳府、南京留守司治析津府、中京留守司治大定府、西京留守司治大同府。五京府的长官为府尹，按惯例多由某京留守兼任。辽圣宗统和元年（983 年），“以吴王

---

❶ 孙玮．辽朝东京海事问题研究 [D]. 大连：辽宁师范大学，2011：15.

❷ 王淑兰．历史地理视角下的辽代城市研究 [D]. 长春：东北师范大学，2011：61.

❸ 辛鹏龙．辽代西京文化研究 [D]. 长春：长春师范学院，2010：12-13.

❹ 韩光辉，林玉军，王长松．宋辽金元建制城市的出现与城市体系的形成 [J]. 历史研究，2007（4）：46.

❺ 杨若薇．契丹王朝政治军事制度研究 [M]. 北京：中国社会科学出版社，1991：192.

❻ 叶隆礼．契丹国志・卷二十二・控制诸国 [M]. 上海：上海古籍出版社，1985：121-124；脱脱．辽史・卷四十六・百官志二 [M]. 北京：中华书局，1974：742；林荣贵．辽朝经营与开发北疆 [M]. 北京：中国社会科学出版社，1995：37.

❼ 陈述．全辽文 [M]. 北京：中华书局，1982：199.

稍为上京留守，行临潢尹事”；❶《韩匡嗣墓志》记其“俄授上京留守、同政事门下平章事、临潢尹”；❷《耶律弘世墓志》谓其尝官“上京留守、判临潢尹事”；❸《萧闛墓志》称其曾祖萧继远为上京留守、临潢尹；❹《梁援墓志》记其“权莅上都留府。是冬，加宣政殿学士，□上京留守临潢尹事”；❺《耶律仁先墓志》记其于辽兴宗时“授东京留守，判辽阳府事”；❻《韩匡嗣墓志》谓其官“燕京留守、卢龙军节度使、幽都尹”；❼辽圣宗“以漆水郡王韩制心为南京留守、析津尹”。❽燕京留守即南京留守，幽都府为析津府前身，故有幽都尹、析津尹之称；辽圣宗“以广平郡王宗业为中京留守、大定尹”；❾《耶律宗愿墓志》载其曾任“中京留守、判大定尹事”；❿《耶律宗允墓志》:“改判西京留守大同尹事”；⓫《耶律弘世墓志》谓其“授西京留守、判大同尹事”。⓬也存在留守不兼任府尹的情况,《辽史》记“临潢尹裹衮进饮馔”，⓭此时裹衮并非上京留守。

## 二、辽人赋予五京府以五都的称谓

上京临潢府、东京辽阳府、南京析津府、中京大定府、西京大同府地位尤为特

❶ 脱脱 . 辽史・卷十・圣宗一 [M]. 北京：中华书局，1974：112.
❷ 向南，张国庆，李宇峰 . 辽代石刻文续编 [M]. 沈阳：辽宁人民出版社，2010：23-24.
❸ 向南，张国庆，李宇峰 . 辽代石刻文续编 [M]. 沈阳：辽宁人民出版社，2010：192.
❹ 向南，张国庆，李宇峰 . 辽代石刻文续编 [M]. 沈阳：辽宁人民出版社，2010：135.
❺ 向南 . 辽代石刻文编 [M]. 石家庄：河北教育出版社，1995：521 .
❻ 陈述 . 全辽文 [M]. 北京：中华书局，1982：198 .
❼ 向南，张国庆，李宇峰 . 辽代石刻文续编 [M]. 沈阳：辽宁人民出版社，2010：24.
❽ 脱脱 . 辽史・卷十六・圣宗七 [M]. 北京：中华书局，1974：188.
❾ 脱脱 . 辽史・卷十六・圣宗七 [M]. 北京：中华书局，1974：187.
❿ 向南，张国庆，李宇峰 . 辽代石刻文续编 [M]. 沈阳：辽宁人民出版社，2010：149.
⓫ 陈述 . 全辽文 [M]. 北京：中华书局，1982：184 .
⓬ 向南，张国庆，李宇峰 . 辽代石刻文续编 [M]. 沈阳：辽宁人民出版社，2010：192.
⓭ 脱脱 . 辽史・卷十・圣宗一 [M]. 北京：中华书局，1974：111.

殊，辽人将其称作五都。撰刻于辽道宗咸雍八年（1072 年）的《创建静安寺碑铭》载："五都错峙。帝宅尊乎中土，则大定之分。甲天下焉。"❶静安寺碑位于今内蒙古赤峰市宁城县大明镇，即辽中京大定府所在地。文中又提到"大定"二字，说明此句是用来形容中京大定府的。中京大定府属五都之一，以"帝宅尊乎中土"称之，则表明大定府居于天下之中，地位最为尊贵，位列五京府之首。碑铭的撰写者为耶律兴公，向南考证耶律兴公是汉人杨遵勖的契丹名字。❷又赵良嗣在《燕云奉使录》中收录的辽人郭药师降宋表称"天祚皇帝怠弃銮舆，越在草莽，万姓无依棲之地，五都有板荡之危"。❸上述引文说明在辽人心目中，认同辽有五都，且极为看重五都的地位，也指出中京大定府居首要之位。至少表明辽代汉人将上京临潢府、东京辽阳府、南京析津府、中京大定府、西京大同府一同视为五都。

具体来说，辽人分别将上京临潢府、东京辽阳府、南京析津府、中京大定府、西京大同府称作上都、东都、大都或燕都、中都、西都。上京临潢府（今内蒙古赤峰市巴林左旗林东镇）被称作上都、京师。《燕京大悯忠寺故慈智大德幢记》："后因游方。止于上都。别创精蓝。挂锡而住"；❹《义和仁寿皇太叔祖哀册》有"既幸上都"❺之语。《韩佚墓志》："迩后国家以临潢重地，创业上都。保厘虽委于元勋，佐理妥求于英器。"❻临潢当指临潢府，属契丹族始兴之地，文中将临潢府称作上都。"保厘虽委于元勋"是指上京留守需由元勋出任，足证上京地位之重。临潢府又被称为京师，《耶律庶几墓志》叙其任上京留守的经历为"论道经邦，曾任京师之主。切以留守者，擎天擉地，佐圣中良，外为耳目之臣，内作股肱之力"❼，足以说明辽人将

❶ 陈述．全辽文·卷八·耶律仁先墓志铭 [M]. 北京：中华书局，1982：199.

❷ 向南．辽代石刻文编 [M]. 石家庄：河北教育出版社，1995：363.

❸ 徐梦莘．三朝北盟会编·卷九·政宣上帙九 [M]. 上海：上海古籍出版社，1987：65.

❹ 陈述．全辽文 [M]. 北京：中华书局，1982：257.

❺ 向南，张国庆，李宇峰．辽代石刻文续编 [M]. 沈阳：辽宁人民出版社，2010：273.

❻ 向南．辽代石刻文编 [M]. 石家庄：河北教育出版社，1995：100.

❼ 向南．辽代石刻文编 [M]. 石家庄：河北教育出版社，1995：294.

临潢府称作京师，更是指出上京留守地位之重。《圆慧大师墓碑》："大安中（1085—1094 年），以集会京师……葬于京南约三里地余。"[1] 该碑出土于辽上京临潢府所在地即今内蒙古赤峰市巴林左旗林东镇，京师当指临潢府。上京城亦被称作京师，辽太祖"幸安国寺，饭僧，赦京师囚"[2]，安国寺位于上京城，故此处京师指的是上京城。

辽代墓志常将东京辽阳府（今辽宁辽阳市）称作东都。《刘日泳墓志》："早亲南国。已浮鱼水之欢。不弃东都。永结丝罗之愿。"[3]《张俭墓志》："垣峻紫微，方优贤于西省。堂开绿野。爰卜胜于东都。"[4]《梁援墓志》："暨东都御水之夕，前有深沟丈余，自空暗中有大言不可进者，盖夙有贵分者，果不能害耶。"[5]

南京析津府（今北京市）有皇都、大都、燕都、京师四种称法。辽人将析津府视作皇都，统和三年（985 年）的《韩匡嗣墓志》谓其"雄燕之地，皇都所都。宗九服而表则诸侯，屯万旅而控南夏。非威武不可以统帅，非仁惠不可以保厘。授南面行营都统、燕京留守、卢龙军节度使、幽都尹"。[6] 今北京市十字寺发现有《大都崇圣院碑记》。[7]《刘承嗣墓志》叙其烈祖刘仁恭为"文武英雄，帷幄筹划。清燕都之万井，慑玄塞之一方"。[8]《大昊天寺建寺功德主传菩萨戒妙行大师行状碑》："止以燕都随缘诱化，旬月之间，费用充足。"[9] 辽人将析津府十一个属县与顺、檀、涿、易、蓟、景六个属州称之为大都、燕都。换言之，大都、燕都指的是析津府全境。清宁四年（1058 年）的《涿州白带山云居寺东峰续镌成四大部经记》："燕都之有五郡，

---

[1] 向南，张国庆，李宇峰 . 辽代石刻文续编 [M]. 沈阳：辽宁人民出版社，2010：239.
[2] 脱脱 . 辽史・卷二・太祖纪下 [M]. 北京：中华书局，1974：21.
[3] 陈述 . 全辽文 [M]. 北京：中华书局，1982：372.
[4] 陈述 . 全辽文 [M]. 北京：中华书局，1982：129.
[5] 向南 . 辽代石刻文编 [M]. 石家庄：河北教育出版社，1995：521.
[6] 向南，张国庆，李宇峰 . 辽代石刻文续编 [M]. 沈阳：辽宁人民出版社，2010：24.
[7] 陈述 . 全辽文 [M]. 北京：中华书局，1982：78-79.
[8] 陈述 . 全辽文 [M]. 北京：中华书局，1982：365.
[9] 陈述 . 全辽文 [M]. 北京：中华书局，1982：300.

民最饶者，涿郡首焉。”❶按此处所言的“五郡”当不含景州，因其他五州除易州设于统和七年（989年）外俱为石晋所献旧州，而《辽史》中记载，景州晚至重熙中期方置，该记作者可能不了解新置的景州而未将其列入。但撰刻于乾统七年（1107年）的《三河县重修文宣王庙记》明确提到大都内辖六州，“燕壤割都，雄据尾风之分。燕京经界，辖制六州，总管内外二十四县。县贯三河者，古之名邑也。左附流渠，背连黍谷。作大都之襟带，为上郡之唇膰。”❷检《辽史·地理志》载析津府属县、六州属县共有二十五个，与此记载稍有出入。析津府又被称作京师，《范阳丰山章庆禅院实录》记有“又东北走驿路，抵良乡，如京师，入南肃慎里东之高氏所营讲宇，则下院也。”❸良乡（今北京市房山区良乡镇）为析津府辖县，故此处的京师当指析津府。

中京大定府（今内蒙古赤峰市宁城县大明镇）被称为中都、京师。《夏蕴石棺记》有“迁葬于中都南十里田庄之地。”❹金人于保大二年（1122年）“以劲骑一日一夜行三百里至其中都攻之，自旦至日中，遂陷焉。始谓天祚在城中也，及破，乃知天祚闻其来，中夜已窜，即莫知所在”❺，两处“中都”指的是中京城。《耶律弘世妻秦越国妃墓志》：“会咸雍改元，文武百僚上尊号，行大礼于中都。上受徽册，庆浃中外。”❻《辽史·道宗纪》亦载此事，称辽道宗清宁十年（1064年）十月驻跸中京，“咸雍元年（1065年）春正月辛酉朔，文武百僚加上尊号曰‘圣文神武全功大略广智聪仁睿孝天祐皇帝’。改元，大赦。册梁王浚为皇太子，内外官赐级有差。”❼此处的中都亦指中京城。《梁援墓志》载有“山陵毕，诏免本属之宫籍，移隶于中都大定县，

❶ 向南．辽代石刻文编[M]．石家庄：河北教育出版社，1995：285.
❷ 陈述．全辽文[M]．北京：中华书局，1982：293-294.
❸ 陈述．全辽文[M]．北京：中华书局，1982：270.
❹ 陈述．全辽文[M]．北京：中华书局，1982：373.
❺ 徐梦莘．三朝北盟会编·卷五·政宣上帙五[M]．上海：上海古籍出版社，1987：33.
❻ 向南，张国庆，李宇峰．辽代石刻文续编[M]．沈阳：辽宁人民出版社，2010：229.
❼ 脱脱．辽史·卷二十二·道宗二[M]．北京：中华书局，1974：264.

敕格余人不以为例，示特宠也”[1]，大定县隶属于大定府，故此处的中都指的是大定府。大定府又被称为京师，《澄湛等为师善弘建陀罗尼幢记》："清宁八年（1062 年），入京师间，别礼广严寺耆宿密尚座位师。"[2]据善弘为大定府恩州（今内蒙古赤峰市喀喇沁旗西桥镇）人，其生活于中京道，葬所位于中京城附近，推测此处京师指的是大定府。

西京大同府（今山西大同市）有西都之称。撰刻于大安元年（1085 年）的《郑颉墓志》有"今昭文馆直学士、知西都转运使颛仲弟也"[3]，知西都转运使即知西京转运使，西都当指大同府。

通过上面论述，辽人常用"都"来指称上京临潢府、东京辽阳府、南京析津府、中京大定府、西京大同府，也用来称呼上京城、东京城、南京城、中京城、西京城。学者们往往将"都"理解为都城，即其最狭之意，并在此基础上讨论哪一京为全国性的政治中心的问题。现在看来，简单地以中原的都城制度来解读辽代的"都"，可能无法理解其真正的内涵。实际上，辽人并没有严格遵循中原的都城之制，他们使用的"都"较为随意，可用来指称五京府及其所辖州县，并不仅仅限定于某一京城。由此也说明五个京府为辽人看重，甚至借用中原的都城称谓来命名之。[4]

## 第二节　辽代五京留守的职掌

辽朝设有五京，设置的目的也具有强烈的军事色彩。五京就是五座屏障，五根支柱，支撑着辽王朝这个大厦。设东京以备御渤海与女真，设南京以备御北宋，设西京以备御西夏与西南各部族，设上京以备御北方和控制契丹各部族，中京居间，

[1] 向南 . 辽代石刻文编 [M]. 石家庄：河北教育出版社，1995：522.
[2] 向南，张国庆，李宇峰 . 辽代石刻文续编 [M]. 沈阳：辽宁人民出版社，2010：224.
[3] 向南，张国庆，李宇峰 . 辽代石刻文续编 [M]. 沈阳：辽宁人民出版社，2010：179.
[4] 张韬 . 辽代道级行政区划研究 [D]. 长春：吉林大学，2016：127-130.

用以机动。[1]因此，五京留守的首要职掌就是军事。

## 一、辽代五京留守的军事职掌

宋神宗元丰四年（1081年）批示“近河北诸路牒报，北界帐前指挥七月中会五京留守及南北王府主兵官、诸招讨于中京议事，未知其实，可令雄州及河北缘边安抚司精选可信之人，厚计金帛，速觇以闻。”[2]由此可见，五京留守掌管一道兵马，可与掌管五院部、六院部两个部族军的北南王府主兵官北南大王、专统某一方面军事的西北西南两招讨使相提并论[3]，足证其军事职掌之重。五京留守军事职掌首要负责本领区内的军事戍防，对京都重地的治与乱，留守责无旁贷。

上京留守首要的任务就是戍守辽上京，如耶律倍，“留倍守京师”；[4]耶律李胡，“太宗亲征，常留守京师”；[5]耶律隆裕，“留守京师”“复留守京师”；[6]“命楚国王隆祐留守京师”；[7]萧继先、萧孝先、耶律大悲奴“留守上京”。[8]即使到辽后期，天庆十年（1120年），金攻陷辽上京，辽仍然任命萧乙薛出任上京留守时，“为政宽猛得宜，民之穷困者，辄加振恤，众咸爱之”。到保大二年（1122年），“诸营败卒复聚上京，

---

[1] 张志勇．辽朝“五京”互动机制研究[J]．渤海大学学报，2020（2）：32.

[2] 李焘．续资治通鉴长编·卷三一三·神宗[M]．北京：中华书局，2004：7591.

[3] 张韬．辽代道级行政区划研究[D]．长春：吉林大学，2016：127-130，134.

[4] 脱脱．辽史·卷七十二·义宗倍列传[M]．北京：中华书局，1974：1209.

[5] 脱脱．辽史·卷七十二·义宗倍列传[M]．北京：中华书局，1974：1213.

[6] 脱脱．辽史·卷六十四·皇子表[M]．北京：中华书局，1974：987-988.；王青煜，敖力布．耶律隆祐与耶律隆裕考[M]//姜锡东．宋史研究论丛（第十一辑）．保定：河北大学出版社，2010：150-153.

[7] 脱脱．辽史·卷十四·圣宗纪五[M]．北京：中华书局，1974：160.

[8] 脱脱．辽史·卷七十八·萧继先列传[M]．北京：中华书局，1974：1393；脱脱．辽史·卷九十五·耶律隆先列传[M]．北京：中华书局，1974：1333；脱脱．辽史·卷九十五·耶律大悲奴列传[M]．北京：中华书局，1974：1393.

遣乙薛为上京留守以安抚之”。[1]上京留守还负责收集情报，会同六年（943年），“上京留守耶律迪辇得晋谍，知有二心”。[2]

东京留守也要戍卫东京和本地区的安全，如平定渤海人叛乱。渤海王族成员大延琳领导的反叛是数次渤海人的反抗斗争中规模最大的一次，据《辽史·圣宗纪八》记载，太平九年（1029年）八月，“东京舍利军详稳大延琳囚留守、驸马都尉萧孝先及南阳公主，杀户部使韩绍勋、副使王嘉、四捷军都指挥使萧颇得，延琳遂僭位，号其国为兴辽，年为天庆”。[3]东京留守萧孝先“被围数月”，最终“穴地而出”。辽统治者不得不迅速调南京留守萧孝穆加以镇压，萧孝先也在平定叛乱后，“留守上京”。[4]

南京留守的军事职责首先是管理汉军，特别是在辽初期。后唐卢龙节度使赵德钧、枢密使赵延寿父子投降契丹时，辽收编了他们的数万兵马，“以延寿为幽州节度使，封燕王；及改幽州为南京，迁留守，总山南事”。[5]南京留守赵延寿仍然统率这支军队，并继续驻守幽州。虽然后来赵延寿因争当后晋傀儡皇帝而被辽统治者除掉，但他统率的这支汉军仍然存在。[6]能否有效节制这支汉军，关系重大。辽应历八年（958年），周世宗率军北伐幽云，取得关南三关，幽云契丹汉军守将举城投降，辽失三关主因在于主帅萧思温昏聩乏才，不能有效节制幽云汉军所致。其后穆宗改任汉将高勋为南京留守，主汉军事。[7]

平时戍守时，南京留守负责观察、了解北宋，做好防御工作。景宗乾亨四年（982年）十二月，“南京留守荆王道隐奏宋遣使献犀带请和，诏以无书却之”。[8]圣宗

---

[1] 脱脱．辽史·卷一〇一·萧乙薛列传 [M]. 北京：中华书局，1974：1435-1436.
[2] 脱脱．辽史·卷四·太宗纪下 [M]. 北京：中华书局，1974：53.
[3] 脱脱．辽史·卷十七·圣宗纪八 [M]. 北京：中华书局，1974：203.
[4] 脱脱．辽史·卷八十七·萧孝先列传 [M]. 北京：中华书局，1974：1333.
[5] 脱脱．辽史·卷七十六·赵延寿列传 [M]. 北京：中华书局，1974：1247.
[6] 武玉梅，张国庆．辽朝军、兵种考探 [J]. 黑龙江民族丛刊，1999（1）：48.
[7] 郑毅．略论辽朝边疆统驭方略的演变 [J]. 黑龙江民族丛刊，2012（5）：90-91.
[8] 脱脱．辽史·卷十·圣宗纪一 [M]. 北京：中华书局，1974：108.

统和元年（983 年）二月，“南京奏，闻宋多聚粮边境及宋主将如台山，诏休哥严为之备”。[1] 高勋任南京留守时，加强了对宋的防御。其一，应历十三年（963 年），“会宋欲城益津，勋上书请假巡徼以扰之”。[2] 穆宗“命南京留守高勋、统军使崔廷勋以兵扰之”。[3] 宋人筑城不果。应历十七年（967 年），高勋再次在益津关击败宋军。其二，对行政区划进行了调整。云州怀安县，“高勋镇燕，奏分归化州文德县置”。[4] 弘州顺圣县，“高勋镇幽州，奏景宗分永兴县置”。[5] 怀安县、顺圣县在高勋设置时，都隶属奉圣州。其三，在重熙十三年（1044 年）西京建立之前，南京留守高勋还有节制山西诸州的权力，可谓大权在握。[6] 他分置两县，很可能是针对宋朝的部署，其目的是增强面对北宋的山西方面纵深的防御力度。[7] 圣宗太平八年（1028 年）二月，“燕京留守萧孝穆乞于距马河接宋境上置戍长巡察，诏从之”。[8] 重熙年间，耶律仁先任南京留守，“下车之后，都邑肃清。又驰奏延边添置产堡，诏见之。时武清李宜儿以左道惑众，伪称帝及立伪相，潜构千余人，劫赦居民。王侦捕获之，驿送阙下”。[9] 南京留守府内还设有间谍机构，据《贾师训墓志》：“燕京留守府有□□□，凡都府事无巨细，必先阅之后行。其府置一局，诸事连外境，情涉谋叛者，悉收付之考劾，苟语一蹉跌，即实之孥戮。”[10] 从墓志可知，辽国南京府设有专门的间谍机构，应叫

---

[1] 脱脱．辽史·卷十·圣宗纪一 [M]. 北京：中华书局，1974：109.

[2] 脱脱．辽史·卷八十五·高勋列传 [M]. 北京：中华书局，1974：1317.

[3] 脱脱．辽史·卷六·穆宗纪上 [M]. 北京：中华书局，1974：77.

[4] 脱脱．辽史·卷四十一·地理志五 [M]. 北京：中华书局，1974：507.

[5] 脱脱．辽史·卷四十一·地理志五 [M]. 北京：中华书局，1974：507.《校勘记》中已指出“景宗”应为“穆宗”之误。

[6] 康鹏．辽代五京体制研究 [D]. 北京：北京大学，2007：25.

[7] 周峰．辽代前期汉人重臣高勋生平发微 [J]. 北方文物，2011（1）：54.

[8] 脱脱．辽史·卷十七·圣宗纪八 [M]. 北京：中华书局，1974：202.

[9] 陈述．全辽文 [M]. 北京：中华书局，1982：198.

[10] 陈述．全辽文 [M]. 北京：中华书局，1982：252-255；向南．辽代石刻文编·贾师训墓志寿昌二年 [M]. 石家庄：河北教育出版社，1995：476-483.

□□□局，由于墓志不清楚，今已难知其名了。此局权限极大，除调遣本朝间谍外，还负责侦缉、调查宋朝派来的间谍，操有生杀大权。[1]

西京留守即使是在天祚皇帝西逃路过西京时，仍然得到命令做好“守城”。据《契丹国志·天祚皇帝中》载：“抚谕留守萧查剌、转运刘企常等曰：金兵不远，好与军民守城。”[2]

辽廷及时根据留守戍卫京都的成败得失予以奖惩。[3] 乾亨三年（981 年），“上京汉军乱，劫立喜隐不克，伪立其子留礼寿，上京留守除室擒之”。因平乱有功加“同政事门下平章事”。[4] 萧兀纳任上京留守期间因军功而授副元帅，天庆六年（1116 年），“耶律章奴叛，来攻京城，兀纳发府库以赉士卒，谕以逆顺，完城池，以死拒战。章奴无所得而去。以功授副元帅”。[5] 留守因失利也会受到处罚，如东京留守萧恒德“以讨兀惹不克，削官”。[6] 南京留守韩匡嗣因攻宋失败，杖责免官。[7]

为确保京都地区的治安，五京留守还要处理好边事，防止周边民族和所辖地方势力影响到其戍守区的安全和稳定。这方面以东京留守表现最为突出，这和东京留守需要处理高丽和女真事务有密切关系。东京留守常常代表朝廷与高丽打交道，实现对高丽军事上征伐、政治上统治、和平时期交往的目的[8]。辽与高丽真正开始交涉

---

[1] 陶玉坤．辽宋和盟状态下的新对抗——关于辽宋间谍战略的分析 [J]. 黑龙江民族丛刊，1998（1）：72；陶玉坤．辽宋关系研究 [D]. 呼和浩特：内蒙古大学，2005：67.

[2] 叶隆礼．契丹国志·卷十一·天祚皇帝中 [M]. 上海：上海古籍出版社，1985：75.

[3] 林荣贵．辽朝经营与开发北疆 [M]. 北京：中国社会科学出版社，1995：94.

[4] 脱脱．辽史·卷九·景宗纪下 [M]. 北京：中华书局，1974：104.

[5] 脱脱．辽史·卷九十八·萧兀纳列传 [M]. 北京：中华书局，1974：1414.

[6] 脱脱．辽史·卷十三·圣宗纪四 [M]. 北京：中华书局，1974：148.

[7] 陈述．全辽文 [M]. 北京：中华书局，1982：254.

[8] 河上洋．辽五京的外交机能 [M]// 姜维公，高福顺．中朝关系史译文集．长春：吉林文史出版社，2001，译自东洋史研究，1993（52）：52-74；王德忠．论辽朝五京的城市功能 [J]. 北方文物，2002（1）：77-81、90；杨军．东亚封贡体系确立的时间——以辽金与高丽的关系为中心 [J]. 贵州社会科学，2008（5）：117-124；王明荪．论辽代五京之性质 [J]. 史学汇刊，2009（23）：143-191.

始于东京留守萧恒德伐高丽[1]，关于此次征伐的开始时间，前辈学者多有分歧。杨树森[2]、舒焚[3]、刘永智[4]、魏志江[5]、王曾瑜[6]以及杨昭全、韩俊光[7]，均认为是在辽统和十年（992年），辽对高丽发动了第一次大规模的征伐。杨通方[8]、蒋非非、王小甫[9]，韩国学者李基白[10]、卢启铉[11]以及杨昭全、孙玉梅[12]和杨昭全、何彤梅[13]，均认为是在993年（高丽成宗十二年，契丹统和十一年），契丹举兵征伐高丽。《中朝关系通史》[14]、《朝鲜简史》[15]等著作，认为辽于993年（辽统和十一年，高丽成宗十二年）十月发动对高丽的第一次征伐。产生这种分歧的原因在于《辽史》与《高丽史》关于辽朝第一次征伐高丽的记载存在一定的出入。

据陈俊达考证，辽圣宗派遣萧恒德征伐高丽的时间为统和十一年。[16]《辽史》记载，统和十年（992年）十二月，以东京留守萧恒德等伐高丽。统和十一年（993年）

---

❶ 脱脱．辽史·卷十三·圣宗纪四 [M]. 北京：中华书局，1974：143.

❷ 杨树森．辽史简编 [M]. 沈阳：辽宁人民出版社，1984：151.

❸ 舒焚．辽史稿 [M]. 武汉：湖北人民出版社，1984：412.

❹ 刘永智．中朝关系史研究 [M]. 郑州：中州古籍出版社，1994：243.

❺ 魏志江．中韩关系史研究 [M]. 广州：中山大学出版社，2006：15.

❻ 王曾瑜．辽金军制 [M]. 保定：河北大学出版社，2011：23.

❼ 杨昭全，韩俊光．中朝关系简史 [M]. 沈阳：辽宁民族出版社，1992：172.

❽ 杨通方．中韩古代关系史论 [M]. 北京：中国社会科学出版社，1996：89.

❾ 蒋非非，王小甫．中韩关系史（古代卷）[M]. 北京：社会科学文献出版社，1998：160.

❿ 李基白．韩国史新论 [M]. 北京：国际文化出版公司，1994：132.

⓫ 卢启铉．高丽外交史 [M]. 延吉：延边大学出版社，2002：54.

⓬ 杨昭全，孙玉梅．中朝边界史 [M]. 长春：吉林文史出版社，1993：113.

⓭ 杨昭全，何彤梅．中国——朝鲜·韩国关系史 [M]. 天津：天津人民出版社，2001：353.

⓮《中朝关系通史》编写组．中朝关系通史 [M]. 长春：吉林人民出版社，1996：137.

⓯ 朴真奭，姜孟山，朴文一等．朝鲜简史 [M]. 延吉：延边大学出版社，1998：135.

⓰ 陈俊达．辽对高丽的第一次征伐新探 [J]. 邢台学院学报，2014（03）：105-106；陈俊达．《辽史》校正二则 [J]. 黑河学院学报，2015（03）：128.

春正月，高丽王治遣朴良柔奉表请罪，诏取女直鸭绿江东数百里地赐之。[1]然据同书卷八十五《萧挞凛列传》记载："统和十一年（993年），（萧挞凛）与东京留守萧恒德伐高丽，破之。高丽称臣奉贡。"[2]若《辽史》时间记载准确，结合《高丽史·徐熙传》中有关战争经过的记载[3]，可知萧恒德与萧挞凛率领的辽军于993年初征伐高丽，一个月内攻破高丽蓬山郡、进攻高丽安戎镇，与高丽代表两次谈判，并迫使高丽国王遣使入觐。这显然是不可能的。同时若高丽国王于统和十一年（993年）春正月遣使奉表请罪，辽圣宗诏取女直鸭绿江东数百里地赐之，而高丽却于次年二月才遣使来贡，实在是不合情理。因此，《辽史》记载难以使人信服。关于辽第一次征伐高丽的史实，应以《高丽史》记载为准。《辽史·圣宗本纪四》中"春正月，高丽王治遣朴良柔奉表请罪，诏取女直鸭绿江东数百里地赐之"条，应归于统和十二年（994年）下。

综上所述，辽圣宗于统和十年（992年）十二月，命东京留守萧恒德等准备征伐高丽。类似于统和三年（985年）秋七月，"诏诸道缮甲兵，以备东征高丽"[4]，做战前动员及相应准备。故成宗十二年（993年）五月，处于辽、高丽交界地带的女真人向高丽报告了"契丹谋举兵来侵"这一情况。然而高丽出于对女真人的偏见，"朝议谓其绐我"，不相信女真人的情报，"不以为备"。[5]直到同年八月，女真人向高丽再次报告，辽朝大军已到达女真地界，即辽朝已发兵，高丽"始知事急"。[6]故辽朝应于993年八月第一次发兵征伐高丽。又《高丽史·成宗世家》载："成宗十二年（993年）闰月丁亥，幸西京，进次安北府。闻契丹萧逊宁攻破蓬山郡，不得进，乃还。

---

[1] 脱脱.辽史·卷十三·圣宗四[M].北京：中华书局，1974：143.

[2] 脱脱.辽史·卷八十五·萧挞凛列传[M].北京：中华书局，1974：1313.

[3] 郑麟趾.高丽史·第三（卷94）列传卷第七·徐熙[M].东京：国书刊行会株式会社，昭和52（1977）：76−78.

[4] 脱脱.辽史·卷十·圣宗一[M].北京：中华书局，1974：115.

[5] 郑麟趾.高丽史·第一（卷3）世家卷第三·成宗[M].东京：国书刊行会株式会社，昭和52（1977）：39.

[6] 郑麟趾.高丽史·第一（卷3）世家卷第三·成宗[M].东京：国书刊行会株式会社，昭和52（1977）：45

遣徐熙请和，逊宁罢兵。”[1]此处“闰月”当为“闰十月”。[2]《徐熙传》载：“成宗欲自将御之，幸西京，进次安北府。契丹东京留守萧逊宁攻破蓬山郡，获我先锋军使、给事中尹庶颜等。成宗闻之，不得进，乃还……熙见书还，奏有可和之状，成宗遣监察司宪、借礼宾少卿李蒙戬如契丹营请和……逊宁以蒙戬既还，久无回报，遂攻安戎镇。中郎将大道秀、郎将庾方与战，克之。逊宁不敢复进，遣人促降。成宗遣和通使、阁门舍人张莹往契丹营。逊宁曰：‘宜更以大臣送军前面对。’莹还。成宗会群臣问曰：‘谁能往契丹营以口舌却兵，立万世之功乎？’群臣无有应者，熙独奏曰：‘臣虽不敏，敢不惟命？’……熙奉国书如逊宁营……熙留契丹营七日而还……成宗大喜，出迎江头。即遣良柔为礼币使入觐。熙复奏曰：‘臣与逊宁约，荡平女真，收复旧地，然后朝觐可通。今才收江内，请俟得江外，修聘未晚。’成宗曰：‘久不修聘，恐有后患。’遂遣之。”[3]知统和十一年闰十月丁亥后，高丽成宗相继派遣李蒙戬、张莹、徐熙、朴良柔出使辽军军营及辽朝。《辽史·圣宗本纪四》中“统和十一年春正月……高丽王治遣朴良柔奉表请罪，诏取女直鸭绿江东数百里地赐之”[4]的记载，“十一年”当作“十二年”，为朴良柔抵达辽朝的时间。[5]

成宗十三年（994年）春二月，高丽“始行契丹统和年号”；[6]夏四月，“遣侍中朴良柔奉表如契丹告行正朔，乞还俘口”。[7]故《辽史·圣宗本纪四》中“高丽遣使请所

---

[1] 郑麟趾．高丽史·第一（卷 3）世家卷第三·成宗 [M]. 东京：国书刊行会株式会社，昭和 52（1977）：45.

[2] 金渭显．高丽史中中韩关系史料汇编 [M]. 台北：食货出版社，1983：104.

[3] 郑麟趾．高丽史·第三（卷 94）列传卷第七·徐熙 [M]. 东京：国书刊行会株式会社，昭和 52（1977）：76–78.

[4] 脱脱．辽史·卷十三·圣宗四 [M]. 北京：中华书局，1974：143.

[5] 陈俊达，孙国军．《补辽史交聘表》高丽遣使辽朝史事补正（上）[J]. 赤峰学院学报，2017（4）：1–2.

[6] 郑麟趾．高丽史·第一（卷 3）世家卷第三·成宗 [M]. 东京：国书刊行会株式会社，昭和 52（1977）：45.

[7] 郑麟趾．高丽史·第一（卷 3）世家卷第三·成宗 [M]. 东京：国书刊行会株式会社，昭和 52（1977）：45.

俘人畜，诏赎还”及“遣使抚谕高丽”条[1]，其时间应为994年四月以后。同年六月，高丽“遣元郁如宋乞师以报前年之役，宋以北鄙甫宁，不宜轻动，但优礼遣还，自是与宋绝”[2]，后于成宗十五年（996年）春三月，接受辽朝册封。[3]辽朝第一次征伐高丽，终于达到了迫使高丽“称臣奉贡”的目的。[4]

萧恒德大军初时未曾遭遇有力抵抗，面对辽朝八十万大军，高丽君臣或言割地，或主乞降，莫衷一是。可见辽朝大举进攻令高丽上下极为震动，甚至不惜割地以求息兵。关于此战，《高丽史·徐熙传》有较为详细的记录，兹转录以析之：

十二年（993年），契丹来侵，熙为中军使，与侍中朴良柔、门下侍郎崔亮军于北界备之。成宗欲自将御之，幸西京，进次安北府。契丹东京留守萧逊宁攻破蓬山郡，获我先锋军给事中尹庶颜等。成宗闻之，不得进，乃还。熙引兵欲救蓬山，逊宁声言大朝已奄有高句丽旧地，今两国侵夺疆界，是以来讨。又移书云：“大朝统一四方，其未归附，期于扫荡，速致降款，毋涉淹留。”熙见书，还奏有可和之状。成宗遣监察司宪礼宾少卿李蒙戬如契丹营请和。逊宁又移书云：“八十万兵至矣，若不出江而降，当须殄灭，君臣宜速降军前。”蒙戬至营问所以来侵之意，逊宁曰：“汝国不恤民事，是用恭行天罚，若欲求和，宜速来降。”熙又奏曰：“自契丹东京至我安北府，数百里之地，皆为生女真所据，光宗取之筑嘉州、松城等城。今契丹之来，其志不过取此二城。其声言取高句丽旧地者，实恐我也……”前民官御事李知白奏曰：“……请以金银宝器赂逊宁，且观其意……”

逊宁以蒙戬既还，久无回报，遂攻安戎镇。中郎将大道秀、郎将庾方与战，克

---

[1] 脱脱.辽史·卷十三·圣宗四[M].北京：中华书局，1974：144.

[2] 郑麟趾.高丽史·第一（卷3）世家卷第三·成宗[M].东京：国书刊行会株式会社，昭和52（1977）：46.

[3] 郑麟趾.高丽史·第一（卷3）世家卷第三·成宗[M].东京：国书刊行会株式会社，昭和52（1977）：46.

[4] 陈俊达.辽对高丽的第一次征伐新探[J].邢台学院学报，2014（3）：105-106.

之。逊宁不敢复进，遣人促降……于是，熙至营门下马而入，与逊宁分庭揖升行礼，东西对坐。逊宁曰：“汝国兴新罗地，高句丽之地我所有也，而汝侵蚀之，又与我连壤，而越海事宋，故有今日之师。若割地以献，而修朝聘，可无事矣。”熙曰：“非也。我国即高句丽之旧也，故号高丽，都平壤，若论地界，上国之东京，皆在我境，何得谓之侵蚀乎？且鸭绿江内外，亦我境内，今女真盗据期间，顽黠变诈，道途梗塞，甚于涉海。朝聘之不通，女真之故也。若令逐女真，还我旧地，筑城堡，修道路，则敢不修聘？将军如以臣言达之天听，岂不哀纳。”辞气慷慨。逊宁知不可强，遂具以闻。契丹帝曰：“高丽既请和，宜罢兵。”……熙复奏曰：“臣与逊宁约，荡平女真，收复旧地，然后朝觐可通。今才收江内，请俟得江外，修聘未晚。”成宗曰：“久不修聘，恐有后患。”遂遣之。❶

这段史料对辽、高丽双方的博弈描写得十分细致，通过分析可以得出以下几点结论：一是萧恒德大军并未有深入朝鲜半岛之意，其意旨在和谈；二是师出有名；三是力成宗藩。《高丽史·徐熙传》详细记录了徐熙与萧恒德的谈判，展示了萧恒德的才能。总而言之，这是辽朝与高丽第一次真正的短兵相接，辽朝为了谋求内外双重的突破必须要改变与高丽之间平等的局面，萧恒德引八十万大军威压高丽北境将辽朝试图毕其功于一役的决心显露无疑。❷

此后，东京留守多次参与对高丽的讨伐和战后的处置，如东京留守耶律弘古“伐高丽，副先锋耶律盆奴，擒康肇于铜州”。❸开泰元年（1012 年）“三月丁亥，皇弟楚国王隆祐徙封齐国王，留守东京”。❹提高了东京的军事地位，加强了辽朝东部

---

❶ 郑麟趾 . 高丽史 · 卷九十四 · 徐熙传 [M]. 汉城:（韩国）亚细亚文化社，1972：96−99.

❷ 陶莎 . 辽朝对高丽政策研究 [D]. 长春：吉林大学，2016：52−56.

❸ 脱脱 . 辽史 · 卷八十八 · 耶律弘古列传 [M]. 北京：中华书局，1974：1346.

❹ 脱脱 . 辽史 · 卷十五 · 圣宗纪六 [M]. 北京：中华书局，1974：170.

边疆的防守。[1] 开泰三年（1014 年）“五月，诏国舅详稳萧敌烈、东京留守耶律团石等造浮梁于鸭渌江，城保、宣义、定远等州”。[2] 开泰五年（1016 年）正月“庚戌，耶律世良、（东京留守）萧屈烈与高丽战于郭州西，破之，斩首数万级，尽获其辎重”。[3]《辽史・属国表》对此事也有同样记载：开泰五年（1016 年）正月，“耶律世良与萧善宁东讨高丽，破之”。[4] 开泰七年（1018 年），东京留守耶律八哥为都监，与“东平王萧排押帅师伐高丽，至开京，大掠而还”。[5] 到开泰八年（1019 年），耶律八哥“因荼、陀之败，削使相，降西北路都监”。[6]

东京留守除参与上述对高丽讨伐外，还在和平时期，对辽重要的国事需通报高丽者，一般也通过东京留守进行转达。在王氏高丽与辽最终确立宗藩关系后，东京留守取得了与高丽国王对等的地位，彼此以“大王”互称。[7] 统和十四年（996 年），高丽国王王治向辽朝请求和亲，圣宗不是将自己的女儿下嫁王治，而是“许以东京留守、驸马萧恒德女嫁之”。[8] 此外，《契丹国志》卷八载：“重熙十五年，东京留守耶律忽札叛入高丽，命将军萧迪诛之。”[9] 这里的耶律忽札即耶律吾扎。由此可见，东京留守在辽与高丽关系中的重要地位。

---

❶ 武玉环．论辽与高丽的关系及辽的东部边疆政策 [J]. 吉林大学社会科学学报，2001（4）：77.

❷ 脱脱．辽史・卷一一五・高丽列传 [M]. 北京：中华书局，1974：1521.

❸ 脱脱．辽史・卷十五・圣宗纪六 [M]. 北京：中华书局，1974：177−178.

❹ 脱脱．辽史・卷七十・属国表 [M]. 北京：中华书局，1974：1154−1155.

❺ 脱脱．辽史・卷八十・耶律八哥列传 [M]. 北京：中华书局，1974：1281.

❻ 脱脱．辽史・卷八十・耶律八哥列传 [M]. 北京：中华书局，1974：1282.

❼ 郑麟趾．高丽史 [M]. 平壤：朝鲜科学院排印本，1957；张亮采．补辽史交聘表 [M]. 北京：中华书局，1958；金渭显．高丽史中中韩关系史料汇编 [M]. 台北：食货出版社，1983；康鹏．辽代五京体制研究 [D]. 北京：北京大学，2007：62−65.

❽ 脱脱．辽史・卷十三・圣宗纪四 [M]. 北京：中华书局，1974：147.

❾ 叶隆礼．契丹国志・卷八 [M]. 上海：上海古籍出版社，1985：54.

统驭女真也是东京留守必须要处理好的边事，与女真关系的情报由东京报告。[1]东京留守耶律抹只报告征讨女真的结果，“女直术不直、赛里等八族乞举众内附，诏纳之”。[2]《辽史·圣宗纪七》记载：太平元年（1021年）“夏四月戊申，东京留守奏，女直三十部酋长请各以其子诣阙祗候。诏与其父俱来受约。”[3]女真三十部即指长白山女真三十部，可见长白山女真大王府是由邻近的东京留守司管理其贡纳、授爵秩、征兵等事务。[4]再如太平六年（1026年）“二月己酉，以迷离己同知枢密院，黄翩为兵马都部署，达骨只副之，赫石为都监，引军城混同江、疏木河之间。黄龙府请建堡障三、烽台十，诏以农隙筑之。东京留守八哥奏黄翩领兵入女直界徇地，俘获人、马、牛、豕，不可胜计，得降户二百七十，诏奖谕之”。[5]耶律仁先在东京留守任上经营对女真的防御体系。[6]因“女直恃险，侵掠不止”，而“乞开山通道以控制之”，最后“边民安业。封吴王”。[7]

南京留守处理边事的职能主要表现在代表辽廷与南方的政权打交道。如天禄五年（951年）六月，燕京留守耶律牒蜡、南院枢密使高勋册封刘崇为“大汉神武皇帝”。[8]辽宋间订立“澶渊之盟”，南京留守积极参与其中。乾亨四年（982年）“十二月戊午朔，耶律速撒讨阻卜。辛酉，南京留守荆王道隐奏宋遣使献犀带请和，诏以无书却之。甲子，挞剌干乃万十醉言宫掖事，法当死，杖而释之。辛未，西南面招

---

[1] 河上洋.辽五京的外交机能[M]//姜维公，高福顺.中朝关系史译文集.长春：吉林文史出版社，2001：321.译自东洋史研究，1993（52）：52-74.

[2] 脱脱.辽史·卷十·圣宗纪一[M].北京：中华书局，1974：113-114.

[3] 脱脱.辽史·卷十六·圣宗纪七[M].北京：中华书局，1974：189.

[4] 程尼娜.辽代女真属国、属部研究[J].史学集刊，2004（2）：86.

[5] 脱脱.辽史·卷十七·圣宗纪八[M].北京：中华书局，1974：199.

[6] 孙昊.辽代的辽东边疆经略——以鸭绿江女真为中心的动态考察[J].贵州社会科学，2010（12）：105.

[7] 脱脱.辽史·卷九十六·耶律仁先列传[M].北京：中华书局，1974：1396.

[8] 脱脱.辽史·卷五·世宗纪[M].北京：中华书局，1974：66.

讨使秦王韩匡嗣薨。癸酉，奉大行皇帝梓宫于菆涂殿。庚辰，省置中台省官。”❶这次求和不见宋朝文献，但《宋会要》收录了是年十月宋太宗颁赐北边州军的一份诏书：

朕受天景命，奄宅中区，以四海为家，视兆民如子，冀咸登于富寿，岂轻于甲兵？况与契丹本通邻好，昨以河东刘继元不遵朝化，盗据一方，念彼遗民，行兹薄伐。朕所以亲乘戎辂，直抵晋郊，素无黩武之心，盖切吊民之意，而契丹轻举戈甲，辄来救援。一流既平于并垒，六师遂指于燕郊。靡辞六月之征，聊报东门之役。虽彼曲可见，亦罪己良多。今闻边境谧宁，田秋丰稔，军民等所宜安怀，无或相侵。如今辄入北界剽略及窃盗，所属州军收捉重断，所盗得物，并送还北界。❷

按辽圣宗即位于是年九月，宋太宗在十月颁下这份诏书，似非偶然。太宗进一步暗中指示边将，与契丹做试探性接触，以犀带请和，并非没有可能。

五京留守还时常挂帅出征。在辽初期，上京留守耶律李胡就曾受命南征，“世宗即位镇阳，太后怒，遣李胡将兵击之”。❸东京留守耶律抹只增援镇守南京的耶律休哥，统和四年（986年）夏四月“壬寅，遣抹只、谋鲁姑、勤德等领偏师以助休哥，仍赐旗鼓、杓窊印抚谕将校”；❹《辽史·耶律抹只传》对此记载如下：“宋将曹彬、米信等侵边，抹只引兵至南京，先缮守御备。及车驾临幸，抹只与耶律休哥逆战于涿之东，克之，迁开远军节度使。”❺东京留守萧排押率军攻宋，“统和二十二年，复攻宋，将渤海军，下德清军”。❻天庆七年（1117年）“二月，涞水县贼董宠儿聚众万

---

❶ 脱脱．辽史·卷十·圣宗纪一[M]. 北京：中华书局，1974：108.
❷ 郭声波．宋会要辑稿·蕃夷一·辽上[M]. 成都：四川大学出版社，2010：12-13.
❸ 脱脱．辽史·卷七十二·章肃皇帝李胡列传[M]. 北京：中华书局，1974：1213.
❹ 脱脱．辽史·卷十一·圣宗纪二[M]. 北京：中华书局，1974：121.
❺ 脱脱．辽史·卷八十四·耶律抹只列传[M]. 北京：中华书局，1974：1308.
❻ 脱脱．辽史·卷八十八·萧排押列传[M]. 北京：中华书局，1974：1341.

余，西京留守萧乙薛、南京统军都监查剌与战于易水，破之”。[1] 此事在《辽史·萧乙薛列传》中也有记载。[2] 南京留守耶律休哥取得了辽宋决定性的一战——歧沟关之战大捷。[3] 北宋雍熙三年（986 年）三月，宋太宗对辽发动了更大规模的军事进攻。辽以耶律休哥对阵宋主力曹彬，从实力上说，耶律休哥的军队数量远不及曹彬的宋军。但耶律休哥以运动战的方式，“夜以轻骑出两军间，杀其单弱以胁余众，昼则以精锐张其势，使彼劳于防御，以疲其力”。[4] 辽宋双方大战于歧沟关，结果宋军大败，撤往沙河，耶律休哥率军追击，“宋师望尘奔窜，堕岸相蹂死者过半，沙河为之不流”。[5] 太平九年（1029 年），南京留守萧孝穆受命平定渤海大延琳叛乱，太平十年（1030 年）萧孝穆转任东京留守。

就五京留守军事职掌而言，中京留守在五京留守中作用最少，除受到现有资料限制外，也与中京建置较晚、中京所处地理位置有关。由其余四京留守军事职掌可以推断，中京留守在军事上至少具备戍卫责任。此外，西京留守的军事职掌作用也不明显，这可能与西京建立后，达到了控制西夏和防御宋朝的目的[6]，彼此间战事记载较少。

尽管有五京屏障，也未能改变辽朝灭亡的命运。女真兴起，完颜阿骨打采取由东向北、由北向中、由中向西、由西向东攻击战略，先后攻克辽朝五京。东京：天祚帝天庆六年（1116 年）五月，金军攻陷东京。上京：天祚帝天庆十年（1120 年）五月，金军攻克上京。中京：天祚帝保大二年（1122 年）正月，金克中京。西京：天祚帝保大二年（1122 年）四月，金取西京。南京：天祚帝保大二年（1122 年）十二月，金主抚定南京。耶律大石劝谏天祚帝说：“自金人初陷长春、辽阳，则车驾

---

[1] 脱脱．辽史·卷二十八·天祚皇帝纪二 [M]. 北京：中华书局，1974：335.
[2] 脱脱．辽史·卷一一〇·萧乙薛列传 [M]. 北京：中华书局，1974：1435-1436.
[3] 孙书仁．论耶律休哥 [J]. 辽宁师范大学学报，2000（4）：91.
[4] 脱脱．辽史·卷八十三·耶律休哥列传 [M]. 北京：中华书局，1974：1300.
[5] 脱脱．辽史·卷八十三·耶律休哥列传 [M]. 北京：中华书局，1974：1300.
[6] 康鹏．辽代五京体制研究 [D]. 北京：北京大学，2007：29-30.

不幸广平淀，而都中京；及陷上京，则都燕山；及陷中京，则幸云中；自云中而播迁夹山。向以全师不谋战备，使举国汉地皆为金有。国势至此，而方求战，非计也。当养兵待时而动，不可轻举。”[1]天祚帝不听，结果大石西去，天祚帝遇到金人战败。耶律大石这段话先概述了五京陷落的顺序，又分析了当时的形势，劝谏天祚帝要养兵，等待时机与金人决战，结果天祚帝没有采纳。耶律大石与天祚帝分道扬镳，内部分裂，实力削弱，导致最后灭亡的结局。[2]也从另一个角度看出辽代五京军事职掌的重要性。

## 二、辽代五京留守的行政和经济职掌

辽代五京留守在军事上的职掌具有突出的地位，在行政和经济上也有很重要的职掌。总之，各京留守结合当地当时情况采取切实可行的行政、经济手段，以达到维护地方安定的目的。傅林祥提出留守作为某地区最高长官，对辖镇、州有一定的统辖权，尤其是对乡丁的管理；[3]余蔚进一步指出，“留守司承担管理本道所辖诸州民政的职责”，对本道镇、州“因民政上的统属而强化其上、下级关系”。[4]

诸京留守到任后首先要从行政上安抚百姓、赈济灾民，争取在最短的时间内取得地方平稳。耶律道隐，“乾亨元年，迁守南京”，因“号令严肃，民获安业”。[5]耶律休哥任南京留守时，“以燕民疲弊，省赋役，恤孤寡，戒戍兵无犯宋境，虽马牛逸于北者悉还之。远近向化，边鄙以安”。[6]当时南京遇有灾荒，他及时求援中央，“圣

---

[1] 脱脱 . 辽史・卷二十九・天祚皇帝纪三 [M]. 北京：中华书局，1974：349.
[2] 张志勇 . 辽代“五京”互动机制研究 [J]，渤海大学学报，2020（2）：32.
[3] 傅林祥 . 辽朝州县制度新探 [J]. 历史地理第 22 辑，2007：85-87.
[4] 余蔚 . 中国行政区划通史・辽金卷 [M]. 上海：复旦大学出版社，2012：92.
[5] 脱脱 . 辽史・卷七十二・耶律道隐列传 [M]. 北京：中华书局，1974：1212.
[6] 脱脱 . 辽史・卷八十三・耶律休哥列传 [M]. 北京：中华书局，1974：1301.

宗统和元年，燕京留守司言，民艰食，请驰居庸关税，以通山西籴易。”❶《辽史·圣宗纪一》对此也有记述：“(统和元年)九月丙辰，南京留守奏，秋霖害稼，请权停关征，以通山西籴易，从之。”❷南京留守耶律休哥所采取的措施，适应了当时的社会情况和统治需要，因而取得很大的成就，出现了边境大治的局面。❸耶律仁先为南京留守时，因政绩突出而备受赞誉：“恤孤惸，禁奸慝，宋闻风震服。议者以为自于越休哥之后，惟仁先一人而已”。❹贾师训曾任中京留守推官，因“政声流闻”而“移中京留守”。当贾师训前往中京任留守时，原地区的民众，“人皆拦道塞门，挽车马”而强留之。师训不得不夜间潜行。“翌日，号泣随出界者数千百人”。贾师训担任中京留守时，因严重灾荒，当地动乱不安，因此，他避免使用武力镇压，而采取安抚政策。一方面发粟赈济，同时也对“浮游丐食之民”进行适当的安置。对“老弱癃疾不能自活者，尽送义仓给养”。为活跃市场，他还设法给商贾们的正常营业提供条件，减免赋税、贡物。这些措施收到了良好效果，于是，“浃旬以来，开市清肃”，中京地区社会秩序很快安定下来。❺大公鼎被任命为中京留守时，“盗贼充斥，有遇公鼎于路者，即叩马乞自新。公鼎给以符约，俾还业，闻者接踵而至。不旬日，境内清肃”。同时为安抚民心，“请布恩惠以安之，为之肆赦”。❻当时正值辽末期，上述手段的实施在一定程度上收到良好效果。萧孝穆任职东京留守期间毅然抛弃严刑苛

---

❶ 脱脱．辽史·卷六十·食货志下 [M]. 北京：中华书局，1974：929.

❷ 脱脱．辽史·卷十·圣宗纪一 [M]. 北京：中华书局，1974：111.

❸ 赵旭峰．辽王朝在燕云地区民族政策之研究 [J]. 大连民族学院学报，2006（2）：16.

❹ 脱脱．辽史·卷九十六·耶律仁先列传 [M]. 北京：中华书局，1974：1397.

❺ 陈述．全辽文 [M]. 北京：中华书局，1982：254；向南．辽代石刻文编·贾师训墓志寿昌二年 [M]. 石家庄：河北教育出版社，1995：479-480；何天明．试论辽末能吏贾师训 [J]. 内蒙古师范大学学报，1989（1）：76，74.

❻ 脱脱．辽史·卷一〇五·大公鼎列传 [M]. 北京：中华书局，1974：1460.

法的高压政策，力求政务宽简，以团结民心，“抚纳流徙”。[1]

除上述行政措施外，留守任职期间还通过司法手段，推行法令，审决滞狱，尽量做到赏罚分明。也就是说留守既是行政长官，又兼管司法，不似现代行政与司法分立。张绩任上京留守时，“以讼息加朝散郎”。[2] 姚景行“以上京多滞狱”，被命为留守，“不数日，以狱空闻”；[3] 景宗保宁中，室昉为南京副留守，“决狱公平，人皆便之”。[4] 统和九年（991年）“闰二月，遣翰林承旨邢抱朴、三司使李嗣、给事中刘京、政事舍人张干、南京副留守吴浩分决诸道滞狱”。[5] 圣宗时多次“诏南京决滞狱”；[6] 清宁二年（1056年）闰三月乙巳，“南京狱空，进留守以下官”；[7] 贾师训任中京留守期间，“促吏条别其事，随小大皆剖析之无留”。为了更加慎重地处理积压案件，“择高年有行之吏，与法官参掌宪律，席之座右，随簿所上，辄付谳之”。这种做法，不仅有助于解决久悬未决之案，而且对于执法滥法者也有一定的限制作用。[8] 让地方长吏参与司法审判，与法官一起依法律断案，这对案件复审、公正判决是非常有利

---

❶ 脱脱．辽史·卷八十七·萧孝穆列传 [M]. 北京：中华书局，1974：1332；何天明．辽朝中期治国安邦的卓识者萧孝穆 [J]. 内蒙古社会科学，1996（3）：66；何天明．治国安邦的萧孝穆 [M]// 黄凤岐、冯继钦．中国北方各族人物传·辽代卷．沈阳：辽海出版社，2002：222.

❷ 陈述．全辽文 [M]. 北京：中华书局，1982：179；向南．辽代石刻文编·张绩墓志 [M]. 石家庄：河北教育出版社，1995：313-316.

❸ 脱脱．辽史·卷九十六·姚景列传 [M]. 北京：中华书局，1974：1403.

❹ 脱脱．辽史·卷七十九·室昉列传 [M]. 北京：中华书局，1974：1271.

❺ 脱脱．辽史·卷十三·圣宗纪四 [M]. 北京：中华书局，1974：141.

❻ 脱脱．辽史·卷十三·圣宗纪四 [M]. 北京：中华书局，1974：154；脱脱．辽史·卷八十·邢抱朴列传 [M]. 北京：中华书局，1974：154.

❼ 脱脱．辽史·卷二十一·道宗纪一 [M]. 北京：中华书局，1974：254.

❽ 陈述．全辽文 [M]. 北京：中华书局，1982：254；向南．辽代石刻文编·贾师训墓志寿昌二年 [M]. 石家庄：河北教育出版社，1995：480；何天明．试论辽末能吏贾师训 [J]. 内蒙古师范大学学报，1989（1）：76.

的。❶ 由于农田与游牧区插花式存在，农民与牧民会有诉讼发生，审理权归五京留守司。耶律斡特剌为知北院枢密使事时，“先是，北、南府有讼，各州府得就按之；比岁，非奉枢密檄，不得鞫问，以故讼者稽留。斡特剌奏请如旧，从之”。❷ 北南府当指北南宰相府，属管理部族的中央机构。鉴于部族的司法事务由部族节度使执掌，辽道宗命“诸部长官亲鞫狱讼”。❸ 故所言北南府有讼当指北南宰相府辖下的部族民众与道级行政区划所属府州人户发生的诉讼，辽朝指定五京留守司辖下的府州进行审理。❹

五京留守还可以建言献策，调整县令人选，考核区内各级官吏。东京留守萧孝忠建言献策，“时禁渤海人击球，孝忠言：‘东京最为重镇，无从禽之地，若非球马，何以习武？且天子以四海为家，何分彼此？宜弛其禁。’从之”❺。南京留守高勋重视各县县令的人选。《王守谦墓志》载：“洎大丞相渤海高公保釐天邑，专揔朝政，下车不数月，选公字人于蓟北。”❻ 可见，高勋上任之后，就调整了所属各县的官员人选，而且卓有成效。墓志记载其政绩：“是县也，户多兼并之室，人有物力之差。夏租秋税，恒逾年之逋负；调发役使，俾容民之偏并。公之肇至也，峻其科条，严其程限，均其劳逸，恤其羸弱。期年免稽逋之累，黎元绝轻重之□。然后宽其惩责，槚楚几不用矣。是时，比岁丰稔，百姓谧宁。视其听政之所，惧有坏□□。始谋必葺，众

---

❶ 张志勇．论辽代法律及其特色——基于碑刻资料透露出的法律信息 [J]. 辽宁工程技术大学学报，2012（4）：342.

❷ 脱脱．辽史・卷九十七・耶律斡特剌列传 [M]. 北京：中华书局，1974：1407–1408.

❸ 脱脱．辽史・卷二十五・道宗五 [M]. 北京：中华书局，1974：297.

❹ 杨若薇．契丹王朝政治军事制度研究 [M]. 北京：中国社会科学出版社，1991：190；韩滨娜．略论辽代地方行政区划制度 [J]. 东北师大学报，1993（2）：31；何天明．辽代政权机构史稿 [M]. 呼和浩特：内蒙古大学出版社，2004：227；陈福来．辽金西京研究 [D]. 长春：东北师范大学，2007：5.

❺ 脱脱．辽史・卷八十一・萧孝忠列传 [M]. 北京：中华书局，1974：1285.

❻ 北京市文物局．北京辽金史迹图志（下）[M]. 北京：北京燕山出版社，2004：127；熊鹰．从馆藏石刻略谈辽金元时期石刻书法特点 [J]. 书法丛刊，2007（4）：51.

情悦随。持新密贱之堂，悉去宰予之木。庭庑改观，考课居最。”虽然墓志难免有谄谀之词，但其基本事实不会有太大出入。[1]

留守具体实施对区内各级官吏进行考核，即留守有监察权。保宁元年（969年），《王守谦墓志》称当时“百司纠正，吏民争讼，咸归于都留守[2]”，此“都留守”指上京留守，掌“百司纠正”，即监察职能。留守对一道之府、镇、州当具有监察权。《辽史·兴宗本纪》载重熙十年“冬十月丙戌，诏东京留守萧孝忠察官吏有廉干清强者，具以名闻”[3]，也是留守廉察之实证。又如中京留守萧吐浑，“咸雍中，第进士，为松山县令。岁运泽州官炭，独役松山，人望请于中京留守萧吐浑，均役他邑。吐浑怒，下吏，系几百日；复引诘之，人望不屈。萧喜曰：‘君为民如此，后必大用。’以事闻于朝”。[4]这也可以看作是中京留守萧吐浑对下属松山县令马人望爱民恤民的一次“严厉”考核，并将考核结果“闻于朝”。[5]当然，留守兼职颇多，事实上无暇从事具体“纠正”事宜，直接负责者为留守判官。近似于方镇判官作为镇级监察官，留守判官是道级监察官，辅佐留守监察。[6]

采取经济措施，达到区内安全稳定，也是五京留守经济职掌的重要方面。首先是通过调整赋役，为当地发展创造良好的环境。耶律隆先，辽景宗时被封为平王，后兼政事令，留守东京，“薄赋税，省刑狱，恤鳏寡，数荐贤能之士”。[7]官炭产于神山县与滦河县。两县的县民，承担运送官炭的任务。“岁运泽州官炭，独役松山。（马）人望请于中京留守萧吐浑，均役他邑。”[8]萧孝穆任南京留守期间推行赋役制度，

---

[1] 周峰．辽代前期汉人重臣高勋生平发微[J]. 北方文物，2011（1）：54.
[2] 向南，张国庆，李宇峰．辽代石刻文续编[M]. 沈阳：辽宁人民出版社，2010：10.
[3] 脱脱．辽史·卷十九·兴宗纪二[M]. 北京：中华书局，1974：226.
[4] 脱脱．辽史·卷一〇五·马人望列传[M]. 北京：中华书局，1974：1462.
[5] 张国庆．辽朝官员的考绩与迁转探赜[J]. 中国史研究，2017（2）：144.
[6] 陈鹏．辽代地方监察体制研究[J]. 史学集刊，2019（4）：67.
[7] 脱脱．辽史·卷七十二·耶律隆先列传[M]. 北京：中华书局，1974：1211.
[8] 脱脱．辽史·卷一〇五·马人望列传[M]. 北京：中华书局，1974：1462.

离职后将这种徭役制度在辽全境施行。“兴宗即位……复为南京留守。重熙六年，进封吴国王，拜北院枢密使。八年，表请籍天下户口以均徭役……从之。由是政赋稍平，众悦。”❶曾经在耶律隆绪晚年到耶律宗真初年两度任南京留守的萧孝穆，熟悉南京地区赋役制度，他升任北院枢密使后，在辽朝统治区普遍实行封建性的徭役制度，获得了“众悦”的成绩。❷《邓中举墓志》载：“皇弟留守宋魏国王出猎近甸，有猎夫之役，公以例行，固不加役。”❸这里是说南京留守耶律和鲁斡对“役”的一次调整。

其次是管理好农耕区的农业。燕云地区在并入契丹版图后，其农业生产稳中有升，为契丹国家经济一体化的形成奠定了稳固的基础。会同元年，太宗与群臣朝议，“问军国要务，左右对曰：‘军国之务，爱民为本，民富则兵足，兵足则国强。’上深然之。是年诏征诸道兵，仍戒敢有伤禾稼者以军法论”❹，确定了休养生息、爱民劝农的施政方向。由于燕云地区地处战争前沿，社会生产不可避免地受到战争的影响。即便如此，契丹统治者仍然不忘以农为本，尽力扶持农桑。❺景宗“乾亨四年，契丹以山后诸州给兵，民力凋敝，田谷多躏于兵，乃诏复今年租。又敕：诸州有逃户，庄田许蕃汉人承佃，供给租税，五周年内贵业者，三分交还二分，十周年内还一半，十五周年内三分还一分，诈认者罪之”。❻张国庆最早提出南京留守具有发展农业的职掌，南京留守高勋“以南京郊内多隙地，请疏畦种稻”❼，结果却因最高统治者担心开辟稻田会阻碍契丹骑兵行军作战而作罢。❽耶律休哥担任南京留守时，劝课农桑也

❶ 脱脱.辽史·卷八十七·萧孝穆列传 [M].北京：中华书局，1974：1332.

❷ 舒焚.辽朝中期的改革 [J].武汉师范学院学报，1983（5）：93；颜亚玉.契丹统治下的燕云农业经济 [J].中国社会经济史研究，1989（3）：21.

❸ 齐作声.辽代墓志疏证·邓中举墓志 [M].沈阳：沈阳出版社，2010：224.

❹ 脱脱.辽史·卷五十九·食货志上 [M].北京：中华书局，1974：924.

❺ 王明前.契丹辽朝州县行政管窥 [J].辽宁教育学院学报，2014（1）：20.

❻ 厉鄂.辽史拾遗 [M].北京：中华书局，1985：113.

❼ 脱脱.辽史·卷八十五·高勋列传 [M].北京：中华书局，1974：1317.

❽ 张国庆.辽代牧、农经济区域的分布与变迁 [J].民族研究，2004（4）：88.

是这位封疆大吏的一项主要职责。[1]杨树森在《辽史简编》中指出，耶律休哥任职南京留守时，“均戍兵，立更休法，劝农桑，修武备，边境大治”[2]，为辽对宋的军事进攻做了准备。[3]韩制心“守上京时，酒禁方严，有捕获私酝者，一饮而尽，笑而不诘”。[4]守上京当指其为上京留守，严查私酿酒类是上京留守的职能之一。

## 三、辽代五京留守的文化及其他方面职掌

辽代五京留守在文化及其他方面也有一些职掌，首先是文化方面，如南京留守率先推行科举。《旧五代史·刘晞列传》记载：“刘晞，涿州人，少以儒学称于乡里，尝为唐将周德威从事，后陷于契丹，契丹以汉职縻之。天福中，契丹命晞为燕京留守，尝于契丹三知贡举，历官至同平章事兼侍中。”[5]由此可知，契丹任命刘晞为燕京留守，并主持辽代科举。“天福”为五代后晋高祖石敬瑭年号，即936年至944年，相当于辽太宗天显至会同年间，9年内，连续三次开科，进一步说明辽初对贡举和汉族官吏的迫切需要。[6]《王泽墓志铭》载：“奉诏与故散骑常侍张公渥，考试析津，门无私请，路辟至公。”[7]王泽为兴宗时南京副留守，知详复院事，他主持了析津府的考试。与上述石刻资料相印证，《辽史·道宗纪》记载：道宗大安五年（1089年）三月，“诏析津、大定二府精选举人以闻，仍诏谕学者，当穷经明道”。[8]

在文化上各京留守还组织兴建道院及佛教事业，如景宗子耶律隆裕，“自少时慕

❶ 张国庆．辽代理农使职考略 [J]. 中国农史，2008（1）：15.
❷ 脱脱．辽史·卷八十三·耶律休哥列传 [M]. 北京：中华书局，1974：1300.
❸ 杨树森．辽史简编 [M]. 沈阳：辽宁人民出版社，1984：114.
❹ 脱脱．辽史·卷八十二·韩制心列传 [M]. 北京：中华书局，1974：1292.
❺ 薛居正．旧五代史 [M]. 北京：中华书局，1976：1317.
❻ 孟广耀．试论辽代汉族儒士的“华夷之辨”观念 [J]. 北方文物，1990（4）：66.
❼ 陈述．全辽文 [M]. 北京：中华书局，1982：165.
❽ 脱脱．辽史·卷二十五·道宗纪五 [M]. 北京：中华书局，1974：298.

道，见道士则喜。后为东京留守，崇建宫观，备极辉丽，东西两廊，中建正殿，接连数百间。又别置道院，延接道流，诵经宣醮，用素馔荐献，中京往往化之”。❶清宁八年（1062年），辽道宗于西京大同府“建华严寺，奉安诸帝石像、铜像”。❷咸雍四年（1068年）二月“颁行御制《华严经赞》”。❸咸雍八年（1072年）七月“以御书《华严经五颂》出示群臣”。❹咸雍九年（1073年）十月，辽道宗“幸阴山，遂如西京”。❺很可能，“万部华严经塔”（及其寺院）就是身为封疆大吏、西京留守的耶律阿琏，或当地官员投皇帝所好而大兴土木的工程之一。❻

辽朝后期，耶律和鲁斡、耶律淳父子长期担任南京留守，而且二人均参与过当地佛教功德事业。❼

《房山天开塔舍利石函记》曰：

大辽燕京良乡县金山乡乐深村西约一里地，有古岩陵洞。洞北约五十步，有旧塔破损遗址处，去乾统九年二月二十一日，严陵洞僧法云等因去□□到黄昏时，从西北上有云气，雷声风声雨雪。法云等为见此灵，并虑有圣事，迤逦出撅，不多时间出看一石匣。其石匣内开觑见有银匣，内有绿瓶儿一个。石匣上镌着文字，该说者良乡护世寺僧法询、法艺等建办此塔。至大唐贞观十三年三月十三日，其僧法询春秋七十有五迁化，遗嘱下，门资令紀纠僧尼四众等，同办。至龙朔三年三月二十八日，九级塔成。就内有舍利一十五粒。其塔西南约五十步有石碑，该说去大唐开元七年七月内重修此浮图来。至大辽乾统九年二月二十三日，僧法云并本地首领刘铨等同共申县司，

❶ 叶隆礼．契丹国志·卷十四·齐国王隆裕传 [M]. 上海：上海古籍出版社，1985：92.

❷ 脱脱．辽史·卷四十一·地理志五 [M]. 北京：中华书局，1974：506.

❸ 脱脱．辽史·卷二十二·道宗纪二 [M]. 北京：中华书局，1974：267.

❹ 脱脱．辽史·卷二十三·道宗纪三 [M]. 北京：中华书局，1974：274.

❺ 脱脱．辽史·卷二十三·道宗纪三 [M]. 北京：中华书局，1974：275.

❻ 曹峰．辽代“丰州”刍议 [J]. 内蒙古文物考古，2001（2）：78.

❼ 尤李．辽南京留守耶律和鲁斡、耶律淳父子崇佛史事考 [J]. 平顶山学院学报，2018（4）：79-81.

当日知县郭北部便来洞内顶戴烧香毕。开觑舍利一十五粒，存在获时转申流衙。蒙留守出台二日，却令比部亲自送舍利一十五粒，赴朝廷去讫。❶

据此可知，唐初良乡（今北京房山区东南）护世寺僧人法询、法艺等在此地建九级塔藏舍利，唐高宗龙朔三年（663 年）建成，藏舍利 15 粒。至天祚帝乾统九年（1109 年），僧人法云望见此旧塔遗址上出现神异现象，遂打开石匣，发现舍利，并与本地首领刘铨等共同报官衙。知县郭北部遂亲自前往，顶礼膜拜，后由时任南京留守耶律和鲁斡命令自己的下属，将舍利送至朝廷。值得注意的是，耶律和鲁斡是与天祚帝相对立的政治势力的代表，他担任南京留守长达 40 年，在南京道地区声望颇高，已经形成足以与中央政府抗衡的力量。❷可是乾统九年（1109 年），他却向朝廷进献舍利。这充分证明，尽管耶律和鲁斡与朝廷存在冲突，但是仍然通过南京的佛教事业来联系中央政府，以调和关系。

辽朝末期，耶律和鲁斡、耶律淳父子担任南京留守期间，在当地培植了广泛而深厚的人脉，其保境息民政策深得众心。特别是耶律淳汉文化修养比较高，深得南京地区汉人的认同。在辽末动乱中，耶律淳借重汉地的财力以及汉人的支持，声势日隆。这种形势持续发展，直至保大二年（1122 年），耶律淳在南京道众多军政要员的支持下，脱离天祚帝，建立北辽政权。❸就在耶律淳称帝、建立北辽前夕，天庆九年（1119 年），他组织南京道众多官吏及僧人在天王寺修建了一座砖塔。《大辽燕京天王寺建舍利塔记》曰：

---

❶ 向南，张国庆，李宇峰．辽代石刻文续编 [M]. 沈阳：辽宁人民出版社，2010：279.

❷ 陈述．契丹政治史稿 · 第七篇 · 辽季党争的起伏与北辽、西辽 [M]// 北京：人民出版社，1986：154–155；姜锡东．宋史研究论丛（第十一辑）. 保定：河北大学出版社，2010：623–626.

❸ 陈述．契丹政治史稿 · 第七篇 · 辽季党争的起伏与北辽、西辽 [M]. 北京：人民出版社，1986：153，626–627.

皇叔、判留守诸路兵马都元帅府事、秦晋国王，天庆九年五月二十三日奉圣旨起建天王寺砖塔一坐。举高二百三尺，相计共一十个月了毕。[1]

此“皇叔、判留守诸路兵马都元帅府事、秦晋国王”，指耶律淳。[2]《舍利塔记》虽然声称耶律淳乃“奉圣旨”在天王寺建砖塔，但此事极有可能是耶律淳本人的主意，只是形式上向天祚帝禀报一下。新建的砖塔高达200余尺，用时10个月，规模非常壮观。

耶律淳在建立北辽、正式脱离天祚帝前夕，组织众多官吏和南京名寺的僧人，大张旗鼓地在天王寺修建舍利塔，这是耶律淳在辽朝的佛教文化中心做功德，可知他在笼络当地佛教信徒和文化精英方面做足了“功课”，以增强名望，为自己进一步建立独立政权做舆论准备。

最后，辽代五京留守在其他方面也有很多职掌。

第一，留守要实行朝觐制度。[3]如耶律淳，“袭父守南京，冬夏入朝，宠冠诸王”。朝廷有重大事情及重大典礼时，留守也须入朝。《辽史·萧阿剌列传》载，清宁年间，萧阿剌“除东京留守，会行瑟瑟礼，入朝陈时政得失”。[4]《辽史·萧革列传》称阿剌是“以例赴阙”。《耶律宗政墓志》也记载：“判上京留守临潢尹……清宁四年冬，加上宝册，召赴阙。”圣宗皇太弟隆庆是作为南京留守入觐，后在还南京的途中以疾薨。留守也会被临时召赴行阙。如太平十年（1030年），圣宗病，上京留守萧孝先赴阙，始以辅立之事委之。《契丹国志》卷七载：“病亟，乃驿召……上京留守萧孝先赴

---

❶ 向南，张国庆，李宇峰.辽代石刻文续编[M].沈阳：辽宁人民出版社，2010：301.

❷ 向南，张国庆，李宇峰.辽代石刻文续编[M].沈阳：辽宁人民出版社，2010：301—302.

❸ 杨若薇.契丹王朝政治军事制度研究[M].北京：中国社会科学出版社，1991：193—194.

❹ 脱脱.辽史·卷九十·萧阿剌列传[M].北京：中华书局，1974：1355.

阙，始以辅立之事而委之。”[1]《耶律仁先墓志》载：“今皇帝（道宗）嗣位之初岁，诏王赴阙。”时耶律仁先为东京留守。

第二，留守要以最高仪式迎驾。乾亨五年（983 年），“圣宗东巡，东京留守具仪卫迎车驾，此故渤海仪卫也”。[2]《辽史・仪卫志四》又载：“景宗乾亨五年六月，圣宗至上京，留守具法驾迎导。圣宗统和元年，车驾还上京，迎导仪卫如式。三年，驾幸上京，留守具仪卫奉迎。”“四年，燕京留守具仪卫导驾入京，上御元和殿，百僚朝贺。是后，仪卫常事，史不复书”。[3]由此可见，东京留守、上京留守和南京留守在契丹皇帝到某京时留守要做好“迎驾”工作，这也是留守最基本的职掌之一。留守迎驾已成定制，所以才有“仪卫常事，史不复书”。辽帝到五京情况，根据《辽史》有关记载，统计如表 2-1 所示，因太祖在位期间只建有皇都，没有列入统计之中。

表 2-1　辽帝到五京时间简表

| 皇帝 | 时间 | 史料 | 史料出处 |
| --- | --- | --- | --- |
| 太宗 | 天显二年十一月戊辰 | 还都（上京） | 辽史・卷三・太宗上：28 |
| 太宗 | 天显十一年四月戊辰 | 还都（上京） | 辽史・卷三・太宗上：37 |
| 太宗 | 会同八年九月辛酉 | 还上京 | 辽史・卷四・太宗下：56 |
| 穆宗 | 应历七年四月戊午朔 | 还上京 | 辽史・卷六・穆宗上：74 |
| 穆宗 | 应历七年十二月辛巳 | 还上京 | 辽史・卷六・穆宗上：74 |
| 穆宗 | 应历九年十二月戊寅 | 还上京 | 辽史・卷六・穆宗上：76 |
| 景宗 | 保宁元年三月丙戌 | 入上京 | 辽史・卷八・景宗上：90 |
| 景宗 | 保宁二年六月 | 还上京 | 辽史・卷八・景宗上：90 |
| 景宗 | 保宁六年十月乙亥朔 | 还上京 | 辽史・卷八・景宗上：94 |
| 圣宗 | 乾亨五年六月 | 至上京 | 辽史・卷五十八・仪卫志四：920 |
| 圣宗 | 统和元年 | 车驾还上京 | 辽史・卷五十八・仪卫志四：920 |

[1] 叶隆礼. 契丹国志・卷七・圣宗天辅皇帝 [M]. 上海：上海古籍出版社，1985：82.
[2] 脱脱. 辽史・卷五十八・仪卫志四 [M]. 北京：中华书局，1974：918–919.
[3] 脱脱. 辽史・卷五十八・仪卫志四 [M]. 北京：中华书局，1974：920.

续表

| 皇帝 | 时间 | 史料 | 史料出处 |
|---|---|---|---|
| 圣宗 | 统和元年六月丙戌 | 还上京 | 辽史・卷十・圣宗一：110 |
| 圣宗 | 统和元年九月壬戌 | 还上京 | 辽史・卷十・圣宗一：111 |
| 圣宗 | 统和三年五月壬子 | 还上京 | 辽史・卷十・圣宗一：115 |
| 圣宗 | 统和三年 | 驾幸上京 | 辽史・卷五十八・仪卫志四：920 |
| 圣宗 | 统和十六年五月乙酉 | 还上京 | 辽史・卷十四・圣宗五：153 |
| 圣宗 | 统和二十六年五月庚申朔 | 还上京 | 辽史・卷十四・圣宗五：163 |
| 圣宗 | 统和三十年开泰元年五月 | 幸上京 | 辽史・卷六十八・游幸表：1057 |
| 圣宗 | 开泰元年五月戊辰朔 | 还上京 | 辽史・卷十五・圣宗六：171 |
| 圣宗 | 开泰元年六月 | 驻跸上京 | 辽史・卷十五・圣宗六：171 |
| 圣宗 | 开泰五年八月戊寅 | 还上京 | 辽史・卷十五・圣宗六：178 |
| 圣宗 | 开泰六年九月庚子 | 还上京 | 辽史・卷十五・圣宗六：180 |
| 圣宗 | 开泰六年十一月丁卯 | 还上京 | 辽史・卷十五・圣宗六：180 |
| 圣宗 | 开泰六年十二月丁卯 | 还上京 | 辽史・卷十五・圣宗六：180 |
| 圣宗 | 太平二年十月辛亥 | 至上京 | 辽史・卷十六・圣宗七：190 |
| 兴宗 | 重熙八年七月丁巳 | 还京（上京） | 辽史・卷十八・兴宗一：221 |
| 兴宗 | 重熙十九年十月庚午 | 还上京 | 辽史・卷二十・兴宗三：242 |
| 道宗 | 大安二年九月庚午 | 还上京 | 辽史・卷二十四・道宗四：292 |
| 道宗 | 大安七年九月丙申 | 还上京 | 辽史・卷二十五・道宗五：300 |
| 太宗 | 天显四年九月庚午 | 如南京（今辽阳） | 辽史・卷三・太宗上：30 |
| 太宗 | 天显四年九月癸巳 | 至南京（今辽阳） | 辽史・卷三・太宗上：30 |
| 太宗 | 天显四年十二月戊午 | 至自南京（今辽阳） | 辽史・卷三・太宗上：31 |
| 太宗 | 天显六年正月丁卯 | 如南京（今辽阳） | 辽史・卷三・太宗上：32 |
| 太宗 | 天显六年五月乙亥 | 至自南京（今辽阳） | 辽史・卷三・太宗上：32 |
| 景宗 | 保宁二年夏四月丙戌朔 | 幸东京 | 辽史・卷八・景宗上：90 |
| 景宗 | 保宁二年六月 | 进幸东京 | 辽史・卷六十八・游幸表：1047 |
| 圣宗 | 统和元年四月丙戌朔 | 幸东京 | 辽史・卷十・圣宗一：109 |
| 圣宗 | 统和二十九年正月己亥 | 次东京 | 辽史・卷十五・圣宗六：169 |
| 兴宗 | 重熙八年十月 | 驻跸东京 | 辽史・卷十八・兴宗一：221 |
| 道宗 | 咸雍十年九月庚戌 | 幸东京 | 辽史・卷二十三・道宗三：276 |
| 圣宗 | 统和二十五年十月丙申 | 驻跸中京 | 辽史・卷十四・圣宗五：163 |

续表

| 皇帝 | 时间 | 史料 | 史料出处 |
|---|---|---|---|
| 圣宗 | 统和二十六年十月戊子朔 | 幸中京 | 辽史・卷十四・圣宗五：163 |
| 圣宗 | 统和二十七年四月丙戌朔 | 驻跸中京 | 辽史・卷十四・圣宗五：164 |
| 圣宗 | 统和二十七年十二月戊申 | 如中京 | 辽史・卷十四・圣宗五：164 |
| 圣宗 | 统和二十八年五月乙卯朔 | 如中京 | 辽史・卷十五・圣宗六：167 |
| 圣宗 | 统和二十八年八月辛亥 | 幸中京 | 辽史・卷十五・圣宗六：168 |
| 圣宗 | 统和三十年开泰元年十月 | 幸中京 | 辽史・卷六十八・游幸表：1057 |
| 圣宗 | 开泰元年十月辛亥 | 如中京 | 辽史・卷十五・圣宗六：171 |
| 圣宗 | 开泰三年十月甲寅朔 | 幸中京 | 辽史・卷十五・圣宗六：176 |
| 圣宗 | 开泰七年十一月戊子 | 幸中京 | 辽史・卷十六・圣宗七：185 |
| 圣宗 | 开泰八年十一月 | 幸中京 | 辽史・卷六十八・游幸表：1059 |
| 圣宗 | 开泰八年十二月辛卯 | 驻跸中京 | 辽史・卷十六・圣宗七：187 |
| 圣宗 | 开泰九年十月辛丑 | 如中京 | 辽史・卷十六・圣宗七：188 |
| 圣宗 | 太平元年九月 | 幸中京 | 辽史・卷十六・圣宗七：189 |
| 圣宗 | 太平八年九月壬子 | 幸中京 | 辽史・卷十七・圣宗八：202 |
| 圣宗 | 太平九年正月 | 至自中京 | 辽史・卷十七・圣宗八：203 |
| 兴宗 | 重熙元年十月乙酉 | 幸中京 | 辽史・卷十八・兴宗一：214 |
| 兴宗 | 重熙元年十月 | 幸中京 | 辽史・卷六十八・游幸表：1063 |
| 兴宗 | 重熙十年十月甲午 | 幸中京 | 辽史・卷十九・兴宗二：226 |
| 兴宗 | 重熙十六年十月辛亥 | 幸中京谒祖庙 | 辽史・卷二十・兴宗三：237 |
| 兴宗 | 重熙十六年十一月乙丑 | 幸中京 | 辽史・卷二十・兴宗三：238 |
| 兴宗 | 重熙二十三年十月丁酉 | 驻跸中京 | 辽史・卷二十・兴宗三：247 |
| 道宗 | 清宁二年九月庚子 | 幸中京 | 辽史・卷二十一・道宗一：254 |
| 道宗 | 清宁十年十月壬辰朔 | 驻跸中京 | 辽史・卷二十二・道宗二：264 |
| 道宗 | 大安中 | 车驾幸中京 | 辽史・卷一一四・奚回离保传：1516 |
| 天祚帝 | 乾统三年十月甲辰 | 如中京 | 辽史・卷二十七・天祚皇帝一：320 |
| 天祚帝 | 天庆七年十月乙卯朔 | 至中京 | 辽史・卷二十八・天祚皇帝二：336 |
| 太宗 | 会同元年四月戊寅朔 | 如南京 | 辽史・卷四・太宗下：43 |
| 太宗 | 会同三年三月已巳 | 如南京 | 辽史・卷四・太宗下：47 |
| 太宗 | 会同五年二月甲午 | 如南京 | 辽史・卷四・太宗下：51 |

续表

| 皇帝 | 时间 | 史料 | 史料出处 |
|---|---|---|---|
| 太宗 | 会同六年十二月丁未 | 如南京 | 辽史・卷四・太宗下：53 |
| 太宗 | 会同七年四月癸丑 | 还次南京 | 辽史・卷四・太宗下：54 |
| 太宗 | 会同八年四月甲申 | 还次南京 | 辽史・卷四・太宗下：56 |
| 世宗 | 天禄元年六月甲寅朔 | 次南京 | 辽史・卷五・世宗：63 |
| 穆宗 | 应历元年九月戊辰 | 如南京 | 辽史・卷六・穆宗上：69 |
| 穆宗 | 应历四年二月丙辰 | 幸南京 | 辽史・卷六・穆宗上：72 |
| 穆宗 | 应历九年五月癸亥 | 如南京 | 辽史・卷六・穆宗上：75 |
| 景宗 | 保宁三年九月甲寅 | 如南京 | 辽史・卷八・景宗上：91 |
| 景宗 | 保宁四年十月丁亥朔 | 如南京 | 辽史・卷八・景宗上：92 |
| 景宗 | 保宁五年十月丁酉 | 如南京 | 辽史・卷八・景宗上：93 |
| 景宗 | 保宁六年正月癸亥 | 幸南京 | 辽史・卷八・景宗上：94 |
| 景宗 | 乾亨元年冬 | 驻跸南京 | 辽史・卷九・景宗下：103 |
| 景宗 | 乾亨二年十月癸未 | 次南京 | 辽史・卷九・景宗下：103 |
| 景宗 | 乾亨二年三月 | 如南京赏牡丹 | 辽史・卷六十八・游幸表：1049 |
| 景宗 | 乾亨二年十一月乙丑 | 还次南京 | 辽史・卷九・景宗下：104 |
| 景宗 | 乾亨三年二月己丑 | 复幸南京 | 辽史・卷九・景宗下：104 |
| 圣宗 | 统和四年四月 | 次南京北郊 | 辽史・卷十一・圣宗二：121 |
| 圣宗 | 统和四年五月壬午 | 还次南京 | 辽史・卷十一・圣宗二：122 |
| 圣宗 | 统和四年十月乙卯 | 幸南京 | 辽史・卷十一・圣宗二：125 |
| 圣宗 | 统和四年 | 燕京留守具仪卫导驾入京 | 辽史・卷五十八・仪卫志四：920 |
| 圣宗 | 统和五年正月戊寅 | 还南京 | 辽史・卷十二・圣宗三：129 |
| 圣宗 | 统和五年四月癸巳朔 | 幸南京 | 辽史・卷十二・圣宗三：129 |
| 圣宗 | 统和五年九月丙戌 | 幸南京。是冬止焉。 | 辽史・卷十二・圣宗三：130 |
| 圣宗 | 统和六年四月乙未 | 幸南京 | 辽史・卷十二・圣宗三：130 |
| 圣宗 | 统和六年九月戊戌 | 幸南京 | 辽史・卷十二・圣宗三：131 |
| 圣宗 | 统和七年正月辛亥 | 还次南京 | 辽史・卷十二・圣宗三：133 |
| 圣宗 | 统和七年四月甲寅 | 还京（南京） | 辽史・卷十二・圣宗三：134 |
| 圣宗 | 统和九年三月甲子 | 幸南京 | 辽史・卷十三・圣宗四：141 |
| 圣宗 | 统和十二年三月戊午 | 幸南京 | 辽史・卷十三・圣宗四：144 |
| 圣宗 | 统和十二年四月辛卯 | 幸南京 | 辽史・卷十三・圣宗四：144 |

续表

| 皇帝 | 时间 | 史料 | 史料出处 |
| --- | --- | --- | --- |
| 圣宗 | 统和十二年十二月丁未 | 幸南京 | 辽史·卷十三·圣宗四：146 |
| 圣宗 | 统和十四年十二月甲子 | 幸南京 | 辽史·卷十三·圣宗四：148 |
| 圣宗 | 统和十五年四月乙酉 | 幸南京 | 辽史·卷十三·圣宗四：149 |
| 圣宗 | 统和十七年九月庚辰朔 | 幸南京 | 辽史·卷十四·圣宗五：154 |
| 圣宗 | 统和十八年正月 | 还次南京 | 辽史·卷十四·圣宗五：155 |
| 圣宗 | 统和十九年九月辛卯 | 幸南京 | 辽史·卷十四·圣宗五：156 |
| | | | 辽史·卷六十八·游幸表：1055 |
| 圣宗 | 统和二十二年九月丙午 | 幸南京 | 辽史·卷十四·圣宗五：159 |
| 圣宗 | 统和二十三年正月戊午 | 还次南京 | 辽史·卷十四·圣宗五：161 |
| 圣宗 | 统和二十四年九月 | 幸南京 | 辽史·卷十四·圣宗五：162 |
| 圣宗 | 太平五年九月 | 驻跸南京 | 辽史·卷十七·圣宗八：198 |
| 兴宗 | 重熙五年十月丁未 | 幸南京 | 辽史·卷十八·兴宗一：217 |
| 兴宗 | 重熙十一年九月 | 幸南京 | 辽史·卷六十八·游幸表：1066 |
| 兴宗 | 重熙十二年三月辛卯 | 幸南京 | 辽史·卷十九·兴宗二：228 |
| 道宗 | 清宁五年十月壬子朔 | 幸南京 | 辽史·卷二十一·道宗一：257 |
| 道宗 | 咸雍三年九月癸卯 | 幸南京 | 辽史·卷二十二·道宗二：267 |
| 天祚帝 | 乾统四年十月乙未 | 幸南京 | 辽史·卷二十七·天祚皇帝一：321 |
| 天祚帝 | 天庆二年十一月乙卯 | 幸南京 | 辽史·卷二十七·天祚皇帝一：327 |
| 天祚帝 | 保大元年九月 | 至南京 | 辽史·卷二十九·天祚皇帝三：342 |
| 景宗 | 乾亨四年八月 | 如西京[1] | 辽史·卷九·景宗下：105 |
| 兴宗 | 重熙十三年十二月乙丑 | 幸西京 | 辽史·卷十九·兴宗二：231 |
| | 重熙十三年十一月 | 改云州为西京，第二个月即幸西京 | |
| 道宗 | 清宁八年十二月庚辰 | 幸西京 | 辽史·卷二十二·道宗二：262 |
| 道宗 | 咸雍九年十月 | 遂如西京 | 辽史·卷二十三·道宗三：275 |
| 道宗 | 大康五年十二月乙卯 | 幸西京 | 辽史·卷二十四·道宗四：284 |

[1] 西京未建，《辽史》中此处记载有误，因为景宗乾亨四年（982年）辽朝尚未设立西京，此事的行政建制为云州大同军，至兴宗重熙十三年（1044年）十一月，才“改云州为西京”，此当为《辽史》编撰者的误书。故在后面的统计时，此处忽略不计。

续表

| 皇帝 | 时间 | 史料 | 史料出处 |
|---|---|---|---|
| 天祚帝 | 天庆十年冬 | 复至西京❶ | 辽史·卷二十八·天祚皇帝二：339 |

通过对上表进行统计可以发现，辽代从太宗开始，至天祚帝被金兵俘获，辽帝到五京总次数为120次，到上京、东京、中京、南京、西京依次分别为28次、10次、26次、50次和6次。如果以某皇帝到各京次数为统计依据可得表2-2。

表2-2 皇帝到各京次数

| 皇帝 | 五京总次数 | 上京次数 | 东京次数 | 中京次数 | 南京次数 | 西京次数 | 平均次数 |
|---|---|---|---|---|---|---|---|
| 太宗 | 14 | 3 | 5 | 0 | 6 | — | 3.5 |
| 世宗 | 1 | 0 | 0 | 0 | 1 | — | 0.25 |
| 穆宗 | 6 | 3 | 0 | 0 | 3 | — | 1.5 |
| 景宗 | 13 | 3 | 1 | 0 | 9 | — | 3.25 |
| 圣宗 | 56 | 15 | 2 | 16 | 23 | — | 14 |
| 兴宗 | 12 | 2 | 1 | 5 | 3 | 1 | 2.4 |
| 道宗 | 11 | 2 | 1 | 3 | 2 | 3 | 2.2 |
| 天祚帝 | 7 | 0 | 0 | 2 | 3 | 2 | 2.4 |
| 合计 | 120 | 28 | 10 | 26 | 50 | 6 | 3.7 |

其中，某皇帝到某京次数多寡与当时的战事有关，如景宗到南京9次，圣宗到南京多达23次，就与当时对北宋的战争有关。总体而言，从太宗天显二年（927年）至天祚帝保大五年（1125年）的198年，辽帝至五京的总数为120次，平均不到2年就去1次五京。考虑到《辽史》记载的缺漏，可以得出结论，由于辽帝一年四时捺钵，不住在五京中，至五京属于临时行为，因此各京留守要随时做好迎驾准备。这一点还可以从辽帝到五京在《辽史》中所用的词汇得到印证。在辽帝到五京时间

❶“复至西京”，说明天祚帝在天庆十年（1120年）一年中两次到西京，故这里统计时按两次计算。

简表中，辽帝到五京时所用的汉语词汇有：还、驻跸、至、复至、幸、复幸、如、次、还次等。其中，驻跸，原为帝后外出巡幸途中暂停小住之意，指契丹皇帝在某个京城小住；至，是契丹皇帝到达某个京城；如，表示契丹皇帝去某个京城；次，指契丹皇帝在某个京城时停留住宿；还次，则表示契丹皇帝返回京城时停留住宿；幸，指契丹皇帝巡幸到某个京城；复至、复幸，指契丹皇帝再一次到达，或巡视到某京。这些词汇具有偶尔的临时之意。[1]

各京留守要保证京都饮食，如统和元年（983 年）“秋七月癸酉，临潢尹裹衮进饮馔”。[2] 此外留守还要扈从，这是一种特殊现象，《辽史·刘景列传》载，刘景为南京副留守，“时留守韩匡嗣因扈从北上，景与其子德让共理京事”。[3] 在《耶律隆运列传》中，耶律隆运曾几次因父亲韩匡嗣离京而代行留守之职。[4]

辽代中晚期的一些重大典礼都是在中京举行的，中京留守自然也要参与其中。例如开泰改元和给辽圣宗上尊号都是在中京举行的。开泰元年（1012 年）“冬十月辛亥，如中京……十一月甲午朔，文武百官加上尊号曰‘弘文宣武尊道至德崇仁广孝聪睿昭圣神赞天辅皇帝。大赦，改元开泰”。[5] 太平改元和给辽圣宗上尊号也是在中京举行的。太平元年（1021 年）“九月，幸中京”；十月“自内三门入万寿殿”；“十一月癸未，上御昭庆殿，百僚奉册上尊号曰‘睿文英武遵道至德崇仁广孝功成治定昭圣神赞天辅皇帝’，大赦，改元太平。”[6] 重熙改元和给辽兴宗以及其母上尊号也是在中京举行。重熙元年（1032 年）“冬十月己酉，幸中京。十一月己卯，帝率群臣上皇太后尊号曰‘法天应运仁德章圣皇太后’；群臣上皇帝尊号曰‘文武仁圣昭孝皇帝’。

---

❶ 肖爱民．辽朝政治中心研究 [M]. 北京：人民出版社，2014：55–56.
❷ 脱脱．辽史·卷十·圣宗纪一 [M]. 北京：中华书局，1974：111.
❸ 脱脱．辽史·卷八十六·刘景列传 [M]. 北京：中华书局，1974：1322.
❹ 杨若薇．契丹王朝政治军事制度研究 [M]. 北京：中国社会科学出版社，1991：194.
❺ 脱脱．辽史·卷十五·圣宗纪六 [M]. 北京：中华书局，1974：171.
❻ 脱脱．辽史·卷十六·圣宗纪七 [M]. 北京：中华书局，1974：189.

大赦，改元重熙”。[1]给辽兴宗和他的母亲、妻子上尊号也在中京举行。重熙二十三年（1054年）“冬十月丁酉，驻跸中京……十一月壬申，帝率群臣上皇太后尊号曰‘仁慈圣善钦孝广德安静贞纯懿和宽厚崇觉仪天皇太后’，大赦。内外官进级有差。癸未，录囚。甲申，群臣上皇帝尊号曰‘钦天奉道祐世兴历武定文成圣神仁孝皇帝’。册皇后萧氏曰‘贞懿慈和文惠孝敬广爱崇圣皇后’[2]”。咸雍改元和给辽道宗上尊号也在中京举行。“会咸雍改元，文武百寮上尊号、行大礼于中都。”[3]咸雍元年（1065年）“春正月辛酉朔，文武百僚加上尊号曰‘圣文神武全功大略广智总仁睿孝天祐皇帝。改元，大赦。册梁王濬为皇太子，内外官赐级有差”。[4]天祚帝上尊号也是在中京举行。乾统三年（1103年）“冬十月甲辰，如中京……己巳，有事于观德殿。十一月丙申，文武百官加上尊号曰‘惠文智武圣孝天祚皇帝’，大赦，以宋魏国王和鲁斡为皇太叔”。[5]

第三，留守要接送来访使臣，安排饮食起居等。因为辽代皇帝要在南京、中京接待来访使臣，留守要承担前期准备工作。如辽圣宗统和二十六年（1008年），燕京留守耶律隆庆遣人设宴招待北宋使臣路振。[6]《乘轺录》载：“时燕京留守兵马太原帅秦王隆庆，遣副留守秘书大监张肃迎国信，置宴于亭中，供帐甚备，大阉具馔，盏斝皆颇璃黄金扣器。”[7]又载：“虏遣使置宴于副留守之第，第在城南门内，以驸马都尉兰陵郡王萧宁侑宴，文木器盛虏食，先荐骆糜，用杓而啖焉。”[8]《神宗皇帝即位使

---

[1] 脱脱．辽史・卷十八・兴宗纪一 [M]. 北京：中华书局，1974：214.

[2] 脱脱．辽史・卷二十・兴宗纪三 [M]. 北京：中华书局，1974：247.

[3] 刘凤翥，金永田．辽代韩匡嗣与其家人三墓志铭考释 [M]// 刘凤翥，唐彩兰，青格勒．辽上京地区出土的辽代碑刻汇辑．北京：社会科学文献出版社，2009：277，原载香港中文大学中国文化研究所学报，2000（新 9）.

[4] 脱脱．辽史・卷二十二・道宗纪二 [M]. 北京：中华书局，1974：264.

[5] 脱脱．辽史・卷二十七・天祚皇帝纪一 [M]. 北京：中华书局，1974：320.

[6] 贾敬颜．五代宋金元人边疆行记十三种疏证稿・路振《乘轺录》书征稿 [M]. 北京：中华书局，2004：43.

[7] 赵永春．奉使辽金行程录（增订本）[M]. 北京：商务印书馆，2017：14.

[8] 赵永春．奉使辽金行程录（增订本）[M]. 北京：商务印书馆，2017：15.

辽语录》记录了燕京留守耶律仁先接待使臣的情况，“燕京副留守、中书舍人韩近郊迎，置酒九盏……燕京留守耶律仁先送臣等酒食。十五日，臣等送留守私觌物”。[1] 中京留守方面也有记述，如中京建立之后，奚王的地位似乎与中京留守相埒，据余靖《契丹官仪》载：“奚王府，掌奚兵，在中京之南，与留守相见则用客礼。”这里说的是兴宗时中京留守与奚王见面礼仪。再如《乘轺录》记载中京“府曰大定府，无属县[2]，有留守、府尹之官”。[3] 即宋使在经过中京时有留守、府尹等官员。《使辽语录》载：咸雍三年（1067 年）“二十八日，至富谷馆。中京留守、相公韩回遣人送臣等酒果，接伴使、副送臣等麝脐各一，及松花等……六月一日，至中京，副留守大卿牛玹郊迎，置酒九盏”。[4] 较详细记载了留守接待使臣时需要做的事情。

第四，五京留守尚有掌管宫钥、严查私酿酒类、奏置辖县、负责接壤属国事务、管理两属户、关税征收、勘定边界等职能。《耶律宗政墓志》载：“（清宁）二年，以山陵之毕，京邑是居，既谒于祖宗，即省巡于方岳。西楼管钥，谁其主之。寻判上京留守临潢尹事。”[5] 韩制心“守上京时，酒禁方严，有捕获私酝者，一饮而尽，笑而不诘”[6]，守上京当指其为上京留守，严查私酿酒类是上京留守的职能之一。上京留守可奏置辖县，辽圣宗开泰二年（1013 年）“诏从上京请，以韩斌所括赡国、挞鲁河、奉、豪等州户二万五千四百有奇，置长霸、兴仁、保和等十县”[7]。南京留守司能够直

---

❶ 赵永春．奉使辽金行程录（增订本）[M]. 北京：商务印书馆，2017：70−71.

❷ 无属县：《辽史・地理志》载，中京统县九，皆开泰以后所置。

❸ 赵永春．奉使辽金行程录（增订本）[M]. 北京：商务印书馆，2017：20.

❹ 赵永春．奉使辽金行程录 [M]. 长春：吉林文史出版社，1995：61−63.

❺ 陈述．全辽文 [M]. 北京：中华书局，1982：157；向南．辽代石刻文编 [M]. 石家庄：河北教育出版社，1995：307；刘凤翥，唐彩兰，青格勒．辽上京地区出土的辽代碑刻汇辑 [M]. 北京：社会科学文献出版社，2009：203，原载香港中文大学中国文化研究所学报，2000（新 9）.

❻ 脱脱．辽史・卷八十二・韩制心列传 [M]. 北京：中华书局，1974：1292.

❼ 脱脱．辽史・卷十五・圣宗六 [M]. 北京：中华书局，1974：173.

接对居住于宋朝雄州容城、归信两县的两属户[1]施以管理，北宋河北缘边安抚司元丰元年（1078年）言："准枢密院札子，保州牒知北界燕京留守司指挥容城、归信两县，钤束拒马河南两属户毋得纳雄州贷粮。"[2]南京留守负责本道的关税之事（首先要从行政上安抚百姓、赈济灾民），《辽史·圣宗纪》载："南京留守奏，秋霖害稼，请权停关征，以通山西籴易。"[3]《辽史·食货志》记作"燕京留守司言，民艰食，请弛居庸关税，以通山西籴易"。[4]北宋哲宗元祐元年（1086年），河东路经略安抚使司向宋朝皇帝奏称"火山军今月（二月）九日，北界西京留守等大小官十有余人，引马来界壕上，相度垒起石城处地界，及朔州人马见在东偏头村存泊。本司已牒缘边安抚司，依先降朝旨，候北人退散，审度间便前去毁拆。"[5]表明西京留守有权划定与宋朝接壤辖区的边界。

---

[1] 陶玉坤．辽宋关系研究[D]. 呼和浩特：内蒙古大学，2005.

[2] 李焘．续资治通鉴长编·卷二九五·神宗[M]. 北京：中华书局，2004：7185.

[3] 脱脱．辽史·卷十·圣宗纪一[M]. 北京：中华书局，1974：111.

[4] 脱脱．辽史·卷六十·食货志下[M]. 北京：中华书局，1974：929.

[5] 李焘．续资治通鉴长编·卷三六六·哲宗[M]. 北京：中华书局，2004：8800.

# 第三章

# 辽代五京留守考补

本章深入挖掘现有材料，对辽代五京留守人员予以全面的辨析和考证，各京均增补部分留守，同时排除极少数目前学术界确认的留守人员。

## 第一节　辽代上京留守考补

学术界对辽代上京留守考证成果较多。

吴廷燮认为有32人曾担任上京留守：耶律遥辇、高勋、韩匡嗣、韩德让、除室、裹衮、耶律化哥、耶律景、耶律八哥、韩制心、萧敌烈、萧孝先、耶律敌烈、耶律弘古、耶律信宁、萧孝穆、陈留、韩绍文、查葛、耶律和里斡、刘二玄、耶律侯古、姚景行、速撒、萧挞得、耶律世迁、耶律慎思、耶律大悲奴、萧贞一、耶律赤狗儿、萧挞不也、萧乙薛。❶

杨若薇考证有42人曾任上京留守：耶律倍、韩知古、耶律迪辇、耶律李胡、高勋、耶律道隐、韩匡嗣、韩德让、除室、耶律稍、耶律化哥、耶律景、耶律八哥、萧继先、韩制心、萧敌烈、耶律合葛、萧孝先、耶律敌烈、耶律弘古、萧查剌宁、耶律庶几、萧孝友、韩绍文、耶律宗政、耶律和里斡、刘二玄、耶律侯古、耶律阿琏、姚景行、萧速撒、萧挞得、刘伸、耶律世迁、耶律敌烈、梁授、耶律慎思、耶律大悲奴、萧贞一、耶律赤狗儿、萧挞不也、萧乙薛。❷

项春松汇总有52人出任上京留守和上京副留守：耶律倍、耶律道隐、耶律李胡、耶律洪古、耶律除室、刘伸、肖达得、韩匡嗣、肖继先、耶律八哥、韩德让、肖贞一、韩制心、耶律海里、高勋、耶律庶几、刘二玄、肖孝先、肖孝友、肖敌烈、耶律资忠、梁援、耶律化哥、耶律大悲奴、耶律敌烈、姚景行、耶律侯古、肖兀纳、

❶ 吴廷燮．辽方镇年表[M]// 金毓黻．辽海丛书第一册．沈阳：辽沈书社，1984：39−78.

❷ 杨若薇．契丹王朝政治军事制度研究[M]. 北京：中国社会科学出版社，1991：286−292.

和鲁斡、肖速撒、肖乙薛、马人望、耶律宗政、耶律敌（迪）辇、耶律稍、耶律景、耶律隆祐、韩知古、耶律受益、耶律合葛、耶律胡覩衮、肖查剌宁、耶律赤狗儿、耶律陈留、韩绍文、耶律查葛、耶律和鲁斡、耶律阿琏、耶律世迁、耶律慎思、肖达不也、肖韩家奴。❶

杨福瑞考证有 37 人：耶律迪辇、韩匡嗣、韩德让、耶律道隐、除室、耶律稍、耶律化哥、耶律景、耶律隆祐、耶律八哥、萧敌烈、耶律合葛、萧孝先、耶律弘古、耶律敌烈、耶律韩留、耶律胡覩衮、萧查剌宁、耶律侯右（古）、萧孝友、韩绍文、耶律查葛、耶律和鲁斡、耶律阿琏、萧速撒、姚景行、刘伸、耶律敌烈、耶律世迁、耶律慎思、耶律大悲奴、萧兀纳、萧挞不也、萧韩家奴、耶律达不也、萧乙薛、萧德恭。❷

何天明指出担任上京留守的汉人有高勋、韩匡嗣、韩德让、韩制心、刘二玄、韩绍文、刘伸、姚景行，契丹人有除室、耶律八哥、耶律化哥、耶律海里、萧敌烈、萧孝先、耶律弘古、萧查剌宁、耶律胡覩衮、查葛、耶律敌烈、耶律大悲奴、萧兀纳、萧乙薛，合计 22 人。❸

曹建华列出 58 人的上京留守名单，分别是：耶律倍、耶律道隐、耶律李胡、耶律洪古、耶律除室、刘伸、萧达得、韩知古、韩匡嗣、萧继先、耶律八哥、韩德让、萧贞一、韩制心、耶津海里、高勋、耶律庶几、刘二玄、萧孝先、萧孝友、萧敌烈、耶律资忠、梁援、耶律化哥、耶律大悲奴、耶律敌烈、姚景行、耶律候古、萧兀纳、和鲁斡、萧速撒、萧乙薛、马人望、耶律宗政、耶律敌（迪）辇、耶律稍、耶律景、耶律隆祐、耶律受益、耶律合葛、耶律胡覩衮、萧查剌宁、耶律亦狗儿、耶律陈留、韩绍文、耶律查葛、邢熙年、耶律和鲁斡、耶律阿琏、耶律世迁、耶律慎思、武白、萧挞不也、萧韩家奴、耶律弘世、耶律遂正（韩昌）、耶律污斡里、耶律宗愿。❹

---

❶ 项春松 . 辽代历史与考古 [M]. 呼和浩特：内蒙古人民出版社，1996：48.

❷ 杨福瑞 . 辽上京留守系考 [J]. 昭乌达蒙族师专学报，2004（1）：24–25.

❸ 何天明 . 辽代政权机构史稿 [M]. 呼和浩特：内蒙古大学出版社，2004：225–226.

❹ 曹建华 . 大辽上京人物谱 [M]. 北京：文史出版社，2005：249.

康鹏在《辽代地方要员选任方式浅议》中参考吴廷燮《辽方镇年表》和杨若薇《契丹王朝政治军事制度研究》附录三“辽五京留守年表”，并根据文献资料及新出土墓志作了若干修正、补充，认为上京留守有 42 人，但没有列出具体名单。[1]

刘喜民、刘浩然认为上京留守至少有六七十人，因《辽史》立传 25 人，作者仅就这些人做了简介，名单如下：耶律倍、耶律道隐、耶律李胡、韩匡嗣、萧继先、耶律八哥、韩德让、韩制心、耶津海里、高勋、萧孝先、萧孝友、萧敌烈、耶律化哥、耶律弘古、耶律大悲奴、耶律敌烈、刘伸、萧速撒、萧乙薛、康默记、耶律隆裕、耶律侯古、耶律和鲁斡、耶律阿琏。[2]

但上述现有研究中所列上京留守，恐有 3 人不应列入，具体如下：

**耶律信宁** 吴廷燮以“本纪五月以上京留守耶律信宁为南院大王”，认为“耶律信宁在重熙五年到重熙六年间担任上京留守”。何天明认为耶律信宁在此期间担任南院大王[3]，而非上京留守；盖之庸也对耶律信宁予以考证，认为他没有出任过上京留守。[4]所以，应从上述人名中排除耶律信宁。

**萧孝穆** 吴廷燮以“本传改上京留守更王秦清宁初加尚父，顷之复为东京留守”，认定萧孝穆在重熙二十年（1051 年）到重熙二十一年（1052 年）担任上京留守，但该段文字出自《辽史·萧孝友列传》，这一阶段是萧孝友担任上京留守，与萧孝穆无关，故此排除。

**武白** 曹建华认为武白曾出任辽上京留守，但其本传载：“武白……诏授上京国子博士。改临潢县令，迁广德军节度副使。”[5]由此可知，武白担任的是临潢县令，不

---

[1] 康鹏．辽代地方要员选任方式浅议 [M]// 中国社会科学院历史研究所隋唐宋辽金元史研究室．隋唐辽宋金元史论丛（第四辑）上海：上海古籍出版社，2014：295.

[2] 刘喜民，刘浩然．走进千年辽上京（下）[M]．呼和浩特：内蒙古人民出版社，2014：113.

[3] 何天明．辽代北、南大王及其驻牧地探讨 [J]．内蒙古社会科学，1999（5）：44.

[4] 盖之庸．近年庆陵出土辽代墓志补证 [J]．内蒙古文物考古，2002（1）：105-106.

[5] 脱脱．辽史·卷八十二·武白传 [M]．北京：中华书局，1974：1294.

是上京留守。

根据学界现有研究情况，上述列表恐需要增加11人，他们都曾任职辽上京留守，具体如下：

**耶律屋质** 《辽史·耶律屋质列传》没有记载其担任过辽上京留守，田广林和宋抵的研究也支持此观点。[1]但曹建华主编《大辽上京人物谱》的《耶律屋质》一文中认为：耶律屋质在会同九年（946年）担任留守，“辽会同九年（946年），太宗耶律德光率军亲征后晋之时，耶律屋质奉命留守上京，在应天太后述律平左右，处理朝中之事，深得太后的信任”。[2]

**耶律隆祐** 就是韩德颙即韩德凝[3]，韩匡嗣第七子。《辽史·圣宗纪五》载：“（统和二十二年）九月庚戌，命楚国王隆祐留守京师。”[4]《耶律隆祐（韩德颙）墓志铭》载：“（统和二十二年）加推诚守义功臣、上京留守、同政事门下平章事、临潢尹。”[5]由此，笔者同意王青煜、敖力布的结论，即在综合史料和墓志材料的基础上，认定统和二十二年（1004年）耶律隆祐担任上京留守、临潢府尹。[6]项春松、杨福瑞、曹

---

❶ 田广林．辽代契丹族政治家耶律屋质[J]．昭乌达蒙族师专学报，1986（1）：1-5，11；宋抵．平内乱忠社稷的耶律屋质[M]// 黄凤岐，冯继钦．中国北方各族人物传·辽代卷[M]．沈阳：辽海出版社，2002.

❷ 曹建华．大辽上京人物谱[M]．北京：文史出版社，2005：146.

❸ 刘凤翥，青格勒．辽代《韩德昌墓志铭》和《耶律（韩）高十墓志铭》考释[M]// 刘凤翥，唐彩兰，青格勒．辽上京地区出土的辽代碑刻汇辑．北京：社会科学文献出版社，2009：383；向南，张国庆，李宇峰．辽代石刻文续编·耶律隆祐墓志[M]．沈阳：辽宁人民出版社，2010：53.

❹ 脱脱．辽史·卷十四·圣宗纪五[M]．北京：中华书局，1974：160.

❺ 刘凤翥，唐彩兰，高娃，李建奎：辽代《耶律隆祐墓志铭》与《耶律贵墓志铭》考释[J]．文史，2006（4）：137；刘凤翥，唐彩兰，青格勒．辽上京地区出土的辽代碑刻汇辑·耶律隆祐（韩德颙）墓志铭[M]．北京：社会科学文献出版社，2009：13；向南，张国庆，李宇峰．辽代石刻文续编·耶律隆祐墓志[M]．沈阳：辽宁人民出版社，2010：52.

❻ 王青煜，敖力布．耶律隆祐与耶律隆裕考[M]// 姜锡东．宋史研究论丛（第十一辑）．保定：河北大学出版社，2010：152-153.

建华在其研究中仅列出未考证，此补研究不足。

**耶律隆裕** 辽景宗第三子汉名，契丹名“胡都堇”，小字“高七”。王青煜、敖力布撰文认为，他分别在统和十九年（1001 年）和统和二十八年（1010 年）两次出任上京留守。❶ 对现有研究做出补充。

**耶律宁** 《辽秦国太妃晋国王妃墓志》和《秦国太妃墓志》均载：王妃之长女“适故上京留守兼侍中、漆水郡王耶律宁，封秦国夫人”。❷ 但是《耶律元妻晋国夫人萧氏墓志》称：“长曰长沙郡妃，适同政事门下平章事、长沙郡王。”二志所记似乎矛盾。《契丹国志 · 圣宗萧皇后传》对此作出了解释：“圣宗萧皇后姊秦国夫人，早年嫠居，艳丑私门，后见长沙王名谢家奴，瑰伟美姿容，为杀其妃，而以秦国妻之。”❸ 本志与《契丹国志》都称晋国王妃的长女、钦哀皇后之姊为“秦国夫人”，可见无误，由此可推测此女先嫁耶律宁，被封为秦国夫人，丧夫寡居。后依仗其妹权势，改嫁长沙郡王。本志所记耶律宁为其前夫《耶律元妻晋国夫人萧氏墓志》所记长沙郡王为其后夫。耶律宁在《辽史》中未载，《创静安寺碑铭》中载：“故南大王讳，即帝之房孙也。故左金吾卫上将军讳宁，即公之长子也。”❹ 据盖之庯先生考证，此耶律宁为太祖弟剌葛四世孙，名见《续资治通鉴长编》，其中载乾兴元年（1022 年）出使宋的使臣有右金吾卫耶律宁，载乾兴元年即辽太平二年（1022 年）❺。二者姓名相同，时代也相符，推测是同一人。❻ 由此判断，耶律宁圣宗时期曾任上京留守，但

❶ 王青煜，敖力布．耶律隆祐与耶律隆裕考 [M]// 姜锡东．宋史研究论丛（第十一辑）．保定：河北大学出版社，2010：152-153.

❷ 万雄飞．辽秦国太妃晋国王妃墓志考 [J]. 文物，2005(1)：91-92；刘凤翥，唐彩兰，青格勒．辽上京地区出土的辽代碑刻汇辑 · 萧和妻秦国太妃耶律氏墓志铭 [M]. 北京：社会科学文献出版社，2009：150；向南，张国庆，李宇峰．辽代石刻文续编 · 秦国太妃墓志 [M]. 沈阳：辽宁人民出版社，2010：91-93.

❸ 叶隆礼．契丹国志 · 卷十三 · 圣宗萧皇后传 [M]. 上海：上海古籍出版社，1985：88.

❹ 盖之庯．内蒙古辽代石刻文研究 [M]. 呼和浩特：内蒙古大学出版社，2002：399.

❺ 盖之庯．内蒙古辽代石刻文研究 [M]. 呼和浩特：内蒙古大学出版社，2002：406-407.

❻ 万雄飞．辽秦国太妃晋国王妃墓志考 [J]. 文物，2005（1）：91-92.

具体年份不详。

**韩昌** 又名“耶律遂正”，即《辽史》中的“韩雱金”。[1]韩昌在圣宗统和年间入朝为官,《耶律遂正墓志铭》载:“初授卫将军，次硬寨将军。因精诚能事，受圣宗赏识，升任契丹户部使兼飞龙院事，转任知上京副留守，寻授北院宣徽使，转南面都部署。权东京留守、上京留守、中京留守。”[2]即韩昌在圣宗年间曾任上京留守，但具体时间段不详，曹建华也持此观点。

**耶律贵宁** 《契丹国志》卷八载:“重熙三年……因诏上京留守耶律贵宁、盐铁使郎玄化等于祖州陵园内选吉地改葬，其影堂、廊库等并同宣献太后园陵。”[3]由此，重熙三年（1034年）耶律贵宁担任上京留守。

**张绩** 重熙十四年（1045年），张绩被任命为上京留守。《张绩墓志铭》载:“(重熙）十四年冬。改授上京留守□□□大理司直赐绯鱼袋。”[4]

**萧慎微** 据《佐移离毕萧相公墓志铭（残文)》推断墓主人为萧慎微，曾“改授上京留守”[5]，担任时间约为兴宗重熙年间。

**耶律敌烈** 其本传载:“耶律敌烈，字撒懒，采访使吼五世孙……大康四年，为南院大王。秩满，部民请留，同知南京留守事。有疾，上命乘传赴阙，遣太医视

---

[1] 刘凤翥，唐彩兰，青格勒．辽上京地区出土的辽代碑刻汇辑 [M]. 北京：社会科学文献出版社，2009：370−371.

[2] 刘凤翥，唐彩兰，青格勒．辽上京地区出土的辽代碑刻汇辑・耶律（韩）遂正墓志铭太平七年 [M]. 北京：社会科学文献出版社，2009：15−16；刘凤翥，青格勒．辽代《韩德昌墓志铭》和《耶律（韩）高十墓志铭》考释 [M]// 刘凤翥，唐彩兰，青格勒．辽上京地区出土的辽代碑刻汇辑．北京：社会科学文献出版社，2009：380−395；向南，张国庆，李宇峰．辽代石刻文续编`耶律遂正墓志 [M]. 沈阳：辽宁人民出版社，2010：68−70.

[3] 叶隆礼．契丹国志・卷八・兴宗文成皇帝 [M]. 上海：上海古籍出版社，1985：51.

[4] 陈述．全辽文 [M]. 北京：中华书局，1982：179；向南．辽代石刻文编・张绩墓志 [M]. 石家庄：河北教育出版社，1995：314.

[5] 李文信．义县清河门辽墓发掘报告 [J]. 考古学报，1954(8)：169；陈述．全辽文 [M]. 北京：中华书局，1982：356.

之。迁上京留守。大安中，改塌母城节度使。”[1] 由此可知，耶律敌烈在道宗大康四年（1078 年）至大安年间曾任上京留守，与太平八年（1028 年）出任上京留守的耶律敌烈并非同一人，特此增加。

**邢熙年** 《皇弟秦越国王耶律弘世墓志》载：“特诏同中书门下平章事、判上京留守、临潢尹事邢熙年。”[2] 由此墓志可知，邢熙年曾任上京留守，但具体时间不详。大安元年（1084 年）到大安三年（1086 年），邢熙年担任中京留守，推断他在辽道宗时期任职上京留守。曹建华仅列出邢熙年曾充任上京留守，但没有具体考证，此补研究不足。

**萧韩家奴** 据《辽史·天祚皇帝纪二》载：“（天庆六年）六月丁亥，知北院枢密使事萧韩家奴为上京留守。”[3] 由此推定，天庆六年（1116 年）萧韩家奴任职上京留守。杨福瑞和曹建华支持此观点。而《辽史·萧韩家奴列传》所记萧韩家奴生活在辽圣宗、道宗和兴宗时期，与此担任上京留守的萧韩家奴并非一人。

现有研究认为马人望、耶律资忠、耶律受益、韩佚、耿绍忠、谢徵云、邢某、高士宁、王说（七子需要删除）被任命为上京副留守；胡睹堇、陈昭衮、耶律韩留、刘霄担任同知上京留守；耶律遂正（韩昌、韩霁金）、高士宁曾任知上京副留守事，这些留守属于留守副职或只负责某一方面的工作，不包括在本书的研究范围之内。耶律隆运（韩德让）、梁授（梁援）、污斡里或污斡里祖父则为权上京留守事，这里的“权”字表明这些留守是暂时任职，与正式任命的留守不同，本书也不包括。萧德恭虽任兼判上京留守事，有留守之名，但在受命之时，契丹政权已西逃[4]，这也不

---

[1] 脱脱．辽史·卷九十六·耶律敌烈传 [M]. 北京：中华书局，1974：1402.

[2] 盖之庸．内蒙古辽代石刻文研究·皇弟秦越国王耶律弘世墓志 [M]. 呼和浩特：内蒙古大学出版社，2002：259；盖之庸．近年庆陵出土辽代墓志补证 [J]. 内蒙古文物考古，2002（1）：102；刘凤翥，唐彩兰，青格勒．辽上京地区出土的辽代碑刻汇辑·耶律弘世墓志铭 [M]. 北京：社会科学文献出版社，2009：275.

[3] 脱脱．辽史·卷二十八·天祚皇帝纪二 [M]. 北京：中华书局，1974：334.

[4] 杨福瑞．辽上京留守系考 [J]. 昭乌达蒙族师专学报，2004（1）：25.

在本书的研究范围之内。

辽代上京留守简表如 3-1 所示。

表 3-1 辽代上京留守简表

| 序号 | 姓名 | 民族 | 任职时间（公元） | 史料来源 |
|---|---|---|---|---|
| 1 | 耶律倍 | 契丹 | 天赞三年—天赞四年（924—925 年） | 《辽史·卷七十二》 |
| 2 | 韩知古 | 汉 | 天显元年—天显十三年（926—938 年） | 《韩瑜墓志铭》 |
| 3 | 耶律迪辇（耶律洼） | 契丹 | 会同六年（943 年） | 《辽史·卷四》,《辽史·卷七十七》 |
| 4 | 耶律屋质 | 契丹 | 会同九年（946 年） | 《大辽上京人物谱》 |
| 5 | 耶律李胡 | 契丹 | 会同九年—大同元年（即天禄元年）（946—947 年） | 《辽史·卷七十二》 |
| 6 | 高勋 | 汉 | 应历七年—应历十一年（957—961 年） | 《辽史·卷八十五》 |
| 7 | 耶律道隐 | 契丹 | 保宁元年（969 年） | 《辽史·卷七十二》 |
| 8 | 韩匡嗣 | 汉 | 保宁二年（970 年） | 《辽史·卷七十四》,《韩匡嗣墓志》 |
| 9 | 除室 | 契丹 | 乾亨二年—乾亨三年（980—981 年） | 《辽史·卷九》,《辽史·卷七十二》 |
| 10 | 褭袞 | 契丹 | 乾亨四年—统和元年（982—983 年） | 《辽史·卷十》 |
| 11 | 耶律稍 | 契丹 | 统和元年（983 年） | 《辽史·卷十》,《辽史·卷四十八》 |
| 12 | 耶律化哥 | 契丹 | 统和四年—统和十一年（986—993 年） | 《辽史·卷九十四》 |
| 13 | 耶律景（耶律海里）❶ | 契丹 | 统和十二年—统和十四年（994—996 年） | 《辽史·卷十三》,《辽史·卷八十四》 |
| 14 | 耶律隆裕 | 契丹 | 统和十九年（1001 年） | 《辽史·卷十四》,《辽史·卷六十四》,《耶律隆祐与耶律隆裕考》 |
| 15 | 耶律隆祐（韩德颙、韩德凝） | 汉 | 统和二十二年（1004 年） | 《辽史·卷十四》,《耶律隆祐墓志铭》 |

❶ 脱脱．辽史·卷八十四·校勘记七 [M]. 北京：中华书局，1974：1312；盖之庸．内蒙古辽代石刻文研究 [M]. 呼和浩特：内蒙古大学出版社，2002：404.

续表

| 序号 | 姓名 | 民族 | 任职时间（公元） | 史料来源 |
| --- | --- | --- | --- | --- |
| 16 | 耶律隆裕 | 契丹 | 统和二十八年（1010 年） | 《辽史·卷十五》,《辽史·卷六十四》,《耶律隆祐与耶律隆裕考》 |
| 17 | 萧继远（萧继先）❶ | 契丹 | 统和二十八年（1010 年） | 《辽史·卷七十八》,《秦晋国大长公主墓志》,《萧阛墓志》 |
| 18 | 耶律八哥 | 契丹 | 统和十六年—开泰四年（998—1015 年） | 《辽史·卷十五》,《辽史·卷八十》 |
| 19 | 韩制心（耶律制心、耶律遂贞） | 汉 | 开泰四年—开泰八年（1015—1019 年） | 《辽史·卷八十二》 |
| 20 | 萧敌烈（萧恭）❷ | 契丹 | 太平二年（1022 年） | 《辽史·卷八十八》 |
| 21 | 耶律合葛 | 契丹 | 太平三年（1023 年） | 《辽史·卷十六》 |
| 22 | 萧孝先 | 契丹 | 太平五年—太平六年（1025—1026 年） | 《辽史·卷十七》,《辽史·卷八十七》 |
| 23 | 耶律敌烈 | 契丹 | 太平八年（1028 年） | 《辽史·卷十七》 |
| 24 | 萧孝先 | 契丹 | 太平十年—景福元年（1030—1031 年） | 《辽史·卷八十七》,《契丹国志·卷七》 |
| 25 | 耶律宁 | 契丹 | 圣宗年间 | 《辽史·卷十六》,《辽秦国太妃晋国王妃墓志》,《秦国太妃墓志》 |
| 26 | 韩昌（耶律遂正） | 汉 | 圣宗年间 | 《耶律遂正墓志铭》 |
| 27 | 耶律弘古 | 契丹 | 重熙元年—重熙六年（1032—1037 年） | 《辽史·卷十八》,《辽史·卷九十五》 |
| 28 | 耶律贵宁 | 契丹 | 重熙三年（1034 年） | 《契丹国志·卷八》 |
| 29 | 萧查剌宁 | 契丹 | 重熙六年（1037 年） | 《辽史·卷十八》 |
| 30 | 张绩 | 汉 | 重熙十四年（1045 年） | 《张绩墓志铭》 |
| 31 | 耶律庶几 | 契丹 | 重熙十八年（1049 年） | 《耶律庶几墓志》 |

❶ 向南．辽史公主表补正 [M]. 社会科学辑刊，1987（6）：41；向南．辽代石刻文编 [M]. 石家庄：河北教育出版社，1995：251；盖之庸．内蒙古辽代石刻文研究 [M]. 呼和浩特：内蒙古大学出版社，2002：190；向南，张国庆，李宇峰．辽代石刻文续编 [M]. 沈阳：辽宁人民出版社，2010：136.

❷ 史风春．辽朝天祚帝后妃世系考 [D]. 北京：中央民族大学，2010：132.

续表

| 序号 | 姓名 | 民族 | 任职时间（公元） | 史料来源 |
| --- | --- | --- | --- | --- |
| 32 | 萧孝友（萧陈留、耶律陈留）❶ | 契丹 | 重熙二十年—清宁元年（1051—1055 年） | 《辽史·卷八十七》 |
| 33 | 韩绍文 | 契丹 | 清宁元年（1055 年） | 《辽史·卷二十一》 |
| 34 | 萧慎微❷ | 契丹 | 重熙年间 | 《佐移离毕萧相公墓志铭（残文）》 |
| 35 | 耶律和鲁斡 | 契丹 | 清宁二年（1056 年） | 《辽史·卷二十一》,《辽史·卷六十四》,《蔡志顺墓志》,《义和仁寿皇太叔祖哀册乾统十年》 |
| 36 | 耶律宗政 | 契丹 | 清宁二年—清宁三年（1056—1057 年） | 《辽史·卷二十一》,《耶律宗政墓志》 |
| 37 | 耶律阿琏（耶律弘世） | 契丹 | 清宁六年—清宁八年（1060—1062 年） | 《辽史·卷六十四》,《耶律弘世墓志》 |
| 38 | 刘二玄 | 汉 | 清宁七年（1061 年） | 《辽史·卷八十六》 |
| 39 | 耶律侯古（耶律宗愿） | 契丹 | 清宁十年—咸雍八年（1064—1072 年） | 《辽史·卷六十四》,《耶律宗愿墓志》 |
| 40 | 姚景行 | 汉 | 大康二年（1076 年） | 《辽史·卷九十六》 |
| 41 | 萧速撒 | 契丹 | 大康三年（1077 年） | 《辽史·卷二十三》,《辽史·卷九十九》 |
| 42 | 萧挞得 | 契丹 | 大康三年—大康四年（1077—1078 年） | 《辽史·卷七十二》,《辽史·卷一〇二》,《辽史·卷一〇三》 |
| 43 | 刘诜（刘伸）❸ | 汉 | 大康五年（1079 年） | 《辽史·卷九十八》 |
| 44 | 耶律世迁 | 契丹 | 大康八年—大康九年（1082—1083 年） | 《辽史·卷二十四》 |
| 45 | 耶律敌烈 | 契丹 | 道宗大康四年（1078 年）至大安年间 | 《辽史·卷九十六》,《耶律迪烈墓志铭》❹ |
| 46 | 邢熙年 | 汉 | 道宗年间 | 《皇弟秦越国王耶律弘世墓志》 |

❶ 王善军 . 耶律乙辛集团与辽朝后期的政治格局 [J]. 学术月刊，2008（2）：134.

❷ 依据《佐移离毕萧相公墓志铭（残文）》推断，在没有新的史料佐证之前，只能存疑。

❸ 向南 . 辽代石刻文编 [M]. 石家庄：河北教育出版社，1995：322；李桂芝 . 辽朝进士杂考 [J]. 学习与探索，2009（2）：218.

❹《耶律迪烈墓志铭》墓主即耶律敌烈，参见卢迎红，周峰 . 契丹小字《耶律迪烈墓志铭》考释 [J]. 民族语文，2000（1）：43-52.

续表

| 序号 | 姓名 | 民族 | 任职时间（公元） | 史料来源 |
| --- | --- | --- | --- | --- |
| 47 | 耶律慎思 | 契丹 | 乾统元年—乾统二年（1101—1102年） | 《辽史·卷二十七》 |
| 48 | 耶律大悲奴 | 契丹 | 乾统二年—乾统三年（1102—1103年） | 《辽史·卷九十五》 |
| 49 | 萧贞一 | 契丹 | 乾统十年—天庆二年（1110—1112年） | 《金史·卷七十五》 |
| 50 | 耶律赤狗儿 | 契丹 | 天庆三年—天庆四年（1113—1114年） | 《金史·卷七十五》 |
| 51 | 萧兀纳（萧挞不也） | 契丹 | 天庆五年—天庆六年（1115—1116年） | 《辽史·卷二十八》，《辽史·卷九十八》 |
| 52 | 耶律大悲奴 | 契丹 | 天庆六年（1116年） | 《辽史·卷九十五》,《辽史·卷一〇一》 |
| 53 | 萧韩家奴 | 契丹 | 天庆六年（1116年） | 《辽史·卷二十八》 |
| 54 | 萧乙薛 | 契丹 | 天庆十年（1120年） | 《辽史》卷二十八,《辽史》卷一〇一 |
| 55 | 耶律挞不也 | 契丹 | 天庆十年（1120年） | 《辽史》卷二十八 |
| 56 | 萧乙薛 | 契丹 | 保大元年—保大二年（1121—1122年） | 《辽史·卷一〇一》，《金史·卷七十五》 |

## 第二节　辽代东京留守考补

学术界对东京留守任职人员进行了考证，成果较多。

吴廷燮考证认为在辽代有33人担任东京留守，依次为耶律觌烈、和里、隆先、耶律抹只、萧恒德、耶律斡腊、萧排押、耶律弘古、耶律隆祐、萧惠、耶律团石、善宁、耶律八哥、萧孝先、萧孝穆、萧阿姑轸、萧普古、萧朴、撒八宁、萧孝忠、耶律侯哂、耶律吾札、萧孝友、萧塔列葛、萧阿剌、耶律仁先、陈留、贴不、萧阿剌、萧陶隗、阿鲁扫古、耶律淳、萧保先。[1]

[1] 吴廷燮．辽方镇年表[M]//金毓黻．辽海丛书第一册．沈阳：辽沈书社，1984：39-78.

王民信认为任东京留守有 42 人，按时间先后顺序，即耶律觌烈、耶律和里、耶律隆先、耶律抹只、萧恒德、耶律斡腊、萧排押、耶律弘古、耶律隆祐、萧惠、耶律团石、(耶律)善宁、耶律八哥、萧孝先、萧孝穆、萧阿姑轸、萧惠、萧普古、萧朴、(萧)撒八宁、萧孝忠、耶律侯哂、耶律吾札、萧孝友、萧塔列葛、萧孝友、萧阿剌、耶律仁先、萧孝友、(耶律)贴不、萧陶隗、(耶律)何鲁扫古、耶律淳、萧保先、王道平、高清臣、耶律引吉、(耶律)侯古、萧铎剌、耶律庶几、耶律回里不。❶

杨若薇则考证有 27 人任东京留守，分别是耶律觌烈、耶律和里、耶律隆先、耶律抹只、萧恒德、耶律斡腊、萧排押、耶律弘古、耶律隆祐、耶律团石、萧惠、耶律八哥、萧孝先、萧孝穆、萧阿姑轸、萧普古、萧孝忠、耶律侯哂、耶律吾扎、萧孝友、萧塔烈葛、萧阿剌、耶律仁先、耶律贴不、耶律何鲁扫古、耶律淳、萧保先。❷

项春松汇总了35任东京留守和东京副留守的名单，具体为耶律觌烈、耶律和里、耶律隆先、耶律末只、萧桓德、耶律斡猎、萧排押、耶律弘（洪）古、耶律隆祐、萧惠、耶律团石、耶律八哥、萧孝先、萧孝穆、萧阿姑轸、萧普古、萧孝忠、耶律侯哂、耶律吾札、萧孝友、萧塔列葛、萧阿剌、耶律仁先、耶律贴不、耶律何鲁扫古、耶律淳、萧保先、萧朴、耶律引吉、耶律善宁、王道平、萧撒八、耶律陈留、大公鼎、高清明。❸

康鹏在《辽代地方要员选任方式浅议》中参考吴廷燮的《辽方镇年表》和杨若薇的《契丹王朝政治军事制度研究》附录三“辽五京留守年表”，并根据文献资料及新出土墓志作了若干修正、补充，认为东京留守有 28 人，但没有列出具体名单。❹

---

❶ 王民信．辽“东京”与“东京道”[M]// 王民信．王民信辽史研究论文集．台北：台湾大学出版中心，2010：313–344，原载于政大边政研究年报，1982（13）：1–22.

❷ 杨若薇．契丹王朝政治军事制度研究 [M]. 北京：中国社会科学出版社，1991：286–292.

❸ 项春松．辽代历史与考古 [M]. 呼和浩特：内蒙古人民出版社，1996：55.

❹ 康鹏．辽代地方要员选任方式浅议 [M]// 中国社会科学院历史研究所隋唐宋辽金元史研究室．隋唐辽宋金元史论丛（第四辑）．上海：上海古籍出版社，2014：295.

刘文静在《以陪都留守为核心的中国古代陪都官制演变初探》一文的“附表一 辽朝陪都留守人员一览表”，列出 43 人曾任东京留守：萧保先、萧惇野、萧恒德、萧排押、萧阿姑轸、萧普古、萧孝忠、萧孝友、萧塔列葛、萧阿剌、萧巴雅尔、萧孝穆、萧萨巴、萧朴、萧孝先、耶律忽扎、耶律淳、耶律抹只、耶律隆祐、耶律团石、耶律八哥、耶律侯晒、耶律仁先、耶律隆先、耶律弘古、耶律斡腊、耶律引吉、耶律休哥、耶律巴格、耶律浩善、耶律托实、耶律穆济、耶律达实、韩德成、善宁、宿国王陈留、魏国王贴不、何鲁扫古、和里、庶蕆、韩德让、默特、阿噜萨古。[1]

上述研究中所列东京留守，恐有 2 人不应列入，具体论述如下：

**耶律侯古（耶律宗愿）** 耶律侯古与耶律宗愿实为一人，宗愿之名《辽史 · 圣宗纪七》仅一见：“（开泰七年）五月丙寅，皇子……宗愿左骁卫大将军。”[2]《辽史 · 皇子表》有侯古而不见有宗愿。《表》谓：“侯古，字讹里本，第六。重熙十七年，封饶乐郡王。咸雍中，徙混同郡王。”“重熙初，王子郎君班详稳，后为上京留守。”[3]侯古之名又见《辽史 · 兴宗纪三》：“（重熙十七年）十一月丁巳，封奉陵军节度使侯古饶乐郡王。”[4]《辽史 · 道宗纪》：“（清宁元年）十一月丙寅，以南院大王侯古为中京留守……（清宁四年）十月戊戌朔，以同知东京留守事侯古为南院大王。”[5]《辽史 · 道宗纪三》：“（咸雍八年）八月庚辰，混同郡王侯古薨，遣使致祭。”[6]将《辽史》上述记载对照本志所记宗愿经历、任官、封号、死年与侯古任官、封号、卒年，完全相同，足证宗愿、侯古实为一人，一为汉名，一为契丹名。同时知侯古是耿氏而非萋氏所生，《辽史 · 皇子表》所记有误。[7]盖之庸认为：“清宁四年侯古应为中京留守，而非

[1] 刘文静．以陪都留守为核心的中国古代陪都官制演变初探 [D]. 沈阳．辽宁大学，2016：48.

[2] 脱脱．辽史 · 卷十六 · 圣宗纪七 [M]. 北京：中华书局，1974：184.

[3] 脱脱．辽史 · 卷六十四 · 皇子表 [M]. 北京：中华书局，1974：991.

[4] 脱脱．辽史 · 卷二十 · 兴宗纪三 [M]. 北京：中华书局，1974：239.

[5] 脱脱．辽史 · 卷二十一 · 道宗纪一 [M]. 北京：中华书局，1974：252-256.

[6] 脱脱．辽史 · 卷二十三 · 道宗纪三 [M]. 北京：中华书局，1974：274.

[7] 向南，张国庆，李宇峰．辽代石刻文续编 [M]. 沈阳：辽宁人民出版社，2010：150.

东京留守，据《耶律宗愿墓志》可知，宗愿并未担任过东京留守一职，此处《辽史》显系误载。”综上，耶律侯古没有担任过东京留守。[1]

**耶律善宁** 项春松认为耶律善宁担任过东京留守，但《辽史·耶律燕哥列传》载：“耶律燕哥，字善宁，季父房之后……大安三年，为西京留守，致仕。寿隆初，以疾卒。”[2]由此判断，耶律善宁没有担任过东京留守。

在现有研究成果的基础上增加 3 人，他们都曾任职辽东京留守，具体如下：

**耶律弘世** 兴宗三子，母仁懿皇后，道宗之弟。《辽史·皇子表》载：“兴宗三子，阿琏，字讹里本，第三。”[3]可知弘世为汉名。阿琏，字讹里本，为契丹名。[4]《皇弟秦越国王耶律弘世墓志》载：“大辽皇弟，故资忠保义奉上功臣、开府仪同三司、守太保、兼中书令、判书东京留守、辽阳尹事、赠秦魏国王耶律弘世墓志铭并引。”[5]可以确认其担任过东京留守。计连成在《辽庆陵又有重要发现》一文中认为，他“死时为守太保兼中书令、判东京留守、辽阳尹事，从道宗猎于黑岭之野，于 1087 年 7 月病死，时年 46 岁”。[6]由此推断，耶律弘世死于东京留守任上。

**耶律呕里思** 《皇弟妻秦越国妃萧氏墓志》载：“娶故同中书门下平章事、东京留守耶律呕里思女耶律氏，是为别胥。”[7]《辽史》中与耶律呕里思名相近者极少。事

---

❶ 盖之庸．辽耶律宗愿墓志考释 [J]. 中国历史文物，2002（3）：54.

❷ 脱脱．辽史·卷一一〇·耶律燕哥列传 [M]. 北京：中华书局，1974：1487-1488.

❸ 脱脱．辽史·卷六十四·皇子表 [M]. 北京：中华书局，1974：992.

❹ 盖之庸．内蒙古辽代石刻文研究·皇弟秦越国王耶律弘世墓志 [M]. 呼和浩特：内蒙古大学出版社，2002：261.

❺ 盖之庸．内蒙古辽代石刻文研究·皇弟秦越国王耶律弘世墓志 [M]. 呼和浩特：内蒙古大学出版社，2002：258-264；刘凤翥，唐彩兰，青格勒．辽上京地区出土的辽代碑刻汇辑·耶律弘世墓志铭 [M]. 北京：社会科学文献出版社，2009：275-276.

❻ 计连成．辽庆陵又有重要发现 [J]. 内蒙古文物考古，2000（2）：12.

❼ 盖之庸．内蒙古辽代石刻文研究 [M]. 呼和浩特：内蒙古大学出版社，2002：270；刘凤翥，唐彩兰，青格勒．辽上京地区出土的辽代碑刻汇辑 [M]. 北京：社会科学文献出版社，2009：277；向南，张国庆，李宇峰．辽代石刻文续编 [M]. 沈阳：辽宁人民出版社，2010：229.

迹和时间与本志所记耶律呕里思最为吻合，为《辽史》所记耶律室鲁子欧里斯。《辽史》本传云："欧里思，字留隐，少有大志。未冠，补袛侯郎君。开泰初，为本部司徒。秩满闲居，征为郎君班详稳，迁右皮室详稳。将本部兵，从东平王萧排押伐高丽，至茶、陀二河，战不利。欧里斯独全军还，帝嘉赏。终西南面招讨使。"欧里斯与呕里思音同字异，唯所历官职不同。[1]这里仅能推断寿昌二年（1096 年）前耶律呕里思曾担任过东京留守。

**耶律和鲁斡** 字阿辇，汉名弘本[2]，《辽史·兴宗纪》又书作胡卢斡里。[3]据《义和仁寿皇太叔祖哀册乾统十年》册文载："临潢天府，云中帝城，辽阳奥壤，燕台翼京，以釐以判，爰肃爰清。"推断和鲁斡似乎任过东京留守。[4]

现有研究认为庶箴、耶律回里不、萧铎剌、刘霖、耶律宗福、耶律庶箴担任过同知东京留守事，韩昌（韩雰金、耶律遂正）、韩德威任东京留守（加），耶律引吉、高清臣（高清明）、王道平担任东京副留守，这些留守属于留守副职或只负责某一方面的工作，故不包括在本书的研究范围之内。大公鼎任权（摄）东京留守、萧陶隗任权知东京留守，这里的"权"字表明这些留守是暂时任职，与正式任命的留守不同，故本书也不包括。

辽代东京留守简表如 3–2 所示。

---

[1] 盖之庸．内蒙古辽代石刻文研究·皇弟妻秦越国妃萧氏墓志寿昌二年 [M]. 呼和浩特：内蒙古大学出版社，2002：270；刘凤翥，唐彩兰，青格勒．辽上京地区出土的辽代碑刻汇辑·耶律弘世妻秦越国妃萧氏墓志铭寿昌二年 [M]. 北京：社会科学文献出版社，2009：277–278.

[2] 向南，张国庆，李宇峰．辽代石刻文续编·耶律弘世墓志大安三年 [M]. 沈阳：辽宁人民出版社，2010：192–193.

[3] 脱脱．辽史·卷十九·兴宗纪二 [M]. 北京：中华书局，1974：226.

[4] 盖之庸．内蒙古辽代石刻文研究·义和仁寿皇太叔祖哀册 [M]. 呼和浩特：内蒙古大学出版社，2002：344；刘凤翥，唐彩兰，青格勒．辽上京地区出土的辽代碑刻汇辑·汉字义和仁寿皇太叔祖耶律弘本哀册文乾统十年 [M]. 北京：社会科学文献出版社，2009：254；向南，张国庆，李宇峰．辽代石刻文续编·义和仁寿皇太叔祖哀册 [M]. 沈阳：辽宁人民出版社，2010：272–273.

表 3-2 辽代东京留守简表

| 序号 | 姓名 | 民族 | 任职时间（公元） | 史料来源 |
|---|---|---|---|---|
| 1 | 耶律和里 | 契丹 | 会同三年（940 年） | 《辽史·卷七十五》 |
| 2 | 耶律隆先 | 契丹 | 保宁三年—乾亨元年（971—979 年） | 《辽史·卷七十二》 |
| 3 | 耶律抹只 | 契丹 | 统和元年—统和五年（983—987 年） | 《辽史·卷十》,《辽史·卷十一》,《辽史·卷十二》,《辽史·卷八十四》 |
| 4 | 耶律抹只<br>萧恒德 | 契丹<br>契丹 | 统和六年（988 年） | 《辽史·卷十》,《辽史·卷十一》,《辽史·卷十二》,《辽史·卷八十四》《辽史·卷十三》,《辽史·卷八十五》,《辽史·卷八十八》,《辽史·卷一一五》 |
| | 萧恒德 | 契丹 | 统和七年—统和十四年（989—996 年） | 《辽史·卷十三》,《辽史·卷八十五》,《辽史·卷八十八》,《辽史·卷一一五》 |
| 5 | 耶律斡腊 | 奚 | 统和十四年—统和十五年（996—997 年） | 《辽史·卷九十四》 |
| 6 | 萧排押（萧宁、萧韩宁）❶ | 契丹 | 统和十五年—统和二十二年（997—1004 年） | 《辽史·卷八十八》,《辽史·卷十五》,《契丹国志·卷十三》,《续资治通鉴长编·卷五十五》,《秦晋国妃墓志》 |
| 7 | 耶律弘古 | 契丹 | 统和二十三年—统和二十八年（1005—1010 年） | 《辽史·卷八十八》 |
| 8 | 耶律隆裕 | 契丹 | 开泰元年（1012 年） | 《辽史·卷十五》 |
| 9 | 耶律团石 | 契丹 | 开泰二年—开泰三年（1013—1014 年） | 《辽史·卷一一五》 |
| 10 | 萧善宁（萧屈烈）❷ | 契丹 | 开泰三年—开泰五年（1014—1016 年） | 《辽史·卷十五》,《辽史·卷七十》 |
| 11 | 耶律八哥 | 契丹 | 开泰七年—太平六年（1018—1026 年） | 《辽史·卷十六》,《辽史·卷十七》,《辽史·卷八十》,《辽史·卷一一五》 |

---

❶ 罗继祖 . 辽史校勘记 [M]. 上海：上海人民出版社，1958：40;《萧排押传》载“萧排押，字韩隐”,《圣宗纪》又作排亚,《契丹国志》作悖野,《续资治通鉴长编》作伯叶,《秦晋国妃墓志》作曷宁。书写各异，其实一人。排押与悖野、伯叶、排亚，韩隐与曷宁，均由译音致歧。详见向南 . 辽史公主表补正 [J]. 社会科学辑刊，1987（6）：41.

❷ 盖之庸 . 内蒙古辽代石刻文研究（增订本）[M]. 呼和浩特：内蒙古大学出版社，2007：107；向南，张国庆，李宇峰 . 辽代石刻文续编 [M]. 沈阳：辽宁人民出版社，2010：178.

续表

| 序号 | 姓名 | 民族 | 任职时间（公元） | 史料来源 |
|---|---|---|---|---|
| 12 | 萧孝先 | 契丹 | 太平七年—太平九年（1027—1029 年） | 《辽史·卷十七》,《辽史·卷八十七》 |
| 13 | 萧孝穆 | 契丹 | 太平十年（1030 年） | 《辽史·卷八十七》 |
| 14 | 萧孝穆<br>萧阿姑轸 | 契丹<br>契丹 | 景福元年（1031 年） | 《辽史·卷十八》 |
| 15 | 萧惠 | 契丹 | 重熙元年—重熙二年（1032—1033 年） | 《辽史·卷十八》,《辽史·卷十九》,《辽史·卷二十》,《辽史·卷四十八》,《辽史·卷九十三》 |
| 16 | 萧朴（萧普古） | 契丹 | 重熙三年（1034 年） | 《辽史·卷十八》,《辽史·卷八十》 |
| 17 | 萧孝忠 | 契丹 | 重熙八年—重熙十一年（1039—1042 年） | 《辽史·卷十八》,《辽史·卷八十一》 |
| 18 | 耶律侯哂 | 契丹 | 重熙十二年—重熙十三年（1043—1044 年） | 《辽史·卷十九》,《辽史·卷九十二》 |
| 19 | 耶律吾扎 | 契丹 | 重熙十四年—重熙十五年（1045—1046 年） | 《契丹国志·卷八》 |
| 20 | 萧塔列葛 | 奚❶ | 重熙十八年（1049 年） | 《辽史·卷二十》,《辽史·卷八十五》 |
| 21 | 萧塔列葛<br>萧孝友<br>萧阿剌（萧知足）❷ | 奚<br>契丹<br>契丹 | 重熙十九年—重熙二十年（1050—1051 年） | 《辽史·卷二十》,《辽史·卷八十五》<br>《辽史·卷二十》,《辽史·卷二十一》,《辽史·卷八十七》<br>《辽史·卷九十》,《辽史·卷一一三》,《萧德温墓志》、《萧莹墓志》 |
| 22 | 耶律仁先 | 契丹 | 重熙二十一年—清宁元年（1052—1055 年） | 《辽史·卷十九》,《辽史·卷二十》,《辽史·卷二十一》,《辽史·卷九十》,《辽史·卷九十六》,《耶律仁先墓志铭》 |
| | 萧孝友 | 契丹 | 清宁元年—清宁二年（1055—1056 年） | 《辽史·卷二十》,《辽史·卷二十一》,《辽史·卷八十七》 |

❶ 蔡美彪．辽史两萧塔列葛传辨析 [M]. 蔡美彪．辽金元史考索 [M]. 北京：中华书局，2012：82.

❷ 向南，张国庆，李宇峰．辽代石刻文续编 [M]. 沈阳：辽宁人民出版社，2010：243.

续表

| 序号 | 姓名 | 民族 | 任职时间（公元） | 史料来源 |
|---|---|---|---|---|
| 23 | 耶律贴不 | 契丹 | 清宁三年—清宁五年（1057-1059） | 《辽史·卷二十一》 |
| | 萧阿剌（萧知足） | 契丹 | 清宁六年—清宁七年（1060—1061年） | 《辽史·卷九十》,《辽史·卷一一三》,《萧德温墓志》、《萧莹墓志》 |
| 24 | 耶律阿琏（耶律弘世）[1] | 契丹 | 至大安三年（1087年） | 《辽史·卷六十四》,《皇弟秦越国王耶律弘世墓志》 |
| 25 | 耶律呕里思 | 契丹 | 道宗朝寿昌二年前（1096年前） | 《辽史·卷八十一》,《皇弟妻秦越国妃萧氏墓志》、《耶律弘世妻秦越国妃萧氏墓志铭》 |
| 26 | 耶律何鲁扫古 | 契丹 | 寿隆（昌）五年—寿隆（昌）六年（1099—1100年） | 《辽史·卷二十六》,《辽史·卷九十四》 |
| 27 | 耶律淳 | 契丹 | 乾统三年—乾统六年（1103—1106年） | 《辽史·卷二十七》 |
| 28 | 萧保先 | 契丹 | 天庆四年—天庆六年（1114—1116年） | 《辽史·卷二十八》 |
| 29 | 耶律和鲁斡 | 契丹 | 天祚帝期间 | 《义和仁寿皇太叔祖哀册乾统十年》 |

## 第三节 辽代中京留守考补

学术界对辽中京留守考证成果不多，仅有如下三个。

吴廷燮认为有21人担任过中京留守，即室昉、王继忠、韩制心、宗业、萧敌烈、萧滴洌、侯古、耶律良、萧素飒、耶律白、耶律宜新、耶律乙辛、萧吐浑、邢熙年、耶律慎思、窦景庸、贾世勋、韩资让、牛温舒、耶律那也、大公鼎。[2]

杨若薇认为担任中京留守共计24人，分别是王继忠、韩制心、耶律宗业、武白、

[1] 盖之庸．内蒙古辽代石刻文研究·皇弟秦越国王耶律弘世墓志 [M]. 呼和浩特：内蒙古大学出版社，2002：261.

[2] 吴廷燮．辽方镇年表 [M]// 金毓黻．辽海丛书第一册．沈阳：辽沈书社，1984：39-78.

萧敌烈、萧滴冽、耶律贴不、耶律侯古、韩迴、萧素飒、耶律白、耶律宜新、刘云、耶律乙辛、萧吐浑、邢熙年、耶律慎思、窦景庸、贾师训、韩资让、牛温舒、耶律那也、刘霄、大公鼎。❶

项春松汇总了中京留守和中京副留守共计 31 人，依次为耶律拔里得、张干、王继忠、韩制心、武白、牛温舒、耶律乙辛、耶律那也、萧滴冽（敌烈）、韩迴、窦景庸、刘伸、大公鼎、马渊、萧吐浑、赵延寿、室昉、耶律宗业、仇道衡、耶律贴不、刘霄、耶律侯古、萧素飒、耶律白、耶律宜新、刘云、刑熙年、耶律慎思、韩资让、牛铉、贾师训。❷

康鹏在《辽代地方要员选任方式浅议》中参考吴廷燮的《辽方镇年表》和杨若薇的《契丹王朝政治军事制度研究》的"附录三《辽五京留守年表》"，并根据文献资料及新出土墓志作了若干修正、补充，认为中京留守有 23 人，但没有列出具体名单。❸

刘文静在《以陪都留守为核心的中国古代陪都官制演变初探》一文中"附表一辽朝陪都留守人员一览表"列出有 28 人任过中京留守：耶律宗业、萧查剌、赵延寿、麻荅、室昉、王继忠、韩制心、汉王贴不、侯古、萧素讽、耶律白、耶律宜新、耶律乙辛、邢熙年、耶律慎思、韩资让、牛温舒、耶律拔里得、武白、萧敌烈、耶律那也、萧滴冽、窦景庸、耶律伊逊、张幹、汉王特布、萧吐浑、耶律慎思。❹

综合学界最新研究成果，其中 5 人恐不应列入，具体如下：

**赵延寿** 《辽史・百官志四》"中京留守司"载："太宗大同元年命赵延寿为中京

---

❶ 杨若薇．契丹王朝政治军事制度研究 [M]．北京：中国社会科学出版社，1991：286−292.

❷ 项春松．辽代历史与考古 [M]．呼和浩特：内蒙古人民出版社，1996：70.

❸ 康鹏．辽代地方要员选任方式浅议 [M]// 中国社会科学院历史研究所隋唐宋辽金元史研究室．隋唐辽宋金元史论丛（第四辑）．上海：上海古籍出版社，2014：295.

❹ 刘文静．以陪都留守为核心的中国古代陪都官制演变初探 [D]．沈阳．辽宁大学，2016：48.

留守，治镇州。”[1] 太宗大同元年（947 年）曾在镇州（治真定，今河北正定）短暂建立过一个中京。是年，太宗灭晋，“升镇州为中京。以赵延寿为大丞相兼政事令、枢密使、中京留守”。[2] 据说中京的建立是出于太宗“以备巡幸”的需要。[3] 此后不久，迫于当地汉人的反抗，契丹很快退回燕云地区，镇州之中京仅存在了短短几个月时间。[4] 需要说明的是，镇州中京不是后来的中京大定府。所以，赵延寿曾担任的“中京留守”应排除。

**耶律拔里得** 《辽史 · 皇族表》载：“中京留守拔里。”[5] 按卷七六《本传》作拔里得。[6] 耶律拔里得与麻荅为同一人。[7]《辽史 · 耶律拔里得列传》载：“耶律拔里得，字孩邻，太祖弟剌葛之子……世宗即位，迁中京留守，卒。”[8]《契丹国志 · 麻荅传》载：“麻荅，太宗之从弟也……太宗南入大梁，以麻荅为安国节度使，又以为中京留守。”[9] 根据《辽史》和《契丹国志》所载，拔里得为辽太宗伐后晋石重贵（即石敬瑭之侄）的主要参与者，灭后晋后，拔里得以安国节度使留守部分原晋地，太宗率大部契丹兵北还。契丹军队北撤后，原晋地的州郡多叛契丹而从后汉刘知远，拔里得不得已弃已占领的后晋地。[10] 如果麻荅能与杜重威结成稳固的同盟，恐怕足以与后

---

[1] 脱脱 . 辽史 · 卷四十八 · 百官志四 [M]. 北京：中华书局，1974：804.

[2] 脱脱 . 辽史 · 卷四 · 本纪太宗下 [M]. 北京：中华书局，1974：59.

[3] 脱脱 . 辽史 · 卷四 · 本纪太宗下 [M]. 北京：中华书局，1974：60.

[4] 康鹏 . 辽代五京体制研究 [D]. 北京 . 北京大学，2007：96.

[5] 脱脱 . 辽史 · 卷六十六 · 皇族表 [M]. 北京：中华书局，1974：1019.

[6] 脱脱 . 辽史 · 卷六十六 · 皇族表 · 校勘记十六条 [M]. 北京：中华书局，1974：1026.

[7] 王民信 .《辽史》里的麻答是谁？[M]// 王民信 . 王民信辽史研究论文集 . 台北：台湾大学出版中心，2010：55-63；原载于宋德金，景爱，穆连木，史金波 . 辽金西夏史研究 [M]// 天津：天津古籍出版社，1997：29-36；盖之庸 . 内蒙古辽代石刻文研究 [M]. 呼和浩特：内蒙古大学出版社，2002：404-406.

[8] 脱脱 . 辽史 · 卷七十六 · 耶律隆先列传 [M]. 北京：中华书局，1974，1246.

[9] 叶隆礼 . 契丹国志 · 卷十七 · 麻答传 [M]. 上海：上海古籍出版社，1985：100.

[10] 盖之庸 . 内蒙古辽代石刻文研究 [M]. 呼和浩特：内蒙古大学出版社，2002：406.

汉抗衡。但麻答实不堪用，有负所托。史称其人“贪猾残忍，民间有珍货、美妇女，必夺取之。又捕村民，诬以为盗，披面、抉目、断腕、焚炙而杀之，欲以威众。常以其具自随，左右悬人肝、胆、手、足，饮食起居于其间，语笑自若”。[1] 由此可知，耶律拔里得所迁中京留守实为“留守大梁”，不是辽中京，故此将耶律拔里得所任之留守排除。

**室昉** 《辽史·圣宗纪四》载：“（统和十二年）辛酉，南院枢密使室昉为中京留守，加尚父。”[2]《辽史·百官志四》亦载：“圣宗统和十二年，命室昉为中京留守，治大定府。”[3]《辽史·室昉列传》亦云：“（室昉）病剧，遣翰林学士张干就第授中京留守。”[4] 自钱大昕以来，学术界多以为“中京”系“南京”之误。余蔚撰文指出，留守可遥授[5]。因此，统和十二年（994年），室昉被任命为中京留守系遥授，且本书研究的中京留守为辽确定中京的统和二十五年（1007年）之后，所以将室昉所遥授中京留守排除在外。

**张干** 《辽史·室昉列传》载：“上以昉年老苦寒，赐貂皮衾褥，许乘辇入朝。病剧，遣翰林学士张干就第授中京留守，加尚父。”[6] 如同室昉遥授中京留守一样，张干任职中京留守亦属于遥授，并非实任。

**耶律和鲁斡** 学者由《义和仁寿皇太叔祖哀册乾统十年》册文“临潢天府，云中帝城，辽阳奥壤，燕台翼京，以棼以判，爰肃爰清”推断，耶律和鲁斡似乎还任

---

❶ 司马光．资治通鉴·卷二八七·后汉纪二[M]. 北京：中华书局，1956：9370.

❷ 脱脱．辽史·卷十三·圣宗纪四[M]. 北京：中华书局，1974：145.

❸ 脱脱．辽史·卷四十八·百官志四[M]. 北京：中华书局，1974：804.

❹ 脱脱．辽史·卷七十九·室昉列传[M]. 北京：中华书局，1974：1272.

❺ 余蔚．论辽代府州遥领制度[M]//历史地理（第二十三辑）. 上海：上海人民出版社，2008：

❻ 脱脱．辽史·卷七十九·室昉列传[M]. 北京：中华书局，1974：1272.

过中京留守或西京留守。❶“云中”为地名，指唐代云中郡，即山西大同，故此应以西京为是，所以确定耶律和鲁斡担任的是西京留守而不是中京留守。

综合学界最新研究成果，曾任职辽中京留守者，在现有基础上恐需要增加2人，具体如下。

**耶律奴** 石金民、于泽民在《契丹小字〈耶律奴墓志铭〉考释》一文中指出：耶律奴于大康二年（1076年）夏曾出使宋国，后又拜中京留守。耶律奴于寿昌四年（1098年）十二月四日病故于某山某地之公署❷。由此判断，大康二年—寿昌四年（1076—1098年），耶律奴曾任中京留守若干年。

**韩昌（韩雱金、耶律遂正）** 契丹名“何你”，契丹字“韩宁”，即《辽史》上的“韩雱金”❸、“遂正”。韩昌在圣宗统和年间入朝为官，《墓志》载：“初授卫将军，次硬寨将军。因精诚能事，受圣宗赏识，升任契丹户部使兼飞龙院事，转任知上京副留守，寻授北院宣徽使，转南面都部署。权东京留守、上京留守、中京留守……入授枢密副使，再任南面都部署。”❹即韩昌曾任中京留守，但具体时间不详。

此外，（同）知中京留守有梁援、耶律良、耶律处廉、耶律野、梁颖；中京副留守有马渊、仇道衡、梁君瑜、左企弓；中京留守推官有刘云（也有推测当时刘云或

---

❶ 盖之庸. 内蒙古辽代石刻文研究·义和仁寿皇太叔祖哀册[M]. 呼和浩特：内蒙古大学出版社，2002：344；刘凤翥，唐彩兰，青格勒. 辽上京地区出土的辽代碑刻汇辑·汉字义和仁寿皇太叔祖耶律弘本哀册文乾统十年[M]. 北京：社会科学文献出版社，2009：254；向南，张国庆，李宇峰. 辽代石刻文续编·义和仁寿皇太叔祖哀册[M]. 沈阳：辽宁人民出版社，2010：272-273.

❷ 石金民，于泽民. 契丹小字《耶律奴墓志铭》考释[J]. 民族语文，2001（2）：63.

❸ 刘凤翥，唐彩兰，青格勒. 辽上京地区出土的辽代碑刻汇辑[M]. 北京：社会科学文献出版社，2009：370-371.

❹ 刘凤翥，唐彩兰，青格勒. 辽上京地区出土的辽代碑刻汇辑·耶律（韩）遂正墓志铭太平七年[M]. 北京：社会科学文献出版社，2009：15-16；刘凤翥，青格勒. 辽代《韩德昌墓志铭》和《耶律（韩）高十墓志铭》考释[M]// 刘凤翥，唐彩兰，青格勒. 辽上京地区出土的辽代碑刻汇辑. 北京：社会科学文献出版社，2009：380-395；向南，张国庆，李宇峰. 辽代石刻文续编·耶律遂正墓志[M]. 沈阳：辽宁人民出版社，2010：68-70.

为中京留守)[1]、贾师训[2]。上述留守属于留守副职或只负责某一方面的工作，不包括在本书的研究范围之内。权（摄）中京留守则有武白、牛温舒；权中京副留守为刘伸。这里的“权”字表明这些留守是暂时任职，与正式任命的留守不同，本书也不包括。

辽代中京留守简表如表 3–3 所示。

表 3-3 辽代中京留守简表

| 序号 | 姓名 | 民族 | 任职时间（公元） | 史料来源 |
|---|---|---|---|---|
| 1 | 王继忠 | 汉 | 开泰二年—开泰五年（1013—1016 年） | 《辽史・卷十五》,《辽史・卷八十一》 |
| 2 | 韩制心（耶律制心、耶律遂贞） | 汉 | 开泰八年（1019 年） | 《辽史・卷十六》,《辽史・卷八十二》 |
| 3 | 耶律宗业 | 契丹 | 开泰八年—太平二年（1019—1022 年） | 《辽史・卷十六》,《契丹国志・卷十八》,《契丹风俗》 |
| 4 | 萧敌烈（萧恭）[1] | 契丹 | 太平六年—太平八年（1026—1028 年） | 《辽史・卷八十八》 |
| 5 | 韩昌（韩雱金、耶律遂正） | 汉 | 圣宗年间 | 《耶律遂正墓志铭》 |
| 6 | 萧滴冽 | 契丹 | 重熙十四年—重熙十九年（1045—1050 年） | 《辽史・卷九十五》 |
| 7 | 耶律贴不 | 契丹 | 重熙十九年（1050 年） | 《辽史・卷二十》 |

[1] 李宇峰，李广奇．辽贾师训墓志考释 [M]// 辽金历史与考古第八辑．北京：科学出版社，2017：329.

[2] 陈述．全辽文 [M]. 北京：中华书局，1982：253；向南．辽代石刻文编・贾师训墓志寿昌二年 [M]. 石家庄：河北教育出版社，1995：478.

[1] 史风春．辽朝天祚帝后妃世系考 [D]. 北京：中央民族大学，2010：132.

续表

| 序号 | 姓名 | 民族 | 任职时间（公元） | 史料来源 |
| --- | --- | --- | --- | --- |
| 8 | 耶律侯古（耶律宗愿）❶ | 契丹 | 清宁元年—清宁四年（1055—1059 年） | 《辽史·卷二十一》，《耶律宗愿墓志》 |
| 9 | 韩迥 | 汉 | 咸雍三年（1067 年） | 《使辽语录》 |
| 10 | 萧素飒 | 契丹 | 咸雍四年—咸雍五年（1068—1069 年） | 《辽史·卷二十二》 |
| 11 | 耶律白 | 契丹 | 咸雍六年（1070 年） | 《辽史·卷二十二》 |
| 12 | 耶律宜新 | 契丹 | 咸雍九年（1073 年） | 《辽史·卷二十三》 |
| 13 | 耶律乙辛 | 契丹 | 大康二年（1076 年） | 《辽史·卷二十三》 |
| 14 | 萧吐浑 | 契丹 | 大康四年（1078 年） | 《辽史·卷一〇五》 |
| 15 | 邢熙年 | 汉 | 大安元年—大安三年（1085—1087 年） | 《辽史·卷二十四》 |
| 16 | 耶律慎思 | 契丹 | 大安四年—大安六年（1088—1090 年） | 《辽史·卷二十五》 |
| 17 | 窦景庸 | 渤海❷ | 大安七年—大安九年（1090—1093 年） | 《辽史·卷九十七》 |
| 18 | 贾师训❸ | 汉 | 大安十年—寿隆二年（1094—1096 年） | 《辽史·卷二十五》,《贾师训墓志》、《故同中书门下平章事致仕侍中贾公墓志》 |
| 19 | 韩资让 | 汉 | 寿隆二年—寿隆三年（1096—1097 年） | 《辽史·卷二十六》 |

❶ 盖之庸．辽耶律宗愿墓志考释 [J]. 中国历史文物，2002（3）：54；盖之庸．内蒙古辽代石刻文研究·耶律宗愿墓志 [M]. 呼和浩特：内蒙古大学出版社，2002：228–229；杨杰．乌日根塔拉辽墓出土的契丹小字墓志铭再考 [J]. 西北民族研究，2003（4）：69；刘凤翥，唐彩兰，青格勒．辽上京地区出土的辽代碑刻汇辑·耶律宗愿墓志铭 [M]. 北京：社会科学文献出版社，2009：189；向南，张国庆，李宇峰．辽代石刻文续编·耶律宗愿墓志 [M]. 沈阳：辽宁人民出版社，2010：150.

❷ 王善军．辽代世家大族研究 [D]. 保定：河北大学，2001：46–47；王善军．辽代渤海世家大族考述 [J]. 民族研究，2006（3）：64–65.

❸ 贾师训，《辽史》写作贾士训，见脱脱．辽史·卷二十五·道宗纪五·校勘记 [M]. 北京：中华书局，1974：304；应据《贾师训墓志》改为贾师训；张国庆．论辽代石刻在疏证《辽史》中的作用——兼评向南先生《辽代石刻文编》[J]. 社会科学辑刊，1995（5）：99.

续表

| 序号 | 姓名 | 民族 | 任职时间（公元） | 史料来源 |
|---|---|---|---|---|
| 20 | 耶律奴 | 契丹 | 大康二年—寿昌四年（1076—1098 年） | 《耶律奴墓志铭》 |
| 21 | 耶律那也 | 契丹 | 乾统六年（1106 年） | 《辽史·卷九十四》 |
| 22 | 刘霄 | 汉 | 天庆元年（1111 年） | 《元好问全集·卷二十九》,《显武将军吴君阡表》,《金史·卷七十八》 |
| 23 | 大公鼎 | 渤海 | 天庆七年—保大元年（1117—1121 年） | 《辽史·卷一〇五》 |

## 第四节　辽代南京留守考补

当前学术界对南京留守考证成果较多。

吴廷燮考证有 30 人出任南京留守，即赵思温、赵延寿、刘晞、萧牒蜡、娄国、萧思温、高勋、韩匡嗣、韩德让、耶律道隐、耶律休哥、耶律隆祐、梁国王隆庆、马廷熙、韩制心、萧孝穆、萧惠、马保忠、耶律宗范、萧孝先、耶律吴哥、耶律重元、陈留、耶律明、萧惟信、耶律仁先、耶律坦、特末、和鲁斡、耶律淳。❶

王玲汇总了曾任南京留守 20 人名单，即赵延寿、牒葛、萧思温、高勋、室昉、韩匡嗣、耶律休哥、耶律隆祐、耶律隆庆、韩制心、萧孝穆、萧惠、马保忠、耶律重元、萧孝先、耶律仁先、萧唯信、耶律特末、萧德里底、和鲁斡。❷

王玲在《北京通史·辽代》中又重新汇总南京留守的任职人员名单，分别是赵延寿、耶律牒蜡、耶律娄国、萧思温、高勋、韩匡嗣、刘守敬、刘景、室昉、韩德让、马得臣、耶律道隐、耶律休哥、耶律隆庆、耶律吴哥、韩制心、萧孝穆、萧

❶ 吴廷燮．辽方镇年表 [M]. 金毓黻．辽海丛书第一册 [M]. 沈阳：辽沈书社，1984：39-78.

❷ 王玲．辽代燕京与契丹社会发展 [M]// 陈述．辽金史论集（第一辑）．上海：上海古籍出版社，1987：171.

惠、马保忠、萧孝先、耶律重元、萧塔烈哥、耶律陈留、耶律仁先、萧惟信、耶律和鲁斡、刘伸、耶律那也、耶律坦、邢希古、耶律颇的、萧得里底、耶律淳，共计33人。❶

杨若薇对27位南京留守分别做了考证，他们是赵思温、赵延寿、刘晞、赵延寿、耶律牒（虫葛）、耶律娄国、萧海贞、萧思温、高勋、韩匡嗣、韩德让、耶律道隐、耶律休哥、耶律隆祐、耶律隆庆、马廷熙、韩制心、萧孝穆、耶律宗范、萧孝先、耶律吴哥、耶律重元、耶律明、萧惟信、耶律仁先、耶律和鲁斡、耶律淳。❷

项春松汇总了40位南京留守（副）简表，具体为赵思温、赵延寿、刘晞、萧思温、高勋、韩匡嗣、韩德让、耶律道隐、耶律休哥、耶律隆庆、马廷熙、韩制心、萧孝穆、马保忠、耶律宗范、萧孝先、耶律吴哥、耶律重元、耶律明、耶律仁先、耶律和鲁斡、耶律淳、耶律觌烈、室昉、马得臣、萧阳阿、刘守敬、刘景、萧维信、刘伸、大公鼎、耶律娄国、萧海贞、耶律牒腊、耶律隆祐、萧惠、耶律陈留、耶律割烈（萧割烈）、王泽、韩知古。❸

康鹏博士论文《辽代五京体制研究》中“表2–1 南京留守年表”列举了24任南京留守名单，分别是赵思温、赵延寿、刘晞、耶律牒蜡、耶律娄国、马廷熙、赵延祚、萧思温、高勋、韩匡嗣、耶律道隐、耶律休哥、耶律隆庆、耶律吴哥、韩制心、萧孝穆、萧孝先、耶律重元、耶律宗范、耶律明、萧惟信、耶律仁先、耶律和鲁斡、耶律淳。❹

李谷城的《辽代南京留守研究》“附录一新编辽代南京留守表”（辽太宗天显

---

❶ 王玲．北京通史（第三卷）[M]. 北京：北京燕山出版社，1990：50–53.

❷ 杨若薇．契丹王朝政治军事制度研究 [M]. 北京：中国社会科学出版社，1991：286–292.

❸ 项春松．辽代历史与考古 [M]. 呼和浩特：内蒙古人民出版社，1996：87.

❹ 康鹏．辽代五京体制研究 [D]. 北京：北京大学，2007：20–22；康鹏．辽代地方要员选任方式浅议 [M]// 中国社会科学院历史研究所隋唐宋辽金元史研究室．隋唐辽宋金元史论丛（第四辑）. 上海：上海古籍出版社，2014：296.

十一年至天祚帝保大二年，936—1122年）是研究辽代南京留守的最新成果，作者认为辽代南京留守有27任，他们是赵思温、赵延寿、刘晞、耶律牒蜡、耶律娄国、马廷熙、萧思温、高勋、韩匡嗣、韩德让、耶律道隐、耶律休哥、耶律隆庆、吴哥洪隐、韩制心、萧孝穆、萧惠、马保忠、耶律宗范、萧孝先、耶律重元、耶律和鲁斡、耶律明、萧惟信、耶律仁先、耶律洪道、耶律淳。[1]

刘文静《以陪都留守为核心的中国古代陪都官制演变初探》一文中“附表一辽朝陪都留守人员一览表”，列出有27人曾任南京留守，分别是耶律道隐、萧孝穆、韩匡嗣、耶律休哥、赵思温、耶律明、耶律洪道、韩德让（又称耶律隆运）、赵延寿、萧思温、耶律牒蜡、高勋、于越休哥、耶律隆庆、韩制心、马保忠、萧孝先、萧陈留、萧惟信、耶律仁先、和鲁斡、耶律淳、马廷煦、耶律类国、耶律重元、裕悦休格、弟迪里。[2]

在上述诸家所举南京留守中，有七人恐不应列入，具体如下：

**赵思温** 《辽史·赵思温列传》《全辽文·赵匡禹墓志铭》和《秋涧先生大全文集·卢龙赵氏家传》都记载了赵思温在天显十一年（936年）到天显十二年（937年）间担任南京留守。齐作声在《辽代墓志疏证·赵匡禹墓志铭》疏证中也认为他出任燕京留守行幽都府尹。[3]但辽南京析津府建立于会同元年（938年），所以赵思温担任的不是南京留守，而是“兼侍中行幽都尹”的幽州留守。[4]

**陈留** 即耶律陈留，应为萧陈留。[5]《辽史·道宗纪一》载：“清宁元年……以上京留守宿国王陈留为南京留守。”[6]由《校勘记》可知此南京为东京之讹。[7]所以，在

---

[1] 李谷城．辽代南京留守研究[M]. 北京：中国社会科学出版社，2013：289-307.

[2] 刘文静．以陪都留守为核心的中国古代陪都官制演变初探[D]. 沈阳：辽宁大学，2016：48.

[3] 齐作声．辽代墓志疏证·赵匡禹墓志铭[M]. 沈阳：沈阳出版社，2010：183.

[4] 陈述．全辽文[M]. 北京：中华书局，1982：373-374.

[5] 王善军．耶律乙辛集团与辽朝后期的政治格局[J]. 学术月刊，2008（2）：134.

[6] 脱脱．辽史·卷二十一·道宗纪一[M]. 北京：中华书局，1974：252.

[7] 脱脱．辽史·卷二十一·道宗纪一·校勘记[M]. 北京：中华书局，1974：259.

《辽方镇年表》中认为陈留担任南京留守可以排除。

**吴王隆祐（耶律隆祐）** 吴廷燮、杨若薇、项春松认为吴王隆祐（耶律隆祐）曾担任南京留守，但《辽史》所记“留守京师”[1]应指辽上京，而不是辽南京。王青煜、敖力布考证指出：吴王隆祐（耶律隆祐）实为耶律隆裕，他没有担任过南京留守，而是上京留守。[2]故此排除吴王隆祐（耶律隆祐）曾任南京留守。

**耶律䫻烈** 《辽史·耶律䫻列传》载：“天显二年，留守南京，十年卒。”[3]此记载是不准确的。这里所记的南京，并不是指辽南京析津府，而应是指后来的东京辽阳府。因南京析津府是太宗从后晋石敬瑭手中得到的，时间较晚。耶律䫻烈所任留守的南京应是东丹国南京而非契丹东京。[4]

**韩知古** 《辽史·韩知古列传》没有记述其担任过南京留守。[5]天显十三年即会同元年（938年），韩知古任上京临潢府留守，并卒于任所。[6]所以，韩知古没有担任过南京留守。

**耶律割烈（萧割烈）** 耶律割烈即萧割烈，或萧挞凛，又名闼览、讫烈、割烈。[7]

---

❶脱脱.辽史·卷十四·圣宗纪五[M].北京：中华书局，1974：156；脱脱.辽史·卷十五·圣宗纪六[M].北京：中华书局，1974：168.

❷王青煜，敖力布.耶律隆祐与耶律隆裕考[M]//姜锡东.宋史研究论丛（第十一辑）.保定：河北大学出版社，2010：153.

❸脱脱.辽史·卷七十五·耶律䫻烈列传[M].北京：中华书局，1974：1237.

❹刘浦江.再谈“东丹国”国号问题[J].中国史研究，2008（1）：95.

❺脱脱.辽史·卷七十四·韩知古列传[M].北京：中华书局，1974：1233.

❻王民信.《辽史·韩知古列传》及其世系补证[M].王民信.契丹史论丛[M].新北：学海出版社，1973：120.

❼蔡美彪.辽代后族与辽季后妃三案[J].历史研究，1994（2）：53-54；魏奎阁，袁海波.辽外戚萧阿古只家族世系新补——兼论与阜新的密切关系[J].辽海文物学刊，1995（2）：65，67.

《秦晋国妃墓志铭》载："故燕京留守衙内都指挥使驸马都尉讳劀烈。"[1] 他所任职务为"燕京留守衙内都指挥使"而非南京留守，故此排除。

**室昉** 由《辽史·室昉列传》可知，他曾担任南京留守判官、南京副留守,《传》又载："遣翰林学士张干就第授中京留守。"[2]"中京留守"一职《校勘记》改为"南京留守"[3]，但室昉临终前所授南京留守是虚衔。[4]

在现有研究基础上相互比较，曾任职辽南京留守恐需要增加二人，具体如下：

**赵延祚** 萧启庆最早考证《卢龙赵氏家传》，发现赵延祚也曾被任命为南京留守，王善军、康鹏和顾宏义都表赞同[5]，但任职时间仅能推定在辽穆宗应历中。[6]

**耶律洪道** 李谷城认为耶律洪道于道宗大康元年（1075 年）曾任南京留守，且怀疑耶律洪道与耶律阿琏为同一人。[7]

此外，现有研究认为，大公鼎、刘景、马得臣、吴浩、室昉、刘诜（刘伸）[8]、

---

[1] 陈述．全辽文 [M]. 北京：中华书局，1982：193；向南．辽代石刻文编·秦晋国妃墓志 [M]. 石家庄：河北教育出版社，1995：340；刘凤翥，唐彩兰，青格勒．辽上京地区出土的辽代碑刻汇辑·秦晋国妃墓志铭 [M]. 北京：社会科学文献出版社，2009：205.

[2] 脱脱．辽史·卷七十九·室昉列传 [M]. 北京：中华书局，1974：1272.

[3] 脱脱．辽史·卷七十九·校勘记条二 [M]. 北京：中华书局，1974：1275.

[4] 李逸友，李宁．辽中京为后期首都说的商榷 [M]//《中国古都研究》编委会．中国古都研究（第十八辑上册）——中国古都学会 2001 年年会暨赤峰辽王朝故都历史文化研讨会论文集．香港：国际华文出版社，2001：181.

[5] 王恽．秋涧先生大全文集·四部丛刊初编缩本 [M]. 北京：商务印书馆，1936；萧启庆．汉人世家与边族政权——以辽朝燕京五大家族为中心 [M]// 宋史座谈会．宋史研究集（第 27 辑）．台北："国立编译馆"，1997：513；王善军．辽代世家大族研究 [D]. 保定：河北大学，2001：66；康鹏．辽代五京体制研究 [D]. 北京：北京大学，2007：20；顾宏义．辽宫英后：细说萧太后 [M]. 上海：人民美术出版社，2007：80；王善军．世家大族与辽代社会 [M]. 北京：人民出版社，2008：128.

[6] 康鹏．辽代五京体制研究 [D]. 北京：北京大学，2007：20.

[7] 李谷城．辽代南京留守研究 [M]. 北京：中国社会科学出版社，2013：69-70.

[8] 向南．辽代石刻文编 [M]. 石家庄：河北教育出版社，1995：322；李桂芝．辽朝进士杂考 [J]. 学习与探索，2009（2）：218.

刘守敬、王泽、邓中举[1]、时立爱出任南京副留守；萧保先、萧得（德）里底、杨佶、耶律铎鲁斡、耶律敌烈、耶律慎思、萧塔列葛、耶律颇的、萧奉先、耶律坦、特末、耶律仁先、邢希古担任过同知南京留守事；田颢、萧滴洌、耶律玦担任过同签南京留守事，这些留守属于留守副职或只负责某一方面的工作，故不包括在本书的研究范围之内。与此同时还有萧惠、萧阳阿、马保忠任权南京留守，韩德让曾一度任权知南京留守事，这里的“权”字表明这些留守是暂时任职，与正式任命的留守不同，故本书也不包括。

辽代南京留守简表如表 3-4 所示。

表 3-4　辽代南京留守简表

| 序号 | 姓名 | 民族 | 任职时间（公元） | 史料来源 |
|---|---|---|---|---|
| 1 | 赵延寿 | 汉 | 会同元年—天禄二年（938—948 年） | 《辽史·卷四》,《辽史·卷五》,《辽史·卷七十六》 |
| 2 | 刘晞 | 汉 | 会同十年（947 年） | 《旧五代史·卷九十八》,《资治通鉴·卷二八六》 |
| 3 | 耶律牒蜡[2] | 契丹 | 天禄二年—应历元年（948—951 年） | 《辽史·卷五》,《辽史·卷一一三》,《李内贞墓志》 |
| 4 | 萧海贞 | 契丹 | 应历元年（951 年） | 《辽史·卷六》 |
| 5 | 耶律娄国 | 契丹 | 天禄五年—应历二年（951—952 年） | 《辽史·卷六》,《辽史·卷一一二》,《故金尚书右丞耶律公神道碑》,《中书令耶律公神道碑》 |

---

[1] 向南．辽代石刻文编·邓中举墓志 [M]. 石家庄：河北教育出版社，1995：488.

[2] 耶律牒蜡，又作耶律牒葛、耶律牒蝎、耶律敌猎、耶律敌烈等，《辽方镇年表》记为萧牒蜡，本书均写作耶律牒蜡。《辽史·卷一一三·耶律牒蜡列传》载其职位由“中台省右相”（天显中），因功获辽世宗“封燕王，为南京留守”；《辽史·卷五·世宗纪》载：世宗天禄二年（948）……“以中台省右相牒蝎为南京留守，封燕王”。两处所载史实相同，故耶律牒蜡与耶律牒蝎应为同一人。又《辽史·卷一一二·耶律娄国列传》作“敌烈”。因读音及史实相同，故耶律敌烈应为耶律牒蜡的又一种写法。再如《辽史·卷六·穆宗纪上》“二年秋七月……林牙敌烈……谋乱，就执”，六处写作“敌烈”。为免混淆，以后再有类似情况出现之时，除非引文，均写作“牒蜡”。

续表

| 序号 | 姓名 | 民族 | 任职时间（公元） | 史料来源 |
|---|---|---|---|---|
| 6 | 马廷熙 | 汉 | 应历三年—应历六年（953—956 年） | 《辽史·卷一〇五》 |
| 7 | 萧思温 | 契丹 | 应历七年—应历十一年（957—961 年） | 《辽史·卷六》,《辽史·卷七十八》,《辽史·卷八十六》 |
| 8 | 高勋 | 汉 | 应历十三年—保宁三年（963—971 年） | 《辽史·卷六》,《辽史·卷七》,《辽史·卷八十五》,《王守谦墓志》,《重修范阳白带山云居寺碑》,《续资治通鉴·卷八》 |
| 9 | 赵延祚 | 汉 | 应历中 | 《秋涧先生大全集·卷四十八》《卢龙赵氏家传》 |
| 10 | 韩匡嗣 | 汉 | 保宁三年—乾亨元年（971—979 年） | 《辽史·卷九》,《辽史·卷四十》,《辽史·卷七十》,《辽史·卷七十四》,《韩匡嗣墓志》,《韩敌烈墓志》,《耶律元佐墓志》《续资治通鉴·卷六》 |
| 11 | 耶律道隐 | 契丹 | 乾亨元年—统和元年（979—983 年） | 《辽史·卷九》,《辽史·卷十》,《辽史·卷七十二》 |
| 12 | 耶律休哥 | 契丹 | 统和元年—统和十六年（983—998 年） | 《辽史·卷十》,《辽史·卷十一》,《辽史·卷十四》,《辽史·卷八十》,《辽史·卷八十三》,《耶律元妻晋国夫人萧氏墓志》 |
| 13 | 耶律隆庆 | 契丹 | 统和十六年—开泰五年（998—1016 年） | 《辽史·卷十四》,《辽史·卷十五》,《辽史·卷六十四》,《乘轺录》,《契丹国志·卷十四》,《盘山甘泉寺新创净光佛塔记》,《秦晋国妃墓志》 |
| 14 | 吴哥洪隐 | 契丹 | 开泰五年—开泰九年（1016—1020 年） | 《辽史·卷十五》,《辽史·卷六十四》 |
| 15 | 韩制心 | 契丹 | 开泰九年—太平三年（1020—1023 年） | 《辽史·卷十六》,《辽史·卷八十二》,《耿知新墓志》 |
| 16 | 萧孝穆 | 契丹 | 太平三年—太平十年（1023—1030 年） | 《辽史·卷十六》,《辽史·卷十七》,《辽史·卷八十七》 |
| 17 | 耶律宗范 | 契丹 | 太平十一年 / 景福元年（1031 年） | 《契丹国志·卷十八》 |
| 18 | 萧孝穆 | 契丹 | 景福元年—重熙六年（1031—1037 年） | 《辽史·卷十八》,《辽史·卷八十七》,《秦王发愿纪事碑》 |
| 19 | 萧孝先 | 契丹 | 重熙六年—重熙十四年（1037—1045 年） | 《辽史·卷十八》,《辽史·卷八十七》,《耶律元妻晋国夫人萧氏墓志》,《萧和妻秦国太妃墓志》 |

续表

| 序号 | 姓名 | 民族 | 任职时间（公元） | 史料来源 |
|---|---|---|---|---|
| 20 | 耶律宗元❶ | 契丹 | 重熙十四年—清宁二年（1045—1056年） | 《辽史·卷六十四》，《辽史·卷一一二》，《耶律仁先墓志》 |
| 21 | 耶律和鲁斡 | 契丹 | 清宁二年—清宁七年（1056—1061年） | 《辽史·卷二十七》，《辽史·卷三十》，《辽史·卷六十四》，《义和仁寿皇太叔祖哀册乾统十年》 |
| 22 | 耶律明 | 契丹 | 清宁七年—清宁九年（1061—1063年） | 《辽史·卷二十二》，《契丹国志·卷九》 |
| 23 | 萧惟信❷ | 契丹 | 清宁九年—咸雍元年（1063—1065年） | 《辽史·卷二十二》，《辽史·卷九十六》 |
| 24 | 耶律仁先 | 契丹 | 咸雍元年—咸雍八年（1065—1072年） | 《辽史·卷二十二》，《辽史·卷七十》，《辽史·卷九十六》，《耶律仁先墓志》 |
| 25 | 耶律洪道 | 契丹 | 大康元年（1075年） | 《契丹国志·卷十四》 |
| 26 | 耶律和鲁斡 | 契丹 | 寿隆元年—乾统十年（1095—1110年） | 《辽史·卷二十七》，《辽史·卷三十》，《辽史·卷六十四》，《义和仁寿皇太叔祖哀册乾统十年》 |
| 27 | 耶律淳 | 契丹 | 乾统十年—保大二年（1110—1122年） | 《辽史·卷二十七》，《辽史·卷三十》，《大辽燕京天王寺建舍利塔记》 |

❶ 据咸雍八年（1072年）《耶律仁先墓志》："时帝（辽道宗）叔宗元与子涅里骨，恃宠跋厄。"由此墓志可知，耶律重元应作耶律宗元，《辽史》误。详见张国庆．论辽代石刻在疏证《辽史》中的作用——兼评向南先生《辽代石刻文编》[J]．社会科学辑刊，1995（5）：99；肖乃铖．"耶律宗元"在《辽史》中作"耶律重元"考[M]//辽宁省辽金契丹女真史研究会．辽金历史与考古国际学术研讨会论文集（下册）．沈阳：辽宁教育出版社，2012：576-580.

❷《辽史·萧惟信列传》称"萧惟信，字耶宁"。"耶宁"是契丹语名字的"第二个名"。萧惟信的契丹语全名应为"耶宁·乙信"。"乙信"为"乙辛"的同名异译，于义为"寿"。"萧惟信"与"乙信"是同一人，"惟信"是汉名，"乙信"是契丹语名字。"汉字文献在处理契丹人契丹语名字时，往往把'孩子名'处理为'名'，把'第二个名'处理为'字'"。见李俊义，张梦雪．《辽萧德顺墓志铭》考释[J]．中国国家博物馆馆刊，2016（1）：70.

## 第五节 辽代西京留守考补

辽代西京留守考证成果颇丰。

吴廷燮考证认为辽西京留守为 8 人，分别为贴不、秦国王阿琏、萧燕六、耶律燕哥、萧夺剌、萧乙薛、萧查剌、赵王习泥烈。❶

杨若薇则考证有 13 人担任西京留守，分别为耶律马六、耶律贴不、萧滴洌、耶律宗允、耶律合术、耶律阿琏、萧燕六、耶律燕哥、萧夺剌、萧乙薛、萧查剌、耶律习泥烈、苏京。❷

唐统天、刘竞在《辽代的西京》一文中汇总 15 人西京留守名单，分别为耶律马六、耶律贴不、耶律重元、耶律宗允、耶律阿琏、耶律习泥烈、耶律燕哥、萧滴洌、萧夺剌、萧乙薛、合术、萧燕六、萧查剌、苏京、虞仲文。❸

项春松考证西京留守有16人，他们是韩匡嗣、萧夺剌、萧滴洌、刘伸、萧乙薛、萧查剌、耶律燕哥、耶律马六、耶律贴不、耶律合术、耶律阿琏、萧燕六、耶律习泥烈、宁鉴、耶律宗允、苏京。❹

陈福来在其硕士论文附录中也统计了辽代西京留守，共计 15 人，分别为耶律马六、耶律贴不、萧滴洌、耶律宗允、耶律合术、耶律阿琏、萧燕六、耶律燕哥、萧夺剌、萧伊苏、萧乙薛、萧查剌、耶律习泥烈、苏京、韩德凝。❺

---

❶ 吴廷燮 . 辽方镇年表 [M]. 金毓黻 . 辽海丛书第一册 [M]. 沈阳：辽沈书社，1984：39−78.

❷ 杨若薇 . 契丹王朝政治军事制度研究 [M]. 北京：中国社会科学出版社，1991：286−292.

❸ 唐统天，刘竞 . 辽代的西京 [M]// 中国古都学会 . 中国古都研究（第十辑）——中国古都学会第十届年会暨学术研讨会论文集 . 天津：天津人民出版社，1992：146−147.

❹ 项春松 . 辽代历史与考古 [M]. 呼和浩特：内蒙古人民出版社，1996：78.

❺ 陈福来 . 辽金西京研究 [D]. 长春 . 东北师范大学，2007：36.

康鹏在《辽代地方要员选任方式浅议》中参考吴廷燮的《辽方镇年表》和杨若薇《契丹王朝政治军事制度研究》中“附录三辽五京留守年表”，并根据文献资料及新出土墓志作了若干修正、补充认为，西京留守有13人，但没有列出具体名单。❶

刘文静《以陪都留守为核心的中国古代陪都官制演变初探》一文“附表一辽朝陪都留守人员一览表”，列出有20人任西京留守，分别为耶律隆庆、崔廷勋、耶律马六、贴不汉王、吴王贴不、合术、萧燕六、萧乙薛、习泥烈、夺剌、萧滴冽、耶律乙辛、耶律雅克、萧伊实、赵普、耶律玛陆、持布、哈珠、实讷埒、高庆义。❷

在上述诸家所举西京留守中，有3人恐不应列入，具体如下：

**虞仲文** 保大二年（1122年），金军攻陷辽都中京（今内蒙古自治区昭乌达盟宁城大明城），天祚帝迁都西京大同。辽秦晋国王耶律捏里（即耶律淳）在燕京自立为帝，称天锡皇帝，改元建福，从此辽分裂为东辽、西辽。天祚帝仍以西京大同为行都。天锡帝以“虞仲文为参知政事，领西京留守，同中书门下平章事，内外诸军都统”。❸需要注意的是，此西京留守并非出自辽王朝的任命。所以，虞仲文所任“西京留守”应排除。

**崔廷励** 王明荪认为崔廷励在太宗年间任西京留守一年❹，由于本书研究的西京

---

❶ 康鹏．辽代地方要员选任方式浅议 [M]// 中国社会科学院历史研究所隋唐宋辽金元史研究室．隋唐辽宋金元史论丛（第四辑）．上海：上海古籍出版社，2014：296.

❷ 刘文静．以陪都留守为核心的中国古代陪都官制演变初探 [D]. 沈阳．辽宁大学，2016：49.

❸ 脱脱．金史·卷七十五·虞仲文传 [M]. 北京：中华书局，1975：1723；杜成辉．辽代西京文化教育的发展 [J]. 大同职业技术学院学报，2000（4）：22；马晋宜，杜呈辉．辽代艺术大师虞仲文 [J]. 雁北师范学院学报，2002（4）：48；马志强．略论辽代西京的文化教育 [J]. 社会科学战线，2006（3）：147；高福顺．辽朝西京地区官学教育发展探析 [J]. 黑龙江民族丛刊，2007（6）：88.

❹ 王明荪．略论辽代的汉人集团 [M]// 王明荪．宋辽金史论文稿．台北：明文书局，1981：80.

留守指兴宗朝建立西京之后的留守，故崔廷励所任“西京留守”应排除。

**刘晞** 《旧五代史》有传,《传》谓“刘晞者，涿州人也。父济雍，累为本郡诸邑令长。晞少以儒学称于乡里，尝为唐将周德威从事，后陷于契丹，契丹以汉职縻之。天福中，契丹命晞为燕京留守，尝于契丹三知贡举，历官至同平章事兼侍中。随契丹入汴，授洛京留守。”[1] 记文官职与史实相符。刘晞曾任南京留守,《契丹国志》谓“刘晞常为枢密平章事、西京留守”[2] 和《资治通鉴·卷二百八十六》载:“契丹主以前燕京留守刘晞为西京留守。”[3]（胡注:“刘晞者，涿州人，陷虏，历官至平章事兼侍中。”《考异》曰:“《实录》作‘禧’。或云名晞，今从《陷蕃记》”）[4] 此记载错误。[5] 李谷城也认为刘晞未曾担任西京留守。[6] 故刘晞曾任西京留守一事应排除。

据《义和仁寿皇太叔祖哀册乾统十年》册文:“临潢天府，云中帝城，辽阳奥壤，燕台翼京，以嫠以判，爰肃爰清。”推断耶律和鲁斡，字阿辇，汉名弘本[7],《辽史·兴宗纪》又书作“胡卢斡里”[8]，似乎担任过西京留守，但具体时间不详。[9]

---

[1] 薛居正. 旧五代史 [M]. 北京：中华书局，1976：1317.

[2] 叶隆礼. 契丹国志 [M]. 上海：上海古籍出版社，1985：108.

[3] 司马光. 资治通鉴·卷二八六·后汉纪一 [M]. 北京：中华书局，1956：9333.

[4] 孙国军，周峰.《资治通鉴》辽代北京记事辑稿 [J]. 赤峰学院学报，2009（8）：6.

[5] 向南. 辽代石刻文编 [M]. 石家庄：河北教育出版社，1995：5.

[6] 李谷城. 辽代南京留守研究 [M]. 北京：中国社会科学出版社，2013：291−292.

[7] 向南，张国庆，李宇峰. 辽代石刻文续编·耶律弘世墓志大安三年 [M]. 沈阳：辽宁人民出版社，2010：192−193.

[8] 脱脱. 辽史·卷十九·兴宗纪二 [M]. 北京：中华书局，1974：226.

[9] 盖之庸. 内蒙古辽代石刻文研究·义和仁寿皇太叔祖哀册乾统十年 [M]. 呼和浩特：内蒙古大学出版社，2002：344；刘凤翥，唐彩兰，青格勒. 辽上京地区出土的辽代碑刻汇辑·汉字义和仁寿皇太叔祖耶律弘本哀册文乾统十年 [M]. 北京：社会科学文献出版社，2009：254；向南，张国庆，李宇峰. 辽代石刻文续编·义和仁寿皇太叔祖哀册 [M]. 沈阳：辽宁人民出版社，2010：272−273.

西京副留守吕士安[1]、刘诜（刘伸）[2]以及西京留守推官宁鉴，这些属于留守副职或只负责某一方面的工作，不包括在本书的研究范围之内。《辽方镇年表》认为在西京设置之前耶律孔阿、崔廷勋、高勋、阿剌、耶律善朴、化哥、刘景、耶律抹只、邢抱质、耶律化哥、韩德凝、韩匡嗣都担任过留守，李谷城由《契丹国志·卷十四·诸王传·孝文皇太弟》推定，耶律隆庆在统和年间担任西京留守[3]，也不属于本书所要研究的。

辽代西京留守简表如表 3-5 所示。

表 3-5　辽代西京留守简表

| 序号 | 姓名 | 民族 | 任职时间（公元） | 史料来源 |
|---|---|---|---|---|
| 1 | 耶律马六 | 契丹 | 重熙十三年—重熙十五年（1044—1046 年） | 《辽史·卷十九》 |
| 2 | 耶律贴不 | 契丹 | 重熙十六年—重熙十九年（1047—1050 年） | 《辽史·卷二十》 |
| 3 | 萧滴冽 | 契丹 | 重熙十九年—重熙二十年（1050—1051 年） | 《辽史·卷九十五》 |
| 4 | 耶律宗允（耶律谢家奴）[4] | 契丹 | 清宁五年（1059 年）前 | 《耶律宗允墓志》 |
| 5 | 耶律贴不 | 契丹 | 清宁五年（1059 年） | 《辽史·卷二十一》 |
| 6 | 耶律合术 | 契丹 | 咸雍二年（1066 年） | 《辽史·卷二十二》 |

[1] 吕士安墓志铭 [M]// 北京市文物研究所 . 鲁谷金代吕氏家族墓葬发掘报告 . 北京：科学出版社，2010：154.

[2] 向南 . 辽代石刻文编 [M]. 石家庄：河北教育出版社，1995：322；李桂芝 . 辽朝进士杂考 [J]. 学习与探索，2009（2）：218.

[3] 李谷城 . 辽代南京留守研究 [M]. 北京：中国社会科学出版社，2013：195，237.

[4] 张国庆 . 论辽代石刻在疏证《辽史》中的作用——兼评向南先生《辽代石刻文编》[J]. 社会科学辑刊，1995（5）：98.

续表

| 序号 | 姓名 | 民族 | 任职时间（公元） | 史料来源 |
|---|---|---|---|---|
| 7 | 耶律阿琏（耶律弘世）❶ | 契丹 | 咸雍六年—咸雍八年（1070—1072年） | 《辽史·卷六十四》,《耶律弘世墓志》 |
| 8 | 萧燕六（萧惟忠）❷ | 契丹 | 咸雍十年即大康元年（1075年） | 《辽史·卷二十三》,《萧孝恭墓志》 |
| 9 | 耶律燕哥 | 契丹 | 大安三年—大安四年（1087—1088年） | 《辽史·卷一一〇》 |
| 10 | 萧夺剌 | 契丹 | 乾统二年（1102年） | 《辽史·卷九十二》 |
| 11 | 萧乙薛（萧伊苏）❸ | 契丹 | 天庆六年—天庆七年（1116—1117年） | 《辽史·卷二十八》,《辽史·卷一一〇》 |
| 12 | 萧勖（萧查剌、萧察剌）❹ | 契丹 | 大庆八年（1118年） | 《契丹国志·卷十》,《萧资茂墓志铭》 |
| 13 | 耶律习泥烈 | 契丹 | 天庆九年—保大元年（1119—1121年） | 《辽史·卷二十八》,《辽史·卷二十九》 |
| 14 | 萧勖（萧查剌、萧察剌） | 契丹 | 保大二年（1122年） | 《契丹国志·卷十一》,《金史·卷七十六》 |
| 15 | 苏京 | 汉 | 保大三年（1123年） | 《金史·卷八十九》,《宋史·卷九十》 |
| 16 | 耶律和鲁斡 | 契丹 | 辽后期 | 《义和仁寿皇太叔祖哀册乾统十年》 |

❶ 盖之庸.内蒙古辽代石刻文研究·皇弟秦越国王耶律弘世墓志[M].呼和浩特：内蒙古大学出版社，2002：261；向南，张国庆，李宇峰.辽代石刻文续编·耶律弘世墓志[M].沈阳：辽宁人民出版社，2010：192，193.

❷ 爱新觉罗·乌拉熙春，呼格吉勒图.初鲁得族系考[J].内蒙古大学学报，2007（6）：6、8；爱新觉罗·乌拉熙春.初鲁得氏族考[M]//爱新觉罗·乌拉熙春.女真契丹学研究.京都：松香堂书店，2009：227，229."萧惟忠"与"燕留"是同一人。"惟忠"是汉名，"燕留"是契丹语名字。《萧孝恭墓志》称"叔父南宰相、同中书门下平章事、判西京留守事，讳惟忠"。《辽史·道宗纪三》"大康元年十二月"条称"壬辰，以西京留守萧燕六为左夷离毕"。"燕六"为"燕留"的同名异译，均为契丹语名字的"孩子名"。

❸ 萧乙薛与萧伊苏当为同一人，《续资治通鉴》卷九十二载："（天庆七年）丁丑，辽以西京留守萧伊苏为北府宰相。"

❹ 周峰.奚族碑刻概说[J].赤峰学院学报，2009（9）：3.

# 第四章

# 辽代五京留守任选

辽代五京地方政务运行，首先是五京留守的任选，其中家族出身、入仕途径和前任职官是主要方面。不论何种因素，最终都要为维护契丹统治阶级的利益服务，也就是说五京留守的任选具有鲜明的民族性。与此同时，汉族等其他少数民族的佼佼者凭借自身势力也能跻身其中，但数量有限，可见辽代五京留守的任选开放性有限。

## 第一节　辽代五京留守的家族出身及其特点

辽代五京留守主要来自世家大族，这一点在契丹族留守选任上体现得尤为明显，汉族五京留守则有“契丹化”汉人、投降归附汉人，还有出身进士的汉人等，渤海人和奚人担任留守数量虽少但也有自身的特点。

### 一、辽代五京留守家族出身

#### （一）辽代上京留守家族出身

契丹族上京留守多来自世家大族，其中出身皇族的有 16 人，分别为耶律倍、耶律迪辇、耶律屋质、耶律李胡、耶律道隐、耶律稍、耶律化哥、耶律景、耶律隆裕、耶律宁、耶律弘古、耶律庶几、耶律宗政、耶律和鲁斡、耶律阿琏、耶律侯古。耶律八哥、耶律敌烈和耶律大悲奴虽非皇族，但家世显赫，分别是五院部人、六院部夷离堇蒲古只之后和王子班聂里古之后。受现有资料限制，除室、褭衮、耶律合葛、耶律敌烈、耶律慎思、耶律贵宁、耶律世迁、耶律赤狗儿、耶律挞不也 9 人家庭出身不详，但也应为契丹贵族。出身自后族的有 9 人，分别为萧继远、萧敌烈、萧孝先、萧查剌宁、萧孝友（陈留）、萧速撒、萧兀纳（挞不也）、萧韩家奴、萧乙薛，而萧慎微、萧挞得、萧贞一由于材料有限，具体出身不详，但也应是契丹勋贵。

而汉族上京留守一部分来自汉人世家大族，如韩知古家族第一代韩知古、第二代韩匡嗣、第三代韩德颙（韩德凝和耶律隆祐）、第四代韩制心（耶律制心和耶律遂贞）和韩昌（耶律遂正）；韩延徽家族第三代韩绍文在清宁元年（1055年）任上京留守；高勋，字鼎臣，是后晋北平王高信韬之子，在后晋时任阁门使，其家族前三代在五代时地位显赫。辽会同九年（946年）降附辽国，为太宗信任，很快受到重用，世宗、穆宗时依然得到重用❶，其《本传》载："应历初，封赵王，出为上京留守，寻移南京；"❷刘二玄为刘景孙，刘景家族本是唐末割据河北的大姓，入辽以后，成为儒学世家。辽推行统治集团内部的门第婚姻，刘景家族成为除韩知古家族外可以与契丹豪门通婚的汉族大姓，刘二玄身为"忠亮竭节功臣宣力佐国功臣守太尉兼中书令鲁国公"❸地位自然不低，奉诏娶秦晋国妃为妻；❹邢熙年，据《辽史·道宗纪四》载："（大康九年）闰六月己丑，以知兴中府事邢熙年为汉人行宫都部署……十二月丁亥，以邢熙年为知南院枢密使事……大安元年正月癸卯……邢熙年为中京留守。"❺在《梁援妻张氏墓志》中，由"一女……适邢熙年侍中第四男秉为妇"❻可知，邢熙年历任知兴中府事、知南院枢密使事、中京留守，后官至侍中❼，从其所担任职官来看，邢熙年是汉族贵族无疑。

---

❶ 高路加．辽金元高姓述略 [M]// 宋德金，景爱，穆连木，史金波．辽金西夏史研究．天津：天津古籍出版社，1997：128；周峰．辽代前期汉人重臣高勋生平发微 [J]. 北方文物，2011（1）：52-54.

❷ 脱脱．辽史·卷八十五·高勋传 [M]. 北京：中华书局，1974：1317.

❸ 陈述．全辽文 [M]. 北京：中华书局，1982：193.

❹ 朱子方．从出土墓志看辽代社会 [J]. 社会科学辑刊，1979（2）：102；田广林．论契丹社会的等级婚姻 [J]. 内蒙古社会科学，1999（5）：47-49.

❺ 脱脱．辽史·卷二十四·道宗纪四 [M]. 北京：中华书局，1974：288-290.

❻ 向南．辽代石刻文编·梁援妻张氏墓志 [M]. 石家庄：河北教育出版社，1995：567.

❼ 向南．辽代石刻文编·梁援妻张氏墓志 [M]. 石家庄：河北教育出版社，1995：569；盖之庸．内蒙古辽代石刻文研究·皇弟秦越国王耶律弘世墓志 [M]. 呼和浩特：内蒙古大学出版社，2002：262；盖之庸．近年庆陵出土辽代墓志补证 [J]. 内蒙古文物考古，2002（1）：102.

还有一部分汉族以进士出身选任为上京留守，如张绩、刘诜（刘伸）。[1]需要指出的是，张绩“曾祖讳简，祖昭逊，父伟，都脱浮荣而不仕”。[2]他们的祖父辈为未出仕的贫民或平民，家庭出身为布衣。由此可以看出，汉族平民中进士也可选任为上京留守。

此外，上京留守姚景行：“祖汉英，本周将，应历初来聘，用敌国礼，帝怒，留之，隶汉人宫分。及景行既贵，始出籍。”[3]由此可知，姚景行应举时的身份乃为“宫分人”，“其身份是宫卫的奴隶”，这种法律上的身份不能轻易改变。[4]

52 位上京留守中，契丹族 40 人，占上京留守总人数的 76.9%，汉人仅为 12 人，仅占总数的 23.1%，契丹人在选任上京留守过程中处于绝对优势，在某些时候耶律氏连任的情况曾出现过，但没有形成耶律氏独占的局面。从发展历程来看，以“澶渊之盟”为分界，辽前期上京留守由契丹皇族及契丹化“汉人”充任，而“澶渊之盟”后，契丹皇族、后族和进士出身的汉人共同担任上京留守，前后对比，汉人世家大族被选任为上京留守具有不同特点。

辽前期有“契丹化”汉人韩知古、韩匡嗣、韩德颙（韩德凝和耶律隆祐）三人出任上京留守。汉人出现契丹化主要表现在拥有契丹名字，甚至被赐国姓。韩知古的契丹字为“延你”，其契丹名为迪里姑鲁[5]；韩匡嗣，蕃名“天你·尧治”[6]，韩氏家

---

[1] 蒋金玲．辽代汉族士人研究 [D]. 长春：吉林大学，2010：36-37，45；李桂芝．辽金科举研究 [M]. 北京：中央民族大学出版社，2012：114-116.

[2] 陈述．全辽文 [M]. 北京：中华书局，1982：179；向南．辽代石刻文编·张绩墓志 [M]. 石家庄：河北教育出版社，1995：313.

[3] 脱脱．辽史·卷九十六·姚景行传 [M]. 北京：中华书局，1974：1402-1403.

[4] 李锡厚．辽代诸宫卫各色人户的身份 [J]. 北京师院学报，1985（4）：22—28；蒋金玲．辽代汉族士人研究 [D]. 长春：吉林大学，2010：39；蒋金玲．辽代汉族进士家世考 [J]. 社会科学战线，2012（7）：243.

[5] 爱新觉罗·乌拉熙春．韩知古家族世系考 [M]// 爱新觉罗·乌拉熙春．爱新觉罗·乌拉熙春女真契丹学研究．京都，松香堂书店，2009：251.

[6] 刘凤翥，青格勒．辽代《韩德昌墓志铭》和《耶律（韩）高十墓志铭》考释 [M]// 刘凤翥，唐彩兰，青格勒．辽上京地区出土的辽代碑刻汇辑．北京：社会科学文献出版社，2009：385.

族因韩德让被赐“耶律”国姓，隶季父房后，其家族均改耶律姓[1]，其弟韩德颙也被特恩准连御讳，更名耶律隆祐字“道宁”，契丹名“三宁·定哥”。[2]汉人契丹化还表现在从韩知古开始与契丹族通婚。辽代贵族婚姻有明确规定，《契丹国志》记载：“番法，王族唯与后族通婚，更不限以尊卑；其王族、后族二部落之家，若不奉北主之命，皆不得与诸部落之人通婚。”[3]韩知古妻子欧妮·迈札，为契丹欧古妮萧氏，地位不高，随着韩氏家族地位的不断提升，从韩匡嗣开始就与后族萧氏联姻，其妻子欧妮·拏思，即为后族萧氏[4]，打破了原有贵族婚姻规定。汉人契丹化最为核心的韩氏家族已把契丹本土当作自己的故园，是从韩知古开始的。[5]辽立国之初，韩知古本是述律后的陪嫁媵臣，后得到耶律阿保机的赏识而入朝为官，家族后人一直与契丹核心统治阶层关系密切，就这样韩知古家族一步步把自己打造成为名副其实的契丹人。辽后期担任上京留守的汉人数量达到 7 人之多，分布在圣宗、兴宗和道宗时期，除“契丹化”汉人韩制心、韩昌外，还有 3 位汉人，以进士出身选任为上京留守。

---

[1] 张国庆．辽代社会史研究 [M]. 北京：中国社会科学出版社，2006：141.

[2] 刘凤翥，青格勒．辽代《韩德昌墓志铭》和《耶律（韩）高十墓志铭》考释 [M]// 刘凤翥，唐彩兰，青格勒．辽上京地区出土的辽代碑刻汇辑．北京：社会科学文献出版社，2009：387；向南，张国庆，李宇峰．辽代石刻文续编·耶律隆祐墓志 [M]. 沈阳：辽宁人民出版社，2010：53.

[3] 叶隆礼．契丹国志·卷二十三·族姓原始 [M]. 上海：上海古籍出版社，1985：221.

[4] 刘凤翥，唐彩兰，青格勒．辽上京地区出土的辽代碑刻汇辑·韩匡嗣妻秦国太夫人萧氏墓志铭 [M]. 北京：社会科学文献出版社，2009：4—5；盖之庸．内蒙古辽代石刻文研究·韩匡嗣墓志 [M]. 呼和浩特：内蒙古大学出版社，2002：65；刘凤翥，唐彩兰，青格勒．辽上京地区出土的辽代碑刻汇辑·韩匡嗣墓志铭 [M]. 北京：社会科学文献出版社，2009：2；向南，张国庆，李宇峰．辽代石刻文续编·韩匡嗣墓志 [M]. 沈阳：辽宁人民出版社，2010：24；刘凤翥，青格勒．辽代《韩德昌墓志铭》和《耶律（韩）高十墓志铭》考释 [M]// 刘凤翥，唐彩兰，青格勒．辽上京地区出土的辽代碑刻汇辑．北京：社会科学文献出版社，2009：385.

[5] 王玉亭．从辽代韩知古家族墓志看韩氏家族契丹化的问题 [J]. 北方文物，2008（1）：60.

张绩，太平十一年（1031 年）“进士乙科登第”；❶ 姚景行，重熙五年（1036 年）“擢进士乙科”；❷ 刘诜（刘伸），重熙五年（1036 年）“登进士第”。❸ 之所以出现这样的情况与辽后期中京地位的重要性超出辽上京有关。纵观辽代不同历史时期担任上京留守的汉人，其之所以得到重用，既与其政绩显著、忠诚于辽朝廷有关，同时也与契丹皇帝能够接纳汉人，让其在辽国腹地都城担任留守一职的心胸有关，由此可以看出古代社会阶级利益的一致性完全可以冲破政权中民族性的藩离，达到统治阶层各民族的联合。❹

（二）辽代东京留守家庭出身

契丹族东京留守多来自世家大族，其中出身皇族的有 11 人，分别为耶律和里、耶律隆先、耶律抹只、耶律隆裕、耶律八哥、耶律仁先、耶律贴不、耶律弘世、耶律何鲁扫古、耶律淳、耶律和鲁斡；出身自后族的有 11 人，分别为萧恒德、萧排押、萧善宁（萧屈烈）、萧孝先、萧孝穆、萧惠、萧朴（萧普古）、萧孝忠、萧孝友、萧阿剌、萧保先，其中萧恒德、萧排押、萧孝忠、萧阿剌先为驸马都尉，后选为东京留守。耶律弘古、耶律侯哂虽非皇族，但家世显赫，分别是遥辇鲜质可汗之后、北院夷离堇蒲古只之后由于材料所限，耶律团石、萧阿姑轸、耶律吾扎、耶律呕里思具体出身不详，但也应是契丹勋贵。

其余两位东京留守为奚族的耶律斡腊和萧塔列葛。新兴奚人世家大族耶律斡腊被任命为辽东京留守，其部族为辽初由被俘奚户创置，成员多附姓耶律氏，因取得了突出的军功得以晋身高层。耶律斡腊两救景帝于危难，迁护卫太保，后官至同政

❶ 陈述．全辽文 [M]. 北京：中华书局，1982：179；向南．辽代石刻文编·张绩墓志 [M]. 石家庄：河北教育出版社，1995：313.

❷ 脱脱．辽史·卷九十六·姚景行传 [M]. 北京：中华书局，1974：1403.

❸ 脱脱．辽史·卷九十八·刘伸传 [M]. 北京：中华书局，1974：1416.

❹ 何天明．辽代北宰相府的设立及职官设置探论 [J]. 社会科学辑刊 1997（5）：95.

事门下平章事、东京留守。[1]萧塔列葛，“五院部人。八世祖只鲁，遥辇氏时尝为虞人”。[2]但他并非后族[3]，也不是契丹五院部的血脉成员，可能出于奚族，至少是奚兵的统帅。[4]辽圣宗以后，入仕辽朝的奚族官员均得以萧为姓，而其先世父祖则未著萧姓。[5]由《辽史·萧塔列葛列传》和《辽史·兴宗纪二》《辽史·兴宗纪三》叙述其事用“萧塔烈葛”可知，萧塔列葛任西北路招讨使、右夷离毕、同知南京留守事、左夷离毕、东京留守、北府宰相等职务，因此，确定萧塔列葛也为世家大族。

综上所述，30位东京留守中，耶律氏和萧氏共计28人，奚人仅为2人，契丹人（包括耶律氏、萧氏）几乎占据全部东京留守，曾出现过耶律氏族连任的情况，但没有被耶律氏所独占。辽东京地区的渤海人虽然占据一定比例，但受到辽政权的压迫，即使在“因俗而治”的政策下，也没有渤海人入选为东京留守，足见渤海人在辽的政治地位不高。由此可以看出，契丹对渤海的民族政策，从历史渊源来说，契丹与渤海历来不和，太祖起兵时即称渤海“世仇”。[6]辽统治者对渤海遗民始终缺乏信任感，渤海人也因此对契丹人深怀怨尤。从实际情况来看，渤海是辽朝统治下最为桀骜不驯的一个民族，在辽统治的两百多年间，发动过四次大规模的反抗斗争。[7]因此，即使在渤海遗民聚居的东京，渤海人也不能入选为东京留守。

---

❶ 脱脱．辽史·卷九十四·耶鲁斡腊传 [M]. 北京：中华书局，1974：1382；王善军．辽代世家大族研究 [D]. 保定：河北大学，2001：40−41.

❷ 脱脱．辽史·卷八十五·萧塔列葛列传 [M]. 北京：中华书局，1974：1318.

❸ 何天明．辽代北宰相府的设立及职官设置探论 [J]. 社会科学辑刊，1997（5）：94.

❹ 蔡美彪．辽史两萧塔列葛传辨析 [M]. 蔡美彪．辽金元史考索 [M]. 北京：中华书局，2012：80−82.

❺ 蔡美彪．试说辽耶律氏萧氏之由来 [J]. 历史研究，1993（5）：59.

❻ 脱脱．辽史·卷二·太祖纪下 [M]. 北京：中华书局，1974：21.

❼ 刘浦江．试论辽朝的民族政策 [M]// 刘浦江．辽金史论．沈阳：辽宁大学出版社，1999：49−50.

## （三）辽代中京留守家庭出身

辽中京留守多来自世家大族，其中出身契丹皇族的有5人，分别为耶律宗业、耶律贴不、耶律侯古（耶律宗愿）、耶律乙辛、耶律奴；出身契丹后族的有1人，萧敌烈。“夷离堇蒲古只之后”的耶律那也[1]，“五院部人”萧素飒[2]，“遥辇鲜质可汗宫人”萧滴冽[3]，他们也属于契丹贵族。耶律白、耶律宜新、耶律慎思、萧吐浑世系受资料所限，暂无从考证，但也应是契丹世家大族。

汉族世家大族则有王继忠，祖籍开封，其父王琉在宋太宗时曾经统兵戍守辽、宋边界重要隘口瓦桥关，任武骑指挥使，后投降归附契丹。[4]玉田韩氏家族韩制心（耶律制心、耶律遂贞）、韩昌（耶律遂正）；幽州韩延徽家族韩资让；[5]邢熙年，据《辽史·道宗纪四》载：“（大康九年）闰六月乙丑，以知兴中府事邢熙年为汉人行宫都部署……十二月丁亥，以邢熙年为知南院枢密使事……大安元年正月癸卯，邢熙年为中京留守。”[6]在《梁援妻张氏墓志》中有“一女……适邢熙年侍中第四男秉为妇[7]”，可知邢熙年历任知兴中府事、知南院枢密使事、中京留守，后官至侍中。[8]从

---

[1] 脱脱.辽史·卷九十四·耶律那也列传[M].北京：中华书局，1974：1384.

[2] 脱脱.辽史·卷九十五·萧素飒列传[M].北京：中华书局，1974：1392.

[3] 脱脱.辽史·卷九十五·萧滴冽列传[M].北京：中华书局，1974：1390.

[4] 何天明.澶渊议和与王继忠[J].内蒙古社会科学，2002（3）：48；何天明.颤渊议和的牵线人王继忠[M]//黄凤岐，冯继钦.中国北方各族人物传·辽代卷.沈阳：辽海出版社，2002：199.

[5] 罗文星.辽朝政权与汉人世家——以幽州安次韩氏家族为例[J].辽夏金元史教研通讯，2004（1）：138.

[6] 脱脱.辽史·卷二十四·道宗纪四[M].北京：中华书局，1974：288-290.

[7] 向南.辽代石刻文编·梁援妻张氏墓志[M].石家庄：河北教育出版社，1995：567.

[8] 向南.辽代石刻文编·梁援妻张氏墓志[M].石家庄：河北教育出版社，1995：569；盖之庸.内蒙古辽代石刻文研究·皇弟秦越国王耶律弘世墓志[M].呼和浩特：内蒙古大学出版社，2002：262；盖之庸.近年庆陵出土辽代墓志补证[J].内蒙古文物考古，2002（1）：102.

其所担任职官来看，邢熙年是汉族贵族。还有一部分汉族世勋贾师训、刘霄则以进士出身选任为中京留守[1]，韩迥因史料限制无法考证，但也应是汉族贵族。

渤海世家大族窦景庸、大公鼎以进士身份选任为中京留守。窦景庸是一个仕辽而显的世家大族[2]，大公鼎为渤海族士大夫中的佼佼者。[3]

23 位中京留守中，契丹人共计 13 人，汉人 8 人，渤海人 2 人，契丹人数过半，占据多数，汉人数量超过三分之一，人数较多，渤海人数量少但也享有一定比例。契丹人（包括耶律氏、萧氏）在选任中京留守时处于一定的优势地位，能够看到在某些时期耶律氏连任，但耶律氏独占的局面没有形成。从发展历程来看，契丹耶律氏、萧氏和汉族交替担任中京留守。圣宗、兴宗时期中京留守为契丹人和“契丹化”汉人所充任，道宗和天祚帝时期契丹皇族、后族和进士出身的汉、渤海人共同选任为中京留守。前后对比中京留守的选任各具特点。前期有“契丹化”汉人韩制心、韩昌（耶律遂正）出任中京留守。汉人出现契丹化主要表现在赐予国姓，拥有契丹名字。韩氏家族因韩德让被赐“耶律”国姓，隶季父房后，其家族均改耶律姓。[4]韩制心，契丹名“耶律制心”或“耶律遂贞”；韩昌，又名“耶律遂正”，契丹名“何你”，契丹字“韩宁”。[5]汉人契丹化还表现在从韩知古开始与契丹族通婚，但辽代贵族婚姻有明确规定，《契丹国志》记载：“番法，王族唯与后族通婚，更不限以尊卑；其王族、后族二部落之家，若不奉北主之命，皆不得与诸部落之人通婚。”[6]韩制心妻

---

❶ 蒋金玲．辽代汉族士人研究 [D]．长春．吉林大学，2010：36−37，46−47；李桂芝．辽金科举研究 [M]．北京：中央民族大学出版社，2012：120−121.

❷ 王善军．辽代世家大族研究 [D]．保定：河北大学，2001：47；王善军．辽代渤海世家大族考述 [J]．民族研究，2006（3）：65.

❸ 都兴智．论辽宁地区辽代著名文学艺术家的成就 [J]．辽宁工程技术大学学报，2008（2）：174.

❹ 张国庆．辽代社会史研究 [M]．北京：中国社会科学出版社，2006：141.

❺ 刘凤翥，唐彩兰，青格勒．辽上京地区出土的辽代碑刻汇辑 [M]．北京：社会科学文献出版社，2009：371.

❻ 叶隆礼．契丹国志・卷二十三・族姓原始 [M]．上海：上海古籍出版社，1985：221.

子，韩昌妻子北也，契丹族，兰陵郡王女。❶ 汉人契丹化最为明显的韩氏家族已把契丹本土当作自己的故园，这是从韩知古开始的。❷ 辽立国之初，韩知古本是述律后的陪嫁媵臣，后得到耶律阿保机的赏识而入朝为官，家族后人一直与契丹核心统治阶层关系密切，这样韩知古家族一步步把自己打造成为名副其实的契丹人。

后期则有5位汉人和2位渤海人选为中京留守，其中4位进士出身。贾师训，“三十有五。登第。授秘书省著作佐郎”。❸ 刘霄为“咸雍十年进士”。❹ 窦景庸，“中书令振之子，聪敏好学。清宁中，第进士”。❺ 大公鼎“咸雍十年，登进士第，调沈州观察判官”。❻ 之所以出现这样的情况与辽后期中京地位超出上京有关。纵观辽代在不同历史时期担任中京留守的汉人，政绩显著，忠诚于辽，同时也与契丹皇帝心胸开阔，能够接纳汉人在辽国腹地都城担任留守一职有关。由此可以看出，古代社会中阶级利益的一致性完全可以冲破政权中的民族性藩篱，达到统治阶层各民族的联合。❼

（四）辽代南京留守家庭出身

辽南京留守多来自世家大族，其中出身契丹皇族的有 9 人，分别为耶律娄国、

---

❶ 刘凤翥，唐彩兰，青格勒．辽上京地区出土的辽代碑刻汇辑・耶律（韩）遂正墓志铭太平七年 [M]. 北京：社会科学文献出版社，2009：15-16；向南，张国庆，李宇峰．辽代石刻文续编・耶律遂正墓志 [M]. 沈阳：辽宁人民出版社，2010：68-70；向南，张国庆，李宇峰．辽代石刻文续编・耶律宗福墓志 [M]. 沈阳：辽宁人民出版社，2010：144.

❷ 王玉亭．从辽代韩知古家族墓志看韩氏家族契丹化的问题 [J]. 北方文物，2008（1）：60.

❸ 陈述．全辽文 [M]. 北京：中华书局，1982：253；向南．辽代石刻文编・贾师训墓志寿昌二年 [M]. 石家庄：河北教育出版社，1995：477.

❹ 姚奠中．元好问全集 [M]. 太原：山西古籍出版社，2004：607；王善军．辽代世家大族研究 [D]. 保定：河北大学，2001：63；蒋金玲．辽代汉族士人研究 [D]. 长春：吉林大学，2010：34；李桂芝．辽金科举研究 [M]. 北京：中央民族大学出版社，2012：121.

❺ 脱脱．辽史・卷九十七・窦景庸列传 [M]. 北京：中华书局，1974：1409.

❻ 脱脱．辽史・卷一〇五・大公鼎列传 [M]. 北京：中华书局，1974：1460.

❼ 何天明．辽代北宰相府的设立及职官设置探论 [J]. 社会科学辑刊，1997（5）：95.

耶律道隐、耶律隆庆、耶律吴哥、耶律宗范、耶律宗元、耶律和鲁斡、耶律洪道（耶律阿琏）、耶律淳；出身契丹后族的有5人，分别为萧海贞、萧思温、韩制心、萧孝穆、萧孝先；而耶律牒蜡、耶律休哥、耶律明、萧惟信、耶律仁先则属于契丹勋臣。

出自汉族世家大族的则有后唐汉将赵延寿、燕地四大族之一后唐将领刘晞、医巫闾马氏家族马廷煦、后晋北平王之子高勋、卢龙赵氏家族的赵延祚、玉田韩氏家族的韩匡嗣，他们在投降契丹或为契丹效劳前在当地均为贵族。

25位南京留守中，汉人仅为6人，契丹人占据绝对优势。从发展历程来看，辽前期即从会同元年（938年）确定辽南京到辽景宗，南京留守汉人和契丹人平分秋色，燕地世家大族和投降到契丹的世家大族多被选任为南京留守；辽中期即圣宗和兴宗时期，南京留守为契丹宗室和外戚所垄断，需要说明的是开泰九年（1020年）到太平三年（1023年）担任南京留守的韩制心，为圣宗钦哀皇后之外弟，属于外戚；辽后期即辽道宗至辽亡，南京留守在契丹宗室和契丹勋臣中选任，甚至出现了耶律淳承袭父亲耶律和鲁斡的继承现象。

（五）辽代西京留守家庭出身

辽西京留守多来自世家大族，其中出身契丹皇族的有7人，分别为耶律马六、耶律贴不、耶律宗允、耶律阿琏、耶律燕哥、耶律习泥烈、耶律和鲁斡；出身契丹后族的有萧燕六（萧惟忠）、萧乙薛；“遥辇鲜质可汗宫人”萧滴冽[1]、“遥辇洼可汗宫人”萧夺剌[2]，他们也属于契丹贵族。

苏京是辽末一位进士，《金史·苏保衡列传》载：保衡“父京，辽进士，为西京留守”。[3]耶律合术、萧勖（萧查剌、萧察剌）世系受资料所限，暂无从考证。

---

[1] 脱脱.辽史·卷九十五·萧滴冽列传[M].北京：中华书局，1974：1390.

[2] 脱脱.辽史·卷九十二·萧夺剌列传[M].北京：中华书局，1974：1367.

[3] 脱脱.金史·卷八十九·苏保衡列传[M].北京：中华书局，1975：1973；李桂芝.辽金科举研究[M].北京：中央民族大学出版社，2012：129.

综上可见，14 位留守中，耶律氏和萧氏共计 13 人，汉人仅为 1 人，契丹人占据绝对优势。契丹耶律氏和萧氏都有过一个阶段的连任，但没有出现独占的情况。

## 二、辽代五京留守家庭出身的特点

将上述辽代五京留守家庭出身进行统计，其民族分布情况如表 4-1 所示。

表 4-1　辽代五京留守民族分布情况统计表

| 职位 | 契丹（人） | 汉（人） | 渤海（人） | 奚（人） | 总计（人） | 契丹所占百分比（%） |
|---|---|---|---|---|---|---|
| 上京留守 | 40 | 12 | 0 | 0 | 52 | 76.9 |
| 东京留守 | 28 | 0 | 0 | 2 | 30 | 93.3 |
| 中京留守 | 13 | 8 | 2 | 0 | 23 | 56.5 |
| 南京留守 | 19 | 6 | 0 | 0 | 25 | 76.0 |
| 西京留守 | 13 | 1 | 0 | 0 | 14 | 92.9 |
| 总计 | 113 | 27 | 2 | 2 | 144 | 79.2 |

五京留守家庭出身情况统计，如表 4-2 所示。

表 4-2　辽代五京留守家庭出身情况统计表

| 职位 | 契丹族 | | | | 汉族 / 奚族 / 渤海族 | | | 总计（人） |
|---|---|---|---|---|---|---|---|---|
| | 皇族（人） | 后族（人） | 其他贵族（人） | 不明（人） | 世家大族（人） | 平民（人） | 其他（人） | |
| 上京留守 | 16 | 9 | 3 | 12 | 9 | 2 | 1 | 52 |
| 东京留守 | 11 | 11 | 2 | 4 | 2 | 0 | 0 | 30 |
| 中京留守 | 5 | 1 | 3 | 4 | 7 | 2 | 1 | 23 |
| 南京留守 | 9 | 5 | 5 | 0 | 6 | 0 | 0 | 25 |
| 西京留守 | 7 | 2 | 2 | 2 | 0 | 1 | 0 | 14 |
| 总计 | 48 | 28 | 15 | 22 | 24 | 5 | 2 | 144 |

在五京留守选任上，从民族来看，契丹人占绝大多数，汉人次之，奚人与渤海

人几乎可以略而不计（如表 4-1 所示）。显而易见，契丹人牢牢掌握了地方上的实际权力，其他民族很难获得重任，种族成为留守选任中最为重要的因素。

1. 契丹人的选任

世选制度是辽朝官员选任的一条重要途径。赵翼对世选制有一个总结性的说法："辽初功臣无世袭，而有世选之例。盖世袭则听其子孙自为承袭，世选则于其子孙内量材授之……功大者世选大官，功小者世选小官，褒功而兼量材也。"[1] 从本质上来说，世选制度是契丹重血亲、姻族的部族传统与奖励军功相结合的产物。前人研究契丹世选制度，大多集中于辽朝皇位继承以及南北府宰相人选两个方面，对于留守选任中的世选制因素则很少注意。[2] 实际上，在辽朝地方官员的选任上，显然也存在着世选制因素，如皇族与后族出任留守的数量就明显要多于其他贵族（如表 4-2 所示）。辽朝的皇族包括四帐皇族和二院皇族，所谓四帐皇族即阿保机直系后代为诸斡鲁朵皇族，二伯父岩木之后为孟父房，三伯父释鲁后裔为仲父房，阿保机诸弟的后代为季父房；二院皇族是指阿保机曾祖洽昚的后代为五院皇族，曾祖葛剌、洽礼及伯祖帖剌、叔祖褭古直的后代为六院皇族。[3] 概括来说，辽朝广义上的皇族就是阿保机高祖耨里思的所有后裔。辽代的后族包括拔里氏大父、少父二房，乙室已氏大翁、

---

[1] 赵翼．廿二史札记·卷二十七·辽官世选之条例 [M]. 南京：凤凰出版社，2000：590－591.

[2] 研究世选制度比较有代表性的论著有：陈述．契丹世选考 [M]//"中央研究院"历史语言研究所集刊·八本二分．北京：中华书局，1987：181－188；姚从吾．说辽朝契丹人的世选制度 [M]// 黄清连．制度与国家．北京：中国大百科全书出版社，2005：309－348. 原载台湾大学文史哲学报，1954（6）：411－466；岛田正郎．辽代北面中央官制的特色与世官制的意义 [M]// 刘文俊．日本学者研究中国史论著选译·第 8 册．北京：中华书局，1992：371－376；吴凤霞．契丹世选制的发展变化及其历史作用 [J]. 内蒙古社会科学，1999（2）：47－49；王德忠．辽朝世选制度的贵族政治特色及其影响 [J]. 东北师范大学学报，2003（6）：71－77；王善军．世选制度与契丹的家族势力 [J]. 社会科学战线，2004（1）：132－137；杨军，王成名．中国古代社会官吏文化制度与体制建设——契丹官吏世选的个案分析 [J]. 延边大学学报，2017（3）3：69－74.

[3] 脱脱．辽史·卷四十五·百官志一 [M]. 北京：中华书局，1974：707.

小翁二房；世宗舅氏塔列葛的国舅别部；圣宗时拔里、乙室已二国舅帐合而为一。[1]

辽朝皇族中，太祖子孙出任五京留守的比例远高于其他皇族，在表 4–2 统计的 48 位皇族五京留守中，其中 26 人为太祖子孙，占 54%。一方面是由于皇子在留守选任中最易受到倚重的缘故，另一方面则与皇位继承的世选传统有着一定的关系。

契丹建国之后，辽朝的皇位继承制度仍旧残存着世选制的痕迹，尤其是在景宗之前更为明显。[2] 即便在圣宗以后嫡长子继承制已经确立的情况下，仍能依稀看到世选制的潜在影响。比如，皇权世袭制确立以后，在辽朝皇帝如何安置传统上同样具有继承权力的兄弟叔侄一事上，就能发现世选制的遗存。实际上，景宗对于几位皇叔的安排已经奠定了以后的格局。景宗皇帝共有四位叔叔：娄国、隆先、道隐、稍。耶律娄国，穆宗应历二年（952 年）因谋乱被诛。[3] 景宗即位后，以皇叔耶律隆先为东京留守，耶律道隐为上京留守（后迁南京留守）；[4] 耶律稍亦于圣宗统和元年（983 年）出任上京留守。[5] 此后形成一个惯例，辽朝的皇子、皇孙常常出任诸京留守一职（如表 4–3 所示）。辽朝统治者正是通过将皇位世选下移至诸京留守世选的方式来化解皇位继承的冲突。这在南京留守的选任上表现得最为明显。例如，兴宗弟耶律重元，重熙七年（1038 年）“判北南院枢密使事”[6]，成为皇位继承人。重熙十二年（1043 年），兴宗又以皇子洪基“知北南枢密院事”，明确以嫡长子为皇位继承人。与此同时，重元出任南京留守。再如道宗时，因皇太子濬得罪，曾议以耶律淳为嗣，后因故未果。乾

---

[1] 脱脱．辽史・卷六十七・外戚表 [M]. 北京：中华书局，1974：1027.

[2] 李桂芝．契丹贵族大会钩沉 [J]. 历史研究，1999（6）：68–88；蔡美彪．论辽朝的天下兵马大元帅与皇位继承 [M]// 蔡美彪．辽金元史考索．北京：中华书局，2012：23–39.

[3] 脱脱．辽史・卷六・穆宗纪上 [M]. 北京：中华书局，1974：70.

[4] 脱脱．辽史・卷七十二・耶律隆先列传、耶律道隐列传 [M]. 北京：中华书局，1974：1211，1212.

[5] 脱脱．辽史・卷十・圣宗纪一 [M]. 北京：中华书局，1974：112.

[6] 脱脱．辽史・卷十八・兴宗纪一 [M]. 北京：中华书局，1974：221.

统十年（1110 年），耶律淳父和鲁斡薨，天祚帝“即以淳袭父守南京”。[1] 总之，从太祖子孙出任诸京留守的情况来分析，显然可以看到世选制的因素在起作用。

表 4-3　太祖子孙任留守情况表

| 世系 | 姓名 | 家族关系 | 官职 |
|---|---|---|---|
| 一世 | 耶律阿保机 | — | — |
| 二世 | 耶律倍 | — | — |
| 三世 | 耶律娄国 | 倍子 | 南京留守 |
| | 耶律道隐 | 倍庶子 | 上京留守、南京留守 |
| | 耶律隆先 | 倍庶子 | 东京留守 |
| | 耶律稍 | 倍子 | 上京留守 |
| 五世 | 耶律隆庆 | 景宗嫡子 | 南京留守 |
| | 耶律隆裕 | 景宗嫡子 | 东京留守 |
| 六世 | 耶律重元 | 圣宗庶子 | 南京留守 |
| | 耶律宗愿（侯古） | 圣宗庶子 | 上京留守、中京留守 |
| | 耶律宗政（查葛） | 隆庆嫡子 | 上京留守 |
| | 耶律宗允（谢家奴） | 隆庆嫡子 | 西京留守 |
| | 耶律宗业（胡都古） | 隆裕嫡子 | 中京留守 |
| | 耶律宗熙（贴不） | 隆裕嫡子 | 中京留守、东京留守、西京留守 |
| | 耶律宗范（合禄） | 隆裕嫡子 | 南京留守 |
| 八世 | 耶律和鲁斡 | 兴宗嫡子 | 上京留守、南京留守 |
| | 耶律弘世（阿琏） | 兴宗嫡子 | 上京留守、西京留守、东京留守 |
| | 耶律吴哥 | 兴宗庶子 | 南京留守 |
| 九世 | 耶律淳 | 和鲁斡嫡子 | 东京留守、南京留守 |
| 十世 | 耶律习泥烈 | 天祚子 | 西京留守 |

再看后族选任留守的情况。辽朝后族之中，以述律后弟阿古只一系的国舅少父房最为显赫，世系也最为清楚。在这一家族中，有 2 人出任南京留守或上京留守，7

[1] 脱脱．辽史·卷三十·天祚皇帝纪四 [M]. 北京：中华书局，1974：352.

人出任东京留守（如表 4–4 所示）[1]。

表 4–4 萧和家族成员任留守情况表

| 世系 | 姓名 | 家族关系 | 官职 |
| --- | --- | --- | --- |
| 一世 | 萧和（陶隗） | — | 权知东京留守 |
| 二世 | 萧孝穆 | 萧和长子 | 南京留守、东京留守 |
| | 萧孝先 | 萧和次子 | 南京留守、上京留守、东京留守 |
| | 萧孝友 | 孝和四子 | 上京留守、东京留守 |
| | 萧孝惠（孝忠） | 萧和五子 | 东京留守 |
| 三世 | 萧阿剌（知足） | 孝穆长子 | 东京留守 |
| 四世 | 萧保先 | 孝先孙 | 东京留守 |

日本学者岛田正郎认为，辽朝初期，“给予贵姓特权，可以认为是耶律氏在其君权尚未十分巩固之时，为了取得他们的协助而采取的一项妥协措施”。[2] 而辽朝中后期的情况则不同，在皇权已得到加强，人事任免权已完全收归中央之后，朝廷仍有意识地选择皇亲国戚担任地方要职。辽朝对血亲关系的重视，并非都是向传统妥协的产物，也有利用血缘关系进行统治的因素。实际上，重视血亲与姻族是北亚草原部族的传统，这种传统在辽朝得到了比较充分的体现。

2. 汉人的选任

从表 4–4 可以看出，比起契丹之外的其他民族，汉人出任留守的比例相对较高。

---

[1] 需要说明的是，蔡美彪先生谓萧挞凛一系（包括挞凛、排押、恒德、惠）并非阿古只后裔，认为《辽史》的记载有误（蔡美彪 . 辽史外戚表新编［J］. 社会科学战线，1994（2）：199；辽代后族与辽季后妃三案［J］. 历史研究，1994（2）：45。但近年有学者依据新近出土的石刻资料考定萧挞凛应为阿古只之孙，证明《辽史》所述世系无误，参见魏奎阁 . 辽史外戚表新补［J］. 辽宁工程技术大学学报，2002（1）：52；乌拉熙春 . 契丹文墓誌より見た遼史［M］. 松香堂，2006：226–232.

[2] 岛田正郎 . 辽代北面中央官制的特色与世官制的意义 [M]// 刘文俊 . 日本学者研究中国史论著选译 · 第 8 册 . 北京：中华书局，1992：374.

然而，在不同时期或不同地域，契丹统治者对于汉人的任用有着相当明显的差异。

首先，我们分析一下汉人出任南京留守的情况。在可考的 6 名汉人留守中，在景宗以前出任南京留守的，分别是赵延寿、刘晞、马廷煦、高勋、赵延祚、韩匡嗣。其中，赵延寿、刘晞、高勋三人均为降辽汉人；[1]赵延祚为思温之子；马廷煦的具体情况不详，其父胤卿原为后晋青州刺史，后被辽太宗所俘。[2]景宗朝以后，仅有韩嗣、韩制心祖孙二人出任南京留守一职，而且韩氏家族的情况较为特殊，这是一个已经完全契丹化的家族，与汉人的情况又有所不同。由此看来，汉人担任南京留守基本上都在景宗之前，而且都是降臣或是降臣之子。这主要是因为辽初契丹人对于燕云地区的统治尚未巩固，不得不倚重汉人。随着辽朝对汉地统治的加强，汉人再也未被委以南京留守的重任。而西京建立之后，其历任留守，除辽朝末期汉人苏京外也全为契丹人，越发可以看出辽朝在燕云汉地官员选任中所秉持的种族标准。

其次，汉人出任上京、中京留守的情况与南京不同。根据笔者的统计结果，直至辽朝末年，仍有汉人陆续出任上京、中京留守。这应与上京、中京地区的特殊状况有关，让汉人出任这些职位，不会对辽朝的统治造成威胁。

更值得注意的是中京留守，与南京、西京明显不同的是，中京留守中汉人与契丹人的比例大体相当，至辽朝末年任用汉人的数量反倒明显多于契丹人。而且道宗、天祚两朝出任留守的汉人多为科举出身，如窦景庸，清宁间登第；牛温舒、贾师训，

---

[1] 据 2000 年出土的《王守谦墓志》，高勋有可能是渤海人氏（《北京辽金史迹图志》（下），第 127 页）。然而据《辽史》卷八十五《高勋传》，高勋为晋北平王高信韬之子；此外从辽初的用人政策来看，渤海人不可能进入辽朝的权力中心，而高勋位至大丞相、南枢密使，故本书仍旧认为高勋当是汉人。

[2] 脱脱 . 辽史・卷七十六・赵思温列传 [M]. 北京：中华书局，1974：1250；脱脱 . 辽史・卷七十六・赵延寿列传 [M]. 北京：中华书局，1974：1247；脱脱 . 辽史・卷八十五・高勋列传 [M]. 北京：中华书局，1974：1317；脱脱 . 辽史・卷一〇五・马人望列传 [M]. 北京：中华书局，1974：1461；薛居正 . 旧五代史・卷九十八・刘晞传 [M]. 北京：中华书局，1976：1317；王恽 . 秋涧先生大全文集・卷四十八・卢龙赵氏家传 [M]. 四部丛刊初编缩本，北京：商务印书馆，1936.

咸雍中登第。[1]这种情况可能与契丹人对于汉文化的吸收，尤其是中京具有强烈的汉化色彩有一定关系。

最后，在担任留守的汉人中，玉田韩氏的情况应当予以特别关注。在前面统计的 26 位汉人留守中，有 5 人出自这一家族（如表 4–5 所示）。前文说过，在景宗以后，一般汉人出任留守仅限于上京和中京，其他诸京因是军事要地，汉人不得预其职。唯有韩氏家族是一个例外。这一家族自韩知古以来就完成了契丹化的过程，如家族成员均有契丹名，世代与萧氏通婚等。[2]更为关键的是，韩氏家族成功地融入了契丹上流社会，与契丹皇族、后族结成了牢固的政治同盟。穆宗时，韩知古子匡嗣"以善医，直长乐宫，皇后视之犹子"；[3]匡嗣子德让，圣宗赐姓耶律，"出宫籍，隶横帐季父房后"[4]，死后又"拟诸宫例，建文忠王府"[5]，比之宗室有过之而无不及；匡嗣曾孙涤鲁，幼养于宫中，"圣宗子视之，兴宗待以兄礼"。[6]路振《乘轺录》载："耶律、萧、韩三姓恣横，岁求良家子以为妻妾。幽、蓟之女有资质者，父母不令施粉白，弊衣而藏之；比嫁，不与亲族相往来。"[7]下面将韩知古家族成员出任诸京留守情况列成表 4–5，从中可以看出这个契丹化的汉人家族在辽朝的特殊地位。

---

❶ 脱脱．辽史・卷九十七・窦景庸传 [M]. 北京：中华书局，1974：1409；脱脱．辽史・卷八十六・牛温舒列传 [M]. 北京：中华书局，1974：1325；向南．辽代石刻文编・贾师训墓志寿昌二年 [M]. 石家庄：河北教育出版社，1995：477.

❷ 王玉亭．从辽代韩知古家族墓志看韩氏家族契丹化的问题 [J]. 北方文物，2008（1）：446–462.

❸ 脱脱．辽史・卷七十四・韩匡嗣列传 [M]. 北京：中华书局，1974：1234.

❹ 脱脱．辽史・卷八十二・耶律隆运传 [M]. 北京：中华书局，1974：1290.

❺ 脱脱．辽史・卷三十一・营卫志上 [M]. 北京：中华书局，1974：370.

❻ 脱脱．辽史・卷八十二・韩涤鲁列传 [M]. 北京：中华书局，1974：1292.

❼ 贾敬颜．五代宋金元人边疆行记十三种疏证稿 [M]. 北京：中华书局，2004：52.

表 4-5　韩知古家族出任留守情况简表

| 世系 | 姓名 | 家族关系 | 官职 |
| --- | --- | --- | --- |
| 一世 | 韩知古 | — | 上京留守 |
| 二世 | 韩匡嗣 | 知古三子 | 上京留守、南京留守 |
| 三世 | 韩德让（耶律隆运） | 匡嗣四子 | 上京留守 |
| 四世 | 韩制心（韩直心、耶律遂贞） | 匡嗣孙，德冲（崇）子 | — |
| 德冲（崇）子 | 上京留守、中京留守、南京留守 | — | — |
| 四世 | 韩昌（耶律遂正） | 德威子 | 上京留守、中京留守、权东京留守 |

总而言之，辽朝立国之初，对于汉人的任用多是不得已而为之；及至中后期，变为有选择地任用汉人，原则上汉地地方长官只用契丹人，而契丹腹地地方长官兼用契丹人和汉人。但那些契丹化的汉人家族则另当别论，从留守的选任情况来看，辽朝并没有拿他们当汉人看待。

在辽朝五京留守的选任中，可以明显看出重视种族身份的用人标准。对于其他民族来说，出任留守的机会非常有限，即便是占辽朝人口多数的汉人，也仅仅是在特定的时间或特定的地域才会被委以诸京留守的要职。只有完全契丹化了的韩知古家族是一个例外，但这并不能代表辽朝对于一般汉人的态度。在契丹人内部，血亲关系的远近成为选任留守的首要标准，皇族、后族成员的机会远远大于契丹其他贵族，这与契丹的世选制传统有很大的关系。❶

❶ 康鹏．辽代五京体制研究 [D]. 北京：北京大学，2007：99-107；康鹏．辽代地方要员选任方式浅议 [M]// 中国社会科学院历史研究所隋唐宋辽金元史研究室．隋唐辽宋金元史论丛（第四辑）. 上海：上海古籍出版社，2014：295-302.

## 第二节　辽代五京留守的入仕途径及其特点

目前，学术界辽代官员的入仕途径的研究成果较多，大多侧重于世选和科举。❶关树东在《辽朝的选官制度与社会结构》一文中综合各家之言，对辽代选官制度做了全面的分析和论述；❷蒋金玲在博士论文中对辽朝任用汉族士人入仕方式做了总结。❸这些成果为研究辽代五京留守的入仕途径具有重要指导作用。

---

❶ 对世选的研究，有陈述．契丹世选考（附表）[M]//“中央研究院”历史语言研究所集刊·八本二分．北京：中华书局，1987；姚从吾．论辽朝契丹人之世选制度 [J]. 文史哲学报（台湾大学），1954（6）；唐统天．辽代仕进补议 [J]. 社会科学辑刊，1990（3）；吴凤霞．契丹世选制的发展变化及其历史作用 [J]. 内蒙古社会科学，1999(2)；王善军．世选制度与契丹的家族势力 [J]. 社会科学战线，2004（1）；张志勇．辽朝选任官吏的方式考述 [J]. 辽宁工程技术大学学报，2004(2)；王德忠．辽朝世选制度的贵族政治特色及其影响 [J]. 东北师范大学学报，2003（6）；关树东．辽朝的选官制度与社会结构 [M]. 张希清，田浩，黄宽重，于建设 .10—13 世纪中国文化的碰撞与融合 [M]. 上海：上海人民出版社，2006；高井康典行，程尼娜．辽朝科举与辟召 [J]. 史学集刊，2009(1)；蒋金玲．辽代荫补制度考 [J]. 史学集刊，2010（2）；蒋金玲．辽代汉人的入仕与迁转 [J]. 中国史研究，2013（3）；杨军，王成名．中国古代社会官吏文化制度与体制建设—契丹官吏世选的个案分析 [J]. 延边大学学报 2017（3），等。对科举制的研究，有陈东原．辽金元的科举与教育 [J]. 学风，1932（10）；李家祺．辽朝科举考 [J]. 现代学苑（台北），1968（8）；朱子方．辽代进士题名录 [J]. 黑龙江文物丛刊，1983(4)；朱子芳，黄凤岐．辽代科举制度述略 [M]// 陈述．辽金史论集（第三辑）．北京：书目文献出版社，1987；杨若薇．辽朝科举制度的几个问题 [J]. 史学月刊，1989（2）；都兴智．有关辽代科举的几个问题 [J]. 北方文物，1991（2）；张希清．辽宋科举制度比较研究 [M]// 张希清，田浩，黄宽重，于建设 .10—13 世纪中国文化的碰撞与融合．上海：上海人民出版社，2006；李锡厚，白滨．中国政治制度通史（第七卷 辽金西夏）[M]. 北京：人民出版社，1996.

❷ 关树东．辽朝的选官制度与社会结构 [M]// 张希清，田浩，黄宽重，于建设 .10—13 世纪中国文化的碰撞与融合．上海：上海人民出版社，2006：438-461.

❸ 蒋金玲．辽代汉族士人研究 [D]. 长春：吉林大学，2010：26-50.

## 一、辽代五京留守的入仕途径

辽代“因俗而治”“随宜设官”的政治特色，导致了地方行政制度“为制不一”的结果。东京用渤海制度，南京、西京用汉制，上京、中京则是汉制、契丹制度兼而有之。辽朝在设官分职时，也是因时、因地、因需而设，并无太多“制度”上的考量，结果导致各地职官名目各异，显得十分混乱。[1]一方面，这些因素增加了五京留守入仕途径研究的难度；另一方面，也可以看作是辽代五京留守选任的特殊性所在。

笔者综合现有研究成果和史实，认为辽代五京留守的入仕途径可以按照人数的多少，即以 5 人为界分为两类，第一类是主要入仕途径，人数较多，包括世选及世官[2]、充任御帐祗侯郎君或护卫[3]、荫补和科举四种方式；第二类是次要入仕途径，人数在 5 人以下，有赏赐、荐举、吏员出职、军功、汉人宫分户因功名出宫籍五种，如表 4–6 所示。

表 4–6　辽代五京留守入仕途径人数汇总表

| 序号 | 类型 | 人数（人） | 百分比（%） |
|---|---|---|---|
| 1 | 世选及世官 | 47 | 32.6 |
| 2 | 充任御帐祗侯郎君和护卫 | 13 | 9.0 |
| 3 | 荫补 | 11 | 7.6 |
| 4 | 科举 | 7 | 4.9 |
| 5 | 赏赐 | 5 | 3.5 |
| 6 | 荐举 | 4 | 2.8 |
| 7 | 吏员出职 | 3 | 2.0 |

[1] 康鹏. 辽代五京体制研究 [D]. 北京：北京大学，2007：106.

[2] 这里所说的世官主要指世家大族的特权。

[3] 现有研究中对于充任御帐祗侯郎君和充任护卫分别论述，由于具有相似性，笔者把他们归为一类。

续表

| 序号 | 类型 | 人数（人） | 百分比（%） |
| --- | --- | --- | --- |
| 8 | 军功 | 2 | 1.4 |
| 9 | 汉人宫分户因功名出宫籍 | 2 | 1.4 |
| 10 | 近侍 | 2 | 1.4 |
| 小计 | | 96 | 66.7 |
| 不明人数 | | 48 | 33.7 |
| 合计 | | 144 | 100 |

注①：表 4-6 是以五京留守人数为目标，对辽代五京留守的入仕途径的整体统计和计算。

注②：表中的人数和百分比，是以文献中能够检索到五京留守入仕途径的 96 人为基础。

注③：文献中未能检索到入仕途径的 48 人，已经在表中标出，以便于进一步研究。

国内外辽史学术界一般认为契丹贵族的世选制是契丹贵族进入政权机构的主要方式[1]，契丹皇族和后族因为是“国之贵族”[2]，享有全体子弟均可入仕的特权，世选制度为契丹皇族、后族及新旧贵族家族势力的维持提供了政治上的保障。[3]较为典型的代表是因皇子的身份入仕即为留守，如耶律倍、耶律道隐、耶律隆裕、耶律和鲁斡 4 人，以皇子身份出仕即为上京留守。耶律宗业出自景宗第三子耶律隆裕一支[4]，出仕即为中京留守。契丹人形成“世官之家”的政治现象，应该是遥辇氏汗国贵族政治的产物，具备了与历史上“世家大族”相同的特点，并在一定程度上体现出“门阀政治”的特征。[5]作为“世选之家”的契丹家族凭借世选及世官得以优先入仕，具体反映在五京留守的入仕情况如表 4-7 所示。

---

❶ 唐统天．辽代仕进补议 [J]. 社会科学辑刊，1990（3）：84.

❷ 脱脱．辽史・卷十七・圣宗纪八 [M]. 北京：中华书局，1974：203.

❸ 王善军．辽代世家大族研究 [D]. 保定：河北大学，2001：77；王善军．世选制度与契丹的家族势力 [J]. 社会科学战线，2004（1）：132；王善军．世家大族与辽代社会 [M]. 北京：人民出版社，2008：180.

❹ 蒋金玲．路振《乘轺录》所记“韩氏子”考辨 [J]. 北方文物，2010（2）：70.

❺ 任爱君．契丹人处世方式摭拾 [J]. 华西语文学刊，2013（8）：178.

表 4-7　辽代五京留守世选及世官入仕官员统计表

| 职位 | 总官员数（人） | 契丹族数（人） | 汉及其他民族数（人） | 以世选及世官入仕官员数（人） | 在契丹族官员中的比例（%） | 在总官员中的比例（%） |
|---|---|---|---|---|---|---|
| 上京留守 | 52 | 40 | 12 | 15 | 37.5 | 28.9 |
| 东京留守 | 30 | 28 | 2 | 13 | 46.4 | 43.3 |
| 中京留守 | 23 | 13 | 10 | 3 | 23.1 | 13 |
| 南京留守 | 25 | 19 | 6 | 12 | 63.2 | 48 |
| 西京留守 | 14 | 13 | 1 | 4 | 30.8 | 28.6 |
| 合计 | 144 | 113 | 31 | 47 | — | — |

需要说明的是，东京留守萧塔列葛，虽为奚族，但因祖上功劳而世选入仕。《辽史·萧塔列葛列传》载："萧塔列葛，字雄隐，五院部人。八世祖只鲁，遥辇氏时尝为虞人。唐安禄山来改，只鲁战于黑山之阳，败之。以功为北府宰相，世预其选。塔列葛仕开泰间，累迁西南面招讨使。"[1]

荫补，荫子之制，是指祖或父有勋功于国，而恩泽及于子孙，补任官职者。唐统天列举史实，说明契丹、汉官员都有荫子特权。[2]关树东也指出辽朝已将荫补制推广到北面官、契丹等民族成分的官员中。[3]五京留守中有多位即通过荫补入仕。韩延徽历仕辽初四朝，官至政事令、南府宰相，孙辈韩绍文即以荫补入仕，曾任上京留守；卢龙赵氏家族在辽代的第一代人物是赵思温，是辽初归降汉人将领中仕辽最为成功者之一，其子赵延祚荫补入仕，官至南京留守；[4]医巫闾马氏家族第一代人物马胤卿，原为后晋青州刺史，辽太宗举兵灭晋，攻至青州，胤卿坚守不降，后城破被执，太宗义而释之，但徙其族于医巫闾山。从此，马氏一族便家于医巫闾山。马胤

[1] 脱脱．辽史·卷八十五·萧塔列葛列传 [M]. 北京：中华书局，1974：1318.

[2] 唐统天．辽代仕进补议 [J]. 社会科学辑刊，1990（3）：88.

[3] 关树东．辽朝的选官制度与社会结构 [M]// 张希清，田浩，黄宽重，于建设 .10—13 世纪中国文化的碰撞与融合．上海：上海人民出版社，2006：449-450.

[4] 王善军．辽代世家大族研究 [D]. 保定：河北大学，2001：65-67；王善军．世家大族与辽代社会 [M]. 北京：人民出版社，2008：124-128.

卿是否改仕辽朝不得而知，然其子廷煦，却官至南京留守，跻入了辽政权上层官僚的行列；❶玉田韩知古家族第三代韩德凝、第四代韩遂正、韩制心，因韩知古官至中书令，为辽太祖佐命功臣之一，第二代韩匡嗣时，韩氏家族的势力得到不断发展，政治上左右逢源，经济上有深刻变化。❷据《辽史 · 圣宗纪四》记载，韩匡嗣已拥有了自己的私人城池，这说明，原来隶属别人作为私奴的韩氏家族，实际上已转化到自己的对立面了。韩氏家族势力发展的另一种表现，是从第二代起开始与契丹贵族互为婚姻,《韩匡嗣墓志》称其夫人为“兰陵萧氏”，而其夫人墓志则进一步说明：“唯兹萧氏世称茂族，或为后，或为妃，或为夫人，皆出此一宗。”❸匡嗣之弟匡美，先后娶三妻，均出自后族萧氏。在婚姻讲究门第的辽朝社会，如果不是家族势力实际已上升至贵族行列，与后族通婚是不可想象的；❹中京留守韩资让为韩延徽第六代孙，与其平辈的韩资道入仕途径即为荫补，据《韩资道墓志铭》载：“清宁初，以荫授银青崇禄大夫、检校国子祭酒、行右卫率府副率。”❺中京留守耶律那也入仕为死事荫补，死事荫补是指为国捐躯的功臣，子孙可以补官，甚至袭父祖的官爵。《辽史 · 耶律那也列传》载，兴宗“以其父斡死王事，九岁加诸卫小将军”。❻

充任御帐祗侯郎君，也称当直郎君，是国家的正式官员。祗侯郎君又因具体祗侯事务的不同，而分属笔砚、牌印、裀褥、御盏、车舆等局，相应则称为笔砚（祗侯）郎君、牌印（祗侯）郎君等。充任护卫，即辽朝皇帝的贴身侍卫。祗侯郎君、

---

❶ 王善军 . 辽代世家大族研究 [D]. 保定：河北大学，2001：64；王善军 . 世家大族与辽代社会 [M]. 北京：人民出版社，2008：121-122.

❷ 王善军 . 辽代世家大族研究 [D]. 保定：河北大学，2001：57；王善军 . 世家大族与辽代社会 [M]. 北京：人民出版社，2008：109.

❸ 葛华廷 . 韩匡嗣墓志及其相关的几个问题 [J]. 北方文物，1997（3）：35.

❹ 向南 . 辽代石刻文编 · 韩椅墓志 [M]. 石家庄：河北教育出版社，1995：204；李锡厚 . 试论辽代玉田韩氏家族的历史地位 [M]// 中国社会科学院历史研究所宋辽金元史研究室 . 宋辽金史论丛（第一辑）. 北京：中华书局，1985：261.

❺ 陈述 . 全辽文 [M]. 北京：中华书局，1982：190.

❻ 脱脱 . 辽史 · 卷九十四 · 耶律那也列传 [M]. 北京：中华书局，1974：1384.

护卫在御帐服务一定时间后，迁转御帐或朝廷内外的重要官职。[1] 五京留守中有 7 人充任御帐祗侯郎君：先后担任上京留守、东京留守、再次任上京留守和南京留守的萧孝先，“统和十八年，补祗侯郎君”；[2] 耶律敌烈，“重熙末，补牌印郎君”；[3] 萧朴，“开泰初，补牌印郎君”；[4]萧孝忠，“开泰中，补祗侯郎君”；[5] 耶律呕里思，“未冠，补祗侯郎君”；[6] 耶律何鲁扫古，“重熙末，补祗侯郎君”；[7] 萧夺剌，“重熙初补祗侯郎君”。[8] 还有 3 人充任护卫：耶律斡腊，“保宁初，补护卫”；[9] 耶律仁先，“重熙三年，补护卫”；[10] 耶律燕哥，“清宁间，为左护卫太保”。[11]

辽代的科举制度扩大了统治集团，为汉人和渤海人入仕提供了一条重要渠道，在一定程度上巩固了辽的统治。经笔者统计，辽代五京留守中共有 7 位通过科举入仕。[12]刘伸，汉人，“重熙五年，登进士第”；[13]张绩，汉人，“太平十一年进士”；[14]窦景庸，渤海人，“清宁中，第进士”；[15] 大公鼎，渤海人，“咸雍十年，登进士第”；[16] 刘

---

❶ 关树东．辽朝的选官制度与社会结构 [M]// 张希清，田浩，黄宽重，于建设．10—13 世纪中国文化的碰撞与融合．上海：上海人民出版社，2006：447-448.

❷ 脱脱．辽史·卷八十七·萧孝先列传 [M]．北京：中华书局，1974：1333.

❸ 脱脱．辽史·卷九十六·耶律敌烈列传 [M]．北京：中华书局，1974：1402.

❹ 脱脱．辽史·卷八十·萧朴列传 [M]．北京：中华书局，1974：1280.

❺ 脱脱．辽史·卷八十一·萧孝忠列传 [M]．北京：中华书局，1974：1285.

❻ 脱脱．辽史·卷八十一·欧里思列传 [M]．北京：中华书局，1974：1284.

❼ 脱脱．辽史·卷九十四·耶律何鲁扫古列传 [M]．北京：中华书局，1974：1384.

❽ 脱脱．辽史·卷九十二·萧夺剌列传 [M]．北京：中华书局，1974：1367.

❾ 脱脱．辽史·卷九十四·耶鲁斡腊列传 [M]．北京：中华书局，1974：1382.

❿ 脱脱．辽史·卷九十六·耶律仁先列传 [M]．北京：中华书局，1974：1395.

⓫ 脱脱．辽史·卷一一〇·耶律燕哥列传 [M]．北京：中华书局，1974：1487.

⓬ 李桂芝．辽金科举研究 [M]．北京：中央民族大学出版社，2012：108-132.

⓭ 脱脱．辽史·卷九十八·刘伸列传 [M]．北京：中华书局，1974：1416.

⓮ 陈述．全辽文 [M]．北京：中华书局，1982：179；向南．辽代石刻文编·张绩墓志 [M]．石家庄：河北教育出版社，1995：313-315.

⓯ 脱脱．辽史·卷九十七·窦景庸列传 [M]．北京：中华书局，1974：1409.

⓰ 脱脱．辽史·卷一〇五·大公鼎列传 [M]．北京：中华书局，1974：1460.

霄，汉人，咸雍十年（1074）状元入仕；[1]贾师训，汉人，道宗咸雍二年（1066年），35岁时，再次“登第”，并入仕，“授秘书省著作佐郎”；[2]苏京，汉人，《金史·苏保衡列传》所记稍详，说保衡“父京，辽进士，为西京留守”。[3]

辽廷赏赐汉人官职，主要针对从中原移迁入辽的“第一代”汉人。辽通过俘虏、吸附、扣使、并地等方式纳入辽国的第一代汉人中人才济济，辽帝直接赏赐他们官职以为我用。[4]五京留守中第一代汉族士人即是通过这种方式进入辽廷。先后担任上京留守和南京留守的高勋，“会同九年，与杜重威来降。太宗入汴，授四方馆使”；[5]王继忠，“统和二十一年，宋遣继忠屯定之望都，以轻骑觇我军，遇南府宰相耶律奴瓜等，获之。太后知其贤，授户部使”；[6]赵延寿，“延寿与其父俱降。明年，德钧卒，以延寿为幽州节度使，封燕王”；[7]刘晞，“后陷于契丹，契丹以汉职縻之”。[8]

军功入仕在辽朝也占相当的比重。辽国南邻宋，东濒高丽，西接西夏，周边还分布着数十个大小不等、叛复无常的属国属部，可谓“居四战之区”。[9]辽南京、东京、西京等地理位置决定了他们需要具有军事能力的人选担任留守，因此，提拔有战功的军人进入官僚队伍，对于激励士气、保持军队战斗力、巩固辽朝的统治具有

[1] 姚奠中．元好问全集 [M]. 太原：山西古籍出版社，2004：607；王善军．辽代世家大族研究 [D]. 保定：河北大学，2001：63；蒋金玲．辽代汉族士人研究 [D]. 长春：吉林大学，2010：34；李桂芝．辽金科举研究 [M]. 北京：中央民族大学出版社，2012：121.

[2] 陈述．全辽文 [M]. 北京：中华书局，1982：253；何天明．试论辽末能吏贾师训 [J]. 内蒙古师范大学学报，1989（1）：71；向南．辽代石刻文编·贾师训墓志寿昌二年 [M]. 石家庄：河北教育出版社，1995：477.

[3] 脱脱．金史·卷八十九·苏保衡列传 [M]. 北京：中华书局，1975：1973.

[4] 蒋金玲．辽代汉族士人研究 [D]. 长春：吉林大学，2010：26.

[5] 脱脱．辽史·卷八十五·高勋列传 [M]. 北京：中华书局，1974：1317.

[6] 脱脱．辽史·卷八十一·王继忠列传 [M]. 北京：中华书局，1974：1284.

[7] 脱脱．辽史·卷七十六·赵延寿列传 [M]. 北京：中华书局，1974：1247.

[8] 薛居正．旧五代史·卷九十八·刘晞传 [M]. 北京：中华书局，1976：1317.

[9] 脱脱．辽史·卷四十六·百官志二 [M]. 北京：中华书局，1974：742.

重要作用。[1] 经笔者考察，辽代五京留守中有两人由此途径入仕。其一是上京留守萧继远，“统和四年，宋人来侵，继先率逻骑逆境上，多所俘获，上嘉之，拜北府宰相”。[2] 其二是南京留守耶律休哥，“休哥少有公辅器。初乌古、室韦二部叛，休哥从北府宰相萧幹讨之。应历末，为惕隐”。[3]

吏员出职是辽朝富裕的契丹平民子弟重要的入仕门径，其中少数人因才干出众、战功卓越或善于权术而升至高官。[4] 五京留守中耶律八哥和耶律乙辛即通过此种途径入仕。先后出任上京留守和东京留守的耶律八哥，“统和中，以世业为本部吏”。[5] 中京留守耶律乙辛，“家贫，服用不给”，[6] 成人后补文班吏、笔砚吏，因“慧黠”而得帝、后宠爱，累迁护卫太保。[7]

荐举是辽朝选拔官员的重要途径。不少贵族子弟就是通过族亲的举荐入仕的。[8] 上京留守萧兀纳是在其兄的举荐下入仕的，“清宁初，兄图独以事入见，帝问族人可用者，图独以兀纳对，补祇侯郎君”。[9] 西京留守耶律马六为耶律弘古推荐入仕，“与耶律弘古为刺血友，弘古为惕隐，荐补宿直官”。[10] 先后担任上京留守和中京留守的

---

❶ 关树东．辽朝的选官制度与社会结构 [M]// 张希清，田浩，黄宽重，于建设．10—13 世纪中国文化的碰撞与融合．上海：上海人民出版社，2006：457.

❷ 脱脱．辽史・卷七十八・萧继先列传 [M]. 北京：中华书局，1974：1268.

❸ 脱脱．辽史・卷八十三・耶律休哥列传 [M]. 北京：中华书局，1974：1299.

❹ 关树东．辽朝的选官制度与社会结构 [M]// 张希清，田浩，黄宽重，于建设．10—13 世纪中国文化的碰撞与融合．上海：上海人民出版社，2006：452.

❺ 脱脱．辽史・卷八十・耶律八哥列传 [M]. 北京：中华书局，1974：1281.

❻ 脱脱．辽史・卷一一〇・耶律乙辛列传 [M]. 北京：中华书局，1974：1483.

❼ 关树东．辽朝的选官制度与社会结构 [M]// 张希清，田浩，黄宽重，于建设．10—13 世纪中国文化的碰撞与融合．上海：上海人民出版社，2006：452.

❽ 关树东．辽朝的选官制度与社会结构 [M]// 张希清，田浩，黄宽重，于建设．10—13 世纪中国文化的碰撞与融合．上海：上海人民出版社，2006：458.

❾ 脱脱．辽史・卷九十八・萧兀纳列传 [M]. 北京：中华书局，1974：1413.

❿ 脱脱．辽史・卷九十五・耶律马六列传 [M]. 北京：中华书局，1974：1390.

萧敌烈，“识度弘远，为乡里推重。始为牛群敞史”。[1]

汉人宫分户因功名出宫籍。宫分户对皇室的依附性较强，政治上和经济上受到一定的限制，但有因获取功名后恩准脱离宫籍[2]。五京留守中有由此途径而脱离宫籍入仕的，如上京留守韩知古，本是淳钦皇后的媵臣户，隶籍宫分。初不得志，其子匡嗣以善医当直长乐宫（长宁宫，淳钦后所建），皇后视之如子，“得亲近太祖，因间言。太祖召见（韩知古）与语，贤之，命参谋议”。[3] 上京留守姚景行，“祖汉英，本周将，应历初来聘，用敌国礼，帝怒，留之，隶汉人宫分。及景行既贵，始出籍”。[4] 他们的父祖辈为未出仕的贫民、平民乃至身份为奴隶的宫分人，这是一种法律上不能轻易改变的身份[5]，但到姚景行时“始出籍”入仕。

韩知古家族的第二代韩匡嗣以近侍入仕，韩匡嗣早年因善医得到述律后的宠爱，后成为辽景宗在藩邸时的密友。景宗即位，韩匡嗣立即得到重用，历官上京留守、南京留守，并“以留守摄枢密使”。[6]

## 二、辽代五京留守入仕途径的特点

辽代五京留守入仕途径首先集中在世选及世官、充任御帐祗侯郎君及护卫、荫补和科举上，符合辽代整体职官入仕特点；其次汉人留守的入仕途径多集中在荫补、赏赐和科举上；最后以军功、吏员出职、荐举、汉人宫分户因功名出宫籍等几种入

---

[1] 脱脱．辽史·卷八十八·萧敌烈列传 [M]. 北京：中华书局，1974：1339.

[2] 关树东．辽朝的选官制度与社会结构 [M]// 张希清，田浩，黄宽重，于建设．10—13 世纪中国文化的碰撞与融合．上海：上海人民出版社，2006：444-445.

[3] 脱脱．辽史·卷七十四·韩知古列传 [M]. 北京：中华书局，1974：1233.

[4] 脱脱．辽史·卷九十六·姚景行列传 [M]. 北京：中华书局，1974：1402-1403.

[5] 李锡厚．辽代诸宫卫各色人户的身份 [J]. 北京师范学院学报，1985（4）：24-25；蒋金玲．辽代汉族士人研究 [D]. 长春：吉林大学，2010：396；蒋金玲．辽代汉族进士家世考 [J]. 社会科学战线，2012（7）：243.

[6] 王善军．辽代世家大族研究 [D]. 保定：河北大学，2001：113，108.

仕途径为补充。辽代五京留守入仕途径透视出这一职官的开放性，但数量极少，也说明开放性是有限的。

辽代五京留守入仕途径从民族上来看，契丹族共有 6 种入仕途径，数量达到 68 人，占已知入仕途径的 70.8%，占据着绝对的优势；汉族五京留守入仕途径也达到 5 种方式之多，但合计人数仅有 24 人，与契丹族相比明显处于劣势；五京留守中渤海族和奚族分别为 2 人，从他们的入仕途径可以看出，契丹政权对待他们的态度是存在差别的，奚族与契丹族在入仕途径上同等对待，但渤海人则要通过科举入仕，如表 4-8 所示。

表 4-8 辽代五京留守入仕途径民族汇总表

| 入仕途径类型 | 契丹族 | 汉族 | 渤海族 | 奚族 |
|---|---|---|---|---|
| 世选及世官 | 46 | — | — | 1 |
| 充任御帐祗侯郎君和护卫 | 12 | — | — | 1 |
| 荐举 | 4 | — | — | — |
| 军功 | 2 | — | — | — |
| 吏员出职 | 3 | — | — | — |
| 荫补 | 1 | 10 | — | — |
| 科举 | — | 5 | 2 | — |
| 赏赐 | — | 5 | — | — |
| 汉人宫分户因功名出宫籍 | — | 2 | — | — |
| 近侍 | — | 2 | — | — |
| 小计 | 68 | 24 | 2 | 2 |
| 不明人数 | 46 | 2 | — | — |
| 总计 | 114 | 26 | 2 | 2 |

注①：表 4-8 是以五京留守人数为目标，对辽代五京留守的入仕途径按民族分别统计和计算。

注②：表中的人数，是以文献中能够检索到入仕途径的 96 人为基础的。

注③：文献中未能检索到入仕途径的 48 人，已经在表中标出，以便于进一步研究。

辽代五京留守入仕途径从辽发展过程来看，入仕途径的类型和人数在不断的增多，这当然也与辽中后期史料可能比前期资料多有关；世选及世官入仕途径从人数来看，在辽发展的各个时期均占据多数，荫补虽然人数不多，但也分别见于辽前、中、后三期；赏赐、近侍、汉人宫分户因功名出宫籍三种入仕方式仅出现在辽前期，科举、荐举、军功、吏员出职以及充任御帐祗侯郎君和护卫等五种入仕途径只出现在辽中后期，反映出辽政权在走向成熟，部分权宜之计逐渐为制度性措施所取代，统治基础逐渐扩大，原有的世选及世官垄断地位受到一定的冲击，如表 4-9 所示。

表 4-9　辽代五京留守入仕途径分时期汇总表

| 入仕途径类型 | 辽前期 | 辽中期 | 辽后期 | 合计 |
|---|---|---|---|---|
| 世选及世官 | 10 | 18 | 19 | 52 |
| 充任御帐祗侯郎君和护卫 | 0 | 7 | 6 | 13 |
| 荐举 | 0 | 3 | 1 | 4 |
| 军功 | 0 | 2 | 0 | 2 |
| 吏员出职 | 0 | 2 | 1 | 3 |
| 荫补 | 2 | 7 | 2 | 11 |
| 科举 | 0 | 1 | 6 | 7 |
| 赏赐 | 4 | 1 | 0 | 5 |
| 汉人宫分户因功名出宫籍 | 1 | 0 | 1 | 2 |
| 近侍 | 2 | 0 | 0 | 2 |
| 不明人数 | 4 | 15 | 29 | 48 |
| 合计 | 23 | 56 | 65 | 149 |

注①：表 4-9 是以五京留守人数为目标，对辽代五京留守的入仕途径按时期分别统计和计算。

注②：表中的人数，是以文献中能够检索到入仕途径的 96 人为基础。

注③：文献中未能检索到入仕途径的 48 人，已经在表中标出，以便于进一步研究。

辽代五京留守入仕途径从各个京来看，上京留守中上述十种入仕途径均有，而其他四京留守的入仕途径仅为其中的若干项；世选及世官在五京留守任选中占据主导地位，五京留守均有从此途径入仕的；汉人宫分户因功名出宫籍仅见于上京留守，这与辽上京地处辽内地相关，也与被选任的韩知古和姚景行自身特殊的身份有关；荐举、军功、吏员出职、荫补、科举、赏赐、近侍等入仕途径多见于二至三京留守的选任，说明这些方式不普遍，契丹政权多采用临时措施选任官员。如表 4-10 所示。

表 4-10 辽代五京留守入仕途径各个京留守汇总表

| 入仕途径类型 | 上京留守 | 东京留守 | 中京留守 | 南京留守 | 西京留守 |
|---|---|---|---|---|---|
| 世选及世官 | 15 | 13 | 3 | 12 | 4 |
| 充任御帐祗侯郎君和护卫 | 2 | 7 | 0 | 2 | 2 |
| 荐举 | 2 | 0 | 1 | 0 | 1 |
| 军功 | 1 | 0 | 0 | 1 | 0 |
| 吏员出职 | 1 | 1 | 1 | 0 | 0 |
| 荫补 | 4 | 0 | 4 | 3 | 0 |
| 科举 | 2 | 0 | 4 | 0 | 1 |
| 赏赐 | 1 | 0 | 1 | 3 | 0 |
| 汉人宫分户因功名出宫籍 | 2 | 0 | 0 | 0 | 0 |
| 近侍 | 1 | 0 | 0 | 1 | 0 |
| 不明人数 | 22 | 8 | 9 | 3 | 6 |

注①：表 4-9 是以五京留守人数为目标，对辽代五京留守的入仕途径按各个京留守分别统计和计算。

注②：表中的人数，是以文献中能够检索到入仕途径的 96 人为基础的。

注③：文献中未能检索到入仕途径的 48 人，已经在表中标出，以便于进一步研究。

## 第三节　辽代五京留守的前任职官

就辽代五京留守入仕前履历而言，大致可以分为两类。极少部分契丹贵族以皇子身份直接拜某京留守，而绝大多数都是先任他官，后任某京留守。总体而言，辽五京留守主要从辽高级官吏中选任。由于辽代官员的品级在现存的史料典籍中没有记载，出土的墓志对此记载相当混乱，这样就只能按照担任留守之前官职的比率考察其资历状况。[1] 对于两次担任某京留守的则对其前任职官分别统计。

### 一、辽代上京留守前任职官

就仕宦资历而言，耶律倍、耶律道隐、耶律隆裕、耶律和鲁斡 4 人以皇子身份出仕即为上京留守，除室、褭衮、耶律稍、耶律宁、耶律贵宁、刘二玄、萧挞得、邢熙年、萧贞一、耶律赤狗儿 10 人限于资料，无法考证其担任上京留守前的职务。经笔者统计：一是北、南院枢密使。在上京留守中曾任北、南院枢密使的有高勋（枢密使兼政事令）、韩绍文（参知政事、同知枢密院事）、耶律宗政（南院枢密使）、萧速撒（知北院枢密使事）、耶律世迁（知北院枢密使事）、萧韩家奴（知北院枢密使事），共计 6 人，占上京留守总人数的 11%。二是其他京留守。在上京留守中曾任其他京留守的有萧孝先（东京留守）、韩昌（权东京留守）、萧孝友（东京留守）、耶律敌烈（同知南京留守事）、耶律慎思（中京留守），共计 5 人，占上京留守总人数的 9%。三是招讨使和北府、南府宰相，在选任为上京留守前任职招讨使的有耶律隆

[1] 比率的计算方法为：将上京留守就职之前所任某官职的人次总数除以上京留守人次总数，所得为一官职比率，依此类推，最后将所得多个官职比率按照高低进行排序，取比率较高的前三位官职。通过对前三位官职的分析，便可得出出任上京留守必备的仕宦资历。

祐（西南面五押招讨大将军，即西南面招讨使）、耶律隆裕（西南面招讨使）、耶律大悲奴（西南面招讨使）、萧乙薛（西南面招讨使），共计 4 人；担任北府或南府宰相的有萧继远（北府宰相）、耶律合葛（南府宰相）、耶律弘古（南府宰相）、萧乙薛（北府宰相，加左仆射，兼东北路都统），也是 4 人，占上京留守总人数的 7%；上京留守前任官职出现三次的有节度使，即耶律庶几（信州节度使）、姚景行（辽兴节度使）、刘诜（保静军节度使）3 人；出现两次的有南院大王，包括耶律敌烈（南院大王）、耶律景（南院大王），还有耶律迪辇（耶律洼）、耶律屋质两人所担任的惕隐一职，也是出现两次；其余则为出现一次的官职，分别为：中书令、天下兵马大元帅、太祖庙详稳、北院林牙、枢密院侍御、归化州刺史、国舅详稳加同政事门下平章事、汉人行宫都部署、平章事、大理寺丞、太尉兼中书令并判中丞司事、王子郎君班详稳、殿前都点检、东北路副都统、中丞。按照比率，上京留守在就职之前所任官职最高的前三位是：北、南院枢密使，占 11%；其他京留守，占 9%；招讨使和北府、南府宰相，占 7%。通过上述统计可以看出，在辽出任上京留守是明确有资历要求的。

契丹皇帝在选任上京留守时，首先考虑选择北、南院枢密使，由于两院枢密使为辽最高朝官[1]，所以由枢密使调任上京留守可以看出上京留守这一职官的特殊性；其次调任其他京留守来上京任职，以东京留守为多，辽五京地处战略要冲，出任留守或留守事之职的必须是契丹族或汉族世家大族，其地位远非一般臣僚相比，调任其他京留守充任上京留守应属于平级调动；再次选择招讨使和北府、南府宰相，在他们经过一段时间和一定职位的历练后也可以担任上京留守，选任为上京留守的招讨使均为西南面招讨使，西南面招讨使负责与西夏、党项、北宋有关的各种事务，对内经管漠南的畜牧业，对屯驻的契丹部族的生产、民事也有一定的管理权；[2]而南、北宰相府，“掌佐理军国之大政”[3]，南府宰相在南面官系统中居于核心地位，北府宰

---

❶ 王建军．辽朝枢密使的渊源 [J]. 赤峰学院学报，2007（1）：15.

❷ 何天明．辽代西南面招讨司探讨 [J]. 内蒙古社会科学，1990（6）：68–69.

❸ 脱脱．辽史・卷四十五・百官志一 [M]. 北京：中华书局，1974：690.

相属于北面朝官系统，具有掌管一部分部族、参佐军务的职能；❶最后其他高级官吏也可选任为上京留守，如节度使，节度使视同五京留守❷，南院大王权力虽低于契丹北、南枢密使，但北、南府宰相府在议政时，北、南院大王的实际角色是“朝官”，有参加重大国政商讨的资格，而作为部族官，知五院事和知六院事又要在部族驻牧地区处理部族事务，也可选任为上京留守。❸惕隐是辽代北面官中唯一职掌皇族政教的官员，也列入选任上京留守的行列。

## 二、辽代东京留守前任职官

充任东京留守必须具备高级仕宦资历，耶律和里、耶律团石、萧阿姑轸、耶律吾扎、耶律弘世、耶律呕里思、萧保先 7 人限于资料，无法考证其担任东京留守前的职务。一是北院枢密使。在东京留守中，曾担任过北院枢密使的有耶律抹只（枢密副使）、耶律隆裕（北院枢密使）、耶律八哥（北院枢密副使）、萧朴（北院枢密使）、萧阿剌（同知北院枢密使，加同中书门下平章事）、耶律仁先（知北院枢密使事）、萧阿剌（北院枢密使），共计 7 人次，占东京留守总人次的 22%。二是其他四京留守。在东京留守中，曾担任过其他四京留守的有萧孝穆（南京留守）、萧孝友（知东京留守，被免）、萧孝友（上京留守）、耶律和鲁斡（西京留守），共 4 人次，在东京留守 32 人次中占 12.5%。东京留守其他前任职官出现两次的分别有萧惠（顺义军节度使）、耶律淳（彰圣等节度使）；耶律斡腊（同政事门下平章事）、萧阿剌（同知北院枢密使，加同中书门下平章事）；耶律隆先（政事令）、萧排押（政事令）；耶律弘古（南京统军使）、萧善宁（南京统军使）；萧孝忠（北府宰相）、耶律贴不（南府宰相）。其余职官则只有 1 次出现，包括萧恒德（北面林牙）、萧孝先（国舅详

---

❶ 何天明．试探辽代北宰相府的职能 [J]. 内蒙古社会科学，1998(1)：53；何天明．辽代南宰相府探讨 [J]. 黑龙江民族丛刊，1999（4）：58.

❷ 杨军．辽代的宰相与使相 [J]. 学习与探索，2012（2）：156.

❸ 何天明．辽代北、南大王及其驻牧地探讨 [J]. 内蒙古社会科学，1999（5）：39.

稳）、耶律侯哂（北院大王）、萧塔列葛（左夷离毕）、耶律何鲁扫古（西北路招讨使）。通过上述统计可以看出，在辽代出任东京留守是明确有资历限制的。

按照比率，东京留守在就职之前所任官职最高的前两位是：北院枢密使，22%；其他京留守，12.5%。通过上述统计可以看出，在辽出任东京留守是明确有资历限制的，契丹皇帝在选任东京留守时首先考虑北院枢密使，北院枢密院是辽最高军事、行政机构[1]，在辽代所起的是军政核心作用，主要职掌包括兵机、武铨、群牧以及行政、经济、文化、司法以及对宋朝等周边政权的交往在内的各类事务，而且侧重于对以上事务的提出、商讨、决策。[2]其次会选择调任其他四京留守来东京任职。辽五京地处战略要冲，出任留守之职的必须是契丹族或汉族世家大族，其地位远非一般臣僚相比，调任其他四京留守充任东京留守应属于平级调动。其他高级官吏在经历一定职位和一段时间的历练后也可选任东京留守，如南京统军使主要职责是对辽南京的保护和对宋的征讨；[3]南、北宰相府，“掌佐理军国之大政”[4]，南府宰相在南面官系统中居于核心地位，北府宰相属于北面朝官系统，具有掌管一部分部族、参佐军务的职能；[5]节度使视同五京留守；[6]政事令，相当于中原王朝的宰相。[7]

## 三、辽代中京留守前任职官

就仕宦资历而言，辽中京留守主要从辽高级官吏中选任。韩迥、萧吐浑、刘霄等人限于资料，无法考证其担任中京留守前的职务。耶律宗业出自景宗第三子耶律

---

❶ 漆侠．辽宋西夏金代通史·典章制度卷 [M]. 北京：人民出版社，2010：5.

❷ 何天明．试探契丹北枢密院的职能与历史作用 [J]. 内蒙古社会科学，1997（2）：48.

❸ 高劲松，孙明明．略论辽代南京统军司 [J]. 鸡西大学学报，2010（1）：108.

❹ 脱脱．辽史·卷四十五·百官志一 [M]. 北京：中华书局，1974：690.

❺ 何天明．试探辽代北宰相府的职能 [J]. 内蒙古社会科学，1998（1）：53；何天明．辽代南宰相府探讨 [J]. 黑龙江民族丛刊，1999（4）：58.

❻ 杨军．辽代的宰相与使相 [J]. 学习与探索，2012（2）：156.

❼ 陈茂同．中国历代职官沿革史 [M]. 天津：百花文艺出版社，2005：357.

隆裕一支[1]，出仕即为中京留守。经笔者统计，一是北、南院枢密使，在中京留守中曾任北、南院枢密使的有韩制心（南院枢密使）、萧滴冽（北院枢密副使）、耶律宜新（知北院枢密使事）、耶律乙辛（北院枢使）、邢熙年（知南院枢密使事）、窦景庸（知枢密院事），共计5人，占中京留守总人数的22%；二是上京留守，担任中京留守前担任上京留守的有萧敌烈、韩昌，占中京留守的9%；其余则为出现一次的官职分别为：河南道行军副都统、左宣徽使、右夷离毕、惕隐、孟父敞稳、刑部尚书、中书侍郎平章事、参知政事、乌古敌烈部统军使、东京户部使。还有因功劳而升为中京留守，王继忠以“牵线人”促成辽宋签订“澶渊之盟”[2]，受到圣宗赐以“宫户三十，加左武卫上将军，摄中京留守”的重赏和擢用。[3]耶律奴于大康二年（1076年）夏曾出使宋国，后又拜中京留守。[4]《辽史·道宗纪三》载，“大康二年夏六月……壬寅，出北院枢密使魏王耶律乙辛为中京留守”。[5]可知，“出”字表明耶律乙辛由北院枢密使贬为中京留守。

按照比率，中京留守在就职之前所任官职最高的前两位是：北、南院枢密使，22%；上京留守，9%。通过上述统计可以看出，在辽出任中京留守是明确有资历限制的。契丹皇帝在选任中京留守时首先考虑选择北、南院枢密使，由于两院枢密使为辽最高朝官[6]，所以由枢密使调任中京留守可以看出中京留守这一职官的特殊性；其次调任上京留守来中京任职，辽上京地处辽国腹地，调任上京留守充任中京留守应属于平级调动；最后是选择其他高级官吏。在他们经过一段时间和一定职位的历练后也可以选任为中京留守，右夷离毕与左夷离毕共理院事，为参知政事，是具有

---

❶ 蒋金玲．路振《乘轺录》所记“韩氏子”考辨 [J]. 北方文物，2010（2）：70.

❷ 何天明．澶渊议和与王继忠 [J]. 内蒙古社会科学，2002（3）：48；何天明．颤渊议和的牵线人王继忠 [M]. 黄凤岐，冯继钦．中国北方各族人物传·辽代卷 [M]. 沈阳：辽海出版社，2002：202.

❸ 脱脱．辽史·卷八十一·王继忠列传 [M]. 北京：中华书局，1974：1284.

❹ 石金民，于泽民．契丹小字《耶律奴墓志铭》考释 [J]. 民族语文，2001（2）：63.

❺ 脱脱．辽史·卷二十三·道宗纪三 [M]. 北京：中华书局，1974：278.

❻ 王建军．辽朝枢密使的渊源 [J]. 赤峰学院学报，2007（1）：15.

相当权势的南面宰相；[1] 惕隐是辽代北面官中唯一职掌皇族政教的官员，也列入选任中京留守的行列。

## 四、辽代南京留守前任职官

充任南京留守必须具备高级仕宦资历，刘晞、马廷煦、赵延祚、耶律明、耶律洪道 5 人限于资料，无法考证其担任南京留守前的职务。一是其他四京留守。在南京留守中，曾担任过其他四京留守的有高勋（上京留守）、韩匡嗣（上京留守）、耶律道隐（上京留守）、耶律隆庆（西京留守）、萧孝穆（东京留守）、耶律和鲁斡（上京留守），共 6 人，在南京留守总人数 25 人中占 24%。二是北枢密使和节度使。在南京留守中，曾担任过北院枢密使的有萧孝先（北院枢密使）、耶律宗元（北院枢密使）、萧惟信（北院枢密副使兼北面林牙）、耶律仁先（共（同）知北院枢密事），共计 4 人，占南京留守总人数的 16%；在南京留守中，曾担任过节度使职务的有赵延寿（幽州节度使）、萧海贞（幽州节度使）、耶律娄国（遥授武定军节度使）、耶律宗范（龙化州节度使），总计 4 人，占南京留守总数的 16%。三是惕隐。在南京留守中，曾担任过惕隐职务的有吴哥弘隐（惕隐）、韩制心（惕隐）、耶律和鲁斡（惕隐），总计 3 人，占南京留守总数的 12%。南京留守其他前任职官有耶律牒蜡（中台省右相）、萧思温（群牧都林牙）、耶律休哥（北院大王、于越、南面行军都统）、萧孝穆（汉人行宫都部署）、耶律淳（南府宰相）。

按照比率，南京留守在就职前所任官职最高的前三位是：其他四京留守，占 24%；北院枢密使和节度使，占 16%；惕隐，占 12%。通过上述统计可以看出，在辽出任南京留守是明确有资历限制的，契丹皇帝在选任南京留守时首先考虑选择调任其他四京留守来南京任职，其中优先考虑上京留守。辽五京地处战略要冲，出任留守之职的必须是契丹族或汉族世家大族，其地位远非一般臣僚可比，调任其他四京

[1] 李锡厚．关于辽朝的参知政事 [J]. 北方文物，1990（3）：67.

留守充任南京留守应属于平级调动；其次选择北枢密使，由于北、南枢密使为辽最高朝官[1]，所以由枢密使调任南京留守可以看出南京留守这一职官的特殊性，而选择节度使，则因为节度使视同五京留守[2]，在他们经过一定时间的历练后也可以担任南京留守；再次是惕隐，系辽代北面官中唯一执掌皇族政教的官员；最后是其他高级官吏也可选任为南京留守，如中台省右相是辽太祖天显元年（926 年）设置的北面掌管政务朝官；群牧都林牙为掌管马政和边政的最高长官；北院大王为北大王院最高首长；于越在辽为荣誉官职，虽无职掌，但位在百官之上，非有大功德者不授，辽国尊官，犹南面之有三公；汉人行宫都部署，负责管理降服的汉人事务最高行政长官；南府宰相为南宰相府的最高行政长官。

## 五、辽代西京留守前任职官

充任西京留守必须具备高级仕宦资历，耶律合术、萧勖（第二次出任西京留守时）、苏京 3 人次限于资料，无法考证其担任西京留守前的职务。一是节度使，耶律贴不（镇国军节度使）、耶律宗允（忠顺军节度使）、耶律阿琏（辽兴军节度使）、萧乙薛（武定军节度使），共计 4 人次，占西京留守总人次的 25%。二是其他四京留守。在西京留守中，曾担任过其他四京留守的有萧滴冽（中京留守）、耶律贴不（东京留守）、耶律和鲁斡（南京留守），共 3 人次，占西京留守总人次的 19%，其余职官则只有一次，包括耶律马六（北院宣徽使）、萧燕六（同中书门下平章事）、耶律燕哥（惕隐）、萧勖（同知枢密院使）、耶律习泥烈（副知右夷离毕事）。

按照比率，西京留守在就职之前所任官职最高的前两位是：节度使，占 25%；其他京留守，占 19%。通过上述统计可以看出，在辽出任西京留守是有明确资历要求的，契丹皇帝在选任西京留守时首先考虑选择调任节度使，节度使视同五京留

---

[1] 王建军．辽朝枢密使的渊源 [J]. 赤峰学院学报，2007（1）：15.

[2] 杨军．辽代的宰相与使相 [J]. 学习与探索，2012（2）：156.

守[1]，在他们经过一定时间的历练后可以担任西京留守；其次选择其他四京留守。辽五京地处战略要冲，出任留守之职的必须是契丹族或汉族世家大族，其地位远非一般臣僚可比，调任其他四京留守充任西京留守应属于平级调动；最后其他高级官吏也可选任为西京留守。如惕隐，是辽代北面官中唯一职掌皇族政教的官员；两院枢密使为辽最高朝官。[2]

苏京，汉族，辽后期进士，被选任为西京留守与当时特殊的政治、军事环境密不可分，由于辽政权已近灭亡，契丹皇帝可能出于某种考虑让苏京担任西京留守，但苏京最终投降金朝。

辽西京留守选任前存在一个特例，即萧夺剌，他免官后“改西京留守”。[3]萧夺剌生活在辽后期，在被任命为西京留守前后，留守职位处于空缺状态，可能当时辽政权没有其他人选，只好任命萧夺剌。

综上而言，辽代五京留守的前任职官从数量上讲，种类繁多。其中，仅出现一次的职官在五京留守均有分布，具体而言上京留守有 11 个，东京留守有 5 个，中京留守有 9 个，南京留守有 5 个，西京留守有 5 个，数量较多，由此不难看出辽代职官迁转频繁，铨选为五京留守的前任职官规律性不强。从官员品级上来看，选任留守的前任职官，品级较高，说明留守职官的重要性。

---

[1] 杨军．辽代的宰相与使相 [J]. 学习与探索，2012（2）：156.

[2] 王建军．辽朝枢密使的渊源 [J]. 赤峰学院学报，2007（1）：15.

[3] 脱脱．辽史・卷九十二・萧夺剌列传 [M]. 北京：中华书局，1974：1368.

# 第五章

# 辽代五京留守的更换频率和去职

辽代五京留守更换十分频繁，笔者以现有资料，利用三种统计方法，对五京留守更换频率做出推断。任职留守后的去向分为三种情况：一是被调任到其他部门任职，二是死于留守任上，三是致仕。其中，以第一种去职方式为主要形式。

## 第一节　辽代五京留守的更换频率

在《辽史》、碑刻、石刻等史籍资料中均没有明确记载辽代五京留守的任期，但留守任职一定时间后即会更换。最晚从景宗开始，出现了官员任期制，上京留守耶律海里“拜彰国军节度使，迁惕隐。秩满，称疾不仕”。[1]这条史料反映出，任期内的政绩优劣，决定其后来的去留升黜。

关于辽代留守的更换频率，杨福瑞在《辽上京留守系考》一文中提出，按辽代官僚任免习俗，辽朝各职务间的迁调是相当频繁的，一个人在一种官职上的任期都不会太长。从《辽史》中看，一般情况下，有的任期一二年，有的甚至仅数月，能达到四年的已经很长了。[2]该研究仅从辽代上京留守情况做出分析，笔者按照现有五京留守的任职年限对辽代五京留守的更换频率做出大胆推测。[3]

第一种方法，平均数法。将辽代五京留守的任职年限相加求和再除以任职年限次数得到的平均数，计算结果为 3.3 年。

第二种方法，截尾平均数法，即去掉任职年限最短和最长的，然后计算平均

---

[1] 脱脱．辽史・卷八十四・耶律海里列传 [M]. 北京：中华书局，1974：1311.

[2] 杨福瑞．辽上京留守系考 [J]. 昭乌达蒙族师专学报，2004（1）：24.

[3] 以下计算时，五京留守的任职年限已现有文献能检索到的 139 人次为基础，任职时间不足一年的按照一年计算。15 任留守的任职时间空缺或仅能推定为一定的时间段，他们的任职年限均未列入其中。

数。[1] 将辽代五京留守任职年限最短 1 年和最长 19 年去掉后，其余任职年限按照平均数计算，结果为 4.52 年。

第三种方法，数学期望法。[2] 辽代五京留守任职年限和出现次数进行汇总得出，具体如表 5-1 所示。

表 5-1　辽代五京留守任职年限及出现次数汇总表

| 任职年限（年） | 出现次数 |
|---|---|
| 1 | 52 |
| 2 | 29 |
| 3 | 17 |
| 4 | 10 |
| 5 | 8 |
| 6 | 5 |
| 7 | 1 |
| 8 | 5 |
| 9 | 6 |
| 11 | 1 |
| 12 | 1 |
| 13 | 1 |
| 16 | 2 |
| 19 | 1 |
| 空缺 | 15 |

将辽代五京留守任职年限及其出现次数相乘后求和，再除以出现次数和，计算结果为 3.3 年。

综合上述三种计算方法发现，算术平均法和数学期望法所得结果一致，均为 3.3

[1] 由于去掉了数列中影响数据稳定性的极端值，从而具有较好的稳健性，不易受到极端值的干扰。

[2] 将任职年限作为随机变量，那么它的数学期望即为更换频率。

年，截尾平均数法所得结果最大，为4.52年。因此，辽代五京留守的更换频率可以推定在三至五年。

按照上述三种方法，对辽代各京留守更换频率分别统计如表5-2所示。

表5-2 辽代各京留守更换频率不同计算平均数法汇总表

单位：年

| 职位 | 算术平均数法 | 截尾平均数法 | 数学期望法 |
|---|---|---|---|
| 上京留守 | 2.08 | 3.05 | 2.08 |
| 东京留守 | 3.24 | 3.45 | 3.24 |
| 中京留守 | 2.62 | 3.42 | 2.62 |
| 南京留守 | 7.00 | 7.57 | 7.00 |
| 西京留守 | 1.86 | 2.50 | 1.86 |
| 五京留守 | 3.30 | 4.52 | 3.30 |

由表5-2可知，不论哪种计算方法，东京、中京、上京和西京留守更换频率均略低于五京留守平均更换频率，即更换频率更高；东京留守更换频率最接近于五京留守平均更换频率；南京留守更换频率远高于五京留守平均更换频率，也就是说南京留守更换频率在五京留守中最低。

五京留守按民族人次划分，契丹族有113人次，汉族22人次，渤海和奚人分别为2人次。按照民族不同、计算方法不同，也可计算出留守的平均任期，如表5-3所示。

表5-3 辽代五京留守更换频率分民族不同计算平均数法汇总表

单位：年

| 民族 | 算术平均数法 | 截尾平均数法 | 数学期望法 |
|---|---|---|---|
| 契丹 | 3.36 | 4.41 | 3.36 |
| 汉 | 3.09 | 5.00 | 3.09 |
| 渤海 | 4.00 | — | 4.00 |

续表

| 民族 | 算术平均数法 | 截尾平均数法 | 数学期望法 |
|---|---|---|---|
| 奚 | 1.50 | — | 1.50 |
| 五京留守 | 3.30 | 4.52 | 3.30 |

由表5-3可知，契丹、汉及渤海平均更换频率接近于五京留守的平均更换频率，只有奚人留守的更换频率略低于五京留守的平均更换频率；结合人次数量来看，契丹和汉留守的更换频率与五京留守的平均更换频率基本相符合，渤海和奚人由于次数过少，无法体现五京留守的平均更换频率状况。

辽代五京留守更换频率按照辽王朝发展历程分别按照前述三种计算方法，汇总如表5-4所示。

表5-4　辽代五京留守更换频率分时期不同计算平均数法汇总表

单位：年

| 时期 | 算术平均数法 | 截尾平均数法 | 数学期望法 |
|---|---|---|---|
| 辽前期 | 3.71 | 4.62 | 3.71 |
| 辽中期 | 3.78 | 5.03 | 3.78 |
| 辽后期 | 2.66 | 3.38 | 2.66 |

由表5-4可知，总体而言，辽前期和辽中期留守更换频率均在三至五年，与辽五京留守平均任职相符，而辽后期留守更换频率略小于三年，但也在两年半以上，略小于五京留守最短平均更换频率。虽然计算方法各有不同，但从辽王朝的发展历程来看，辽代五京留守更换频率具有如下特点：辽中期留守更换频率略长于辽前后期，辽后期留守更换频率时间最短。

将辽代五京留守任职年限统计，如表5-5所示。

表 5-5　辽代五京留守任职年限分阶段分民族统计表

| 任职时间 | 民族 / 数字 | 契丹 | 汉 | 渤海 | 奚 | 共计 |
|---|---|---|---|---|---|---|
| 11 ~ 19 年 | 人数（人） | 5 | 1 | — | — | 6 |
| | 百分比（%） | 83.3 | 16.7 | — | — | 100 |
| 6 ~ 9 年 | 人数（人） | 15 | 2 | — | — | 17 |
| | 百分比（%） | 88.2 | 11.8 | — | — | 100 |
| 3 ~ 5 年 | 人数（人） | 27 | 6 | 2 | — | 35 |
| | 百分比（%） | 77.2 | 17.1 | 5.7 | — | 100 |
| 1 ~ 2 年 | 人数（人） | 66 | 13 | — | 2 | 81 |
| | 百分比（%） | 81.5 | 16 | — | 2.5 | 100 |

在表 5-5 中，将任职年限分为 1 ~ 2 年、3 ~ 5 年、6 ~ 9 年和 11 ~ 19 年四个层次。四个民族中，契丹人留守稳居第一位，表明五京留守长期稳定地控制在契丹族手中。汉族留守，任职年限稳定在其余三民族的第一位，说明在辽政权“因俗而治”政策下，汉人凭借自身实力稳定跻身留守行列，符合辽王朝的实际情况。

辽代有一定数量的留守任职时间较长，是皇帝信任和重用的对象。本书对辽代个人累计任职 6 年以上的留守进行了统计，并列表，如表 5-6 所示。

表 5-6　辽代任职 6 年以上五京留守统计表

| 次序 | 姓名 | 任职年数 | 任职京 | 任职时间 | 民族 |
|---|---|---|---|---|---|
| 1 | 耶律隆先 | 9 | 东京 | 保宁三年—乾亨元年（971—979 年） | 契丹 |
| 2 | 萧恒德 | 8 | 东京 | 统和七年—统和十四年（989—996 年） | 契丹 |
| 3 | 萧排押 | 8 | 东京 | 统和十五年—统和二十二年（997—1004 年） | 契丹 |
| 4 | 耶律八哥 | 9 | 东京 | 开泰七年—太平六年（1018—1026 年） | 契丹 |
| 5 | 赵延寿 | 11 | 南京 | 会同元年—天禄二年（938—948 年） | 汉 |
| 6 | 耶律休哥 | 16 | 南京 | 统和元年—统和十六年（983—998 年） | 契丹 |
| 7 | 耶律隆庆 | 19 | 南京 | 统和十六年—开泰五年（998—1016 年） | 契丹 |
| 8 | 耶律宗元 | 12 | 南京 | 重熙十四年—清宁二年（1045—1056 年） | 契丹 |
| 9 | 耶律和鲁斡 | 16 | 南京 | 寿隆元年—乾统十年（1095—1110 年） | 契丹 |

续表

| 次序 | 姓名 | 任职年数 | 任职京 | 任职时间 | 民族 |
|---|---|---|---|---|---|
| 10 | 耶律淳 | 13 | 南京 | 乾统十年—保大二年（1110—1122 年） | 契丹 |
| 11 | 高勋 | 9 | 南京 | 应历十三年—保宁三年（963—971 年） | 汉 |
| 12 | 韩匡嗣 | 9 | 南京 | 保宁三年—乾亨元年（971—979 年） | 汉 |
| 13 | 萧孝穆 | 8 | 南京 | 太平三年—太平十年（1023—1030 年） | 契丹 |
| 14 | 萧孝穆 | 7 | 南京 | 景福元年—重熙六年（1031—1037 年） | 契丹 |
| 15 | 萧孝先 | 9 | 南京 | 重熙六年—重熙十四年（1037—1045 年） | 契丹 |
| 16 | 耶律仁先 | 8 | 南京 | 咸雍元年—咸雍八年（1065—1072 年） | 契丹 |
| 17 | 耶律化哥 | 8 | 上京 | 统和四年—统和十一年（986—993 年） | 契丹 |
| 18 | 耶律侯古（宗愿） | 9 | 上京 | 清宁十年—咸雍八年（1064—1072 年） | 契丹 |

由表 5-6 显示，辽代任职 6 年以上的留守数，契丹 15，汉 3，契丹留守数是汉留守数五倍，说明他们是辽朝皇帝最主要依靠的力量。任职 6 年以上留守从各京分布来看，南京 12，东京 4，上京 2，而西京和中京没有，与前文计算各京留守更换频率长短相一致，南京留守更换频率最长，东京和上京依次小于南京留守更换频率。

任职时间在 10 年以上的留守均出现在南京，第一位是赵延寿。天显十二年（937 年）夏，赵德钧卒，其子赵延寿本应自觉履行“丁父忧”而守制三年，以尽孝道，但恰在此时，辽太宗封其为幽州节度使、燕王。会同元年（938 年），辽改幽州为南京，迁延寿南京“留守，总山南事”[1]，成为南京首任留守，任职时间长达 11 年。正是当时战时的需要，赵延寿既没有履践守制礼制，又无请丧假的记述，而是毅然莅官行事，整日忙于军政事务。[2] 第二位是耶律休哥，他在抗击和打败北宋的进攻中显现了卓越的军事才能，担任南京留守时出现了边境大治的局面，足见其政治才能，南京的客观需要使他任职南京留守 16 年之久。第三位是耶律隆庆。由于他在南京多年的经营，对当地情况相当熟悉，势力逐步稳固。故统和二十二年（1004 年）十二

[1] 脱脱．辽史・卷七十六・赵延寿列传 [M]．北京：中华书局，1974：1247.

[2] 曲守成．辽代守制考论 [J]．学习与探索，1998（6）：132.

月，辽宋订立“澶渊之盟”，双方停战，关系缓和，圣宗仍让隆庆留守南京，直至开泰五年（1016 年）耶律隆庆去世。[1] 第四位是耶律宗元。辽兴宗没有意识到他是守旧派的代表，长期担任南京留守等要职，已形成一种顽固的政治势力。第五位是耶律和鲁斡，他两次出任南京留守。第六位是耶律淳，他们是父子关系，乾统十年（1110 年），耶律淳父和鲁斡薨，天祚帝“即以淳袭父守南京”。[2] 也就是说出现了父死子继现象，一方面与当时已处于辽末期，另一方面也与耶律和鲁斡、耶律淳长期任职南京留守有关。

辽代更换频率在三至五年的留守共计 35 人次，占据已知留守更换频率总人次的四分之一。按各京统计，分别为上京留守 5 人次、东京留守 8 人次、中京留守 10 人次、南京留守 8 人次、西京留守 4 人次，依次达到各自所在京已知留守更换频率的 10.0%、27.6%、47.6%、30.8%、28.6%。由此可见，中京留守中有近一半更换频率在三至五年期间，更多的接近于辽代五京留守更换频率的平均更换频率。更换频率在三到五年间的渤海留守 2 人次、汉人留守 6 人次，其余均为契丹留守，渤海留守全在辽代五京留守更换频率内。任职 1 ～ 2 年的五京留守共计 81 人次，占据已知五京留守更换频率总人次的 58.3%，即超过一半，说明辽代五京留守更换频繁随机性较大，制度规定不强，即所谓辽在地方官上的“随宜设官，为制不一”。[3]

所以，留守拜罢频繁程度直接反映着辽政权是否强盛。将《辽代五京留守更换频率分时期不同计算平均数法汇总表》制图显示如图 5-1 所示。

---

[1] 付璐，孟凡云．耶律宗教生平及大事略考——以耶律宗教兄弟的墓志为主 [J]. 科技创新导报，2009（29）：176.

[2] 脱脱．辽史・卷三十・天祚皇帝纪四 [M]. 北京：中华书局，1974：352.

[3] 脱脱．辽史・卷四十八・百官志四 [M]. 北京：中华书局，1974：801.

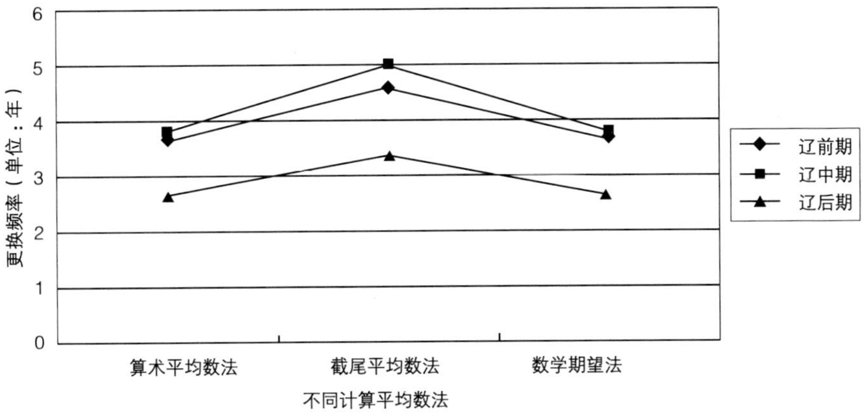


**图 5-1　辽代五京留守更换频率分时期比较图**

由图 5-1 可知，不论采用哪种计算方法，到辽后期，留守拜罢频率均高于辽前期和辽中期，频繁更换留守在一定程度上可达到长治久安的效果，但过于频繁地更换，反而不能达到预期效果。就辽代五京留守职官来看，更换频率在三至五年较为适当。

## 第二节　辽代五京留守的去职

辽代五京留守任职一定时间后即会离任，离任去向分为三种情况：一是被调任到其他部门继续任职，迁转为其他职官是辽代五京留守去职安排的主要形式。二是死于留守任上，这里又分为自然死亡和非自然死亡。三是致仕。后两种去职安排人数较少。此外限于资料有限等原因，有少部分留守的去职无法考证。

## 一、辽代五京留守的考课与迁转

辽廷对五京留守的考课，五京留守由此而出现的迁转也是加强对五京地方政务运行管理的重要组成部分，只是制度建设尚不完善。

### （一）辽代五京留守的考课

辽代职官考课多基本沿袭唐制。“辽自太祖创业，太宗抚有燕、蓟，任贤使能之道亦略备矣。然惟朝廷参置国官，吏州县者多遵唐制。”[1]辽代对朝廷内外百官的考察，按照业绩实行奖惩升黜。按唐制，“掌文选、勋封、考课之政。以三铨之法官天下之材，以身、言、书、判、德行、才用、劳效，较其优劣而定其留放，为之注拟”。[2]辽考课百官是根据所任职务而考核其业绩。由于《辽史》无记载，但辽承唐制，现据《新唐书》记载推断其考课内容。对基层地方官员的考核，主要考察六个方面：“其一，察官人善恶；其二，察户口流散，籍帐隐没，赋役不均；其三，察农桑不勤，仓库减耗；其四，察妖猾盗贼，不事生业，为私蠹害；其五，察德行孝悌，茂才异等，藏器晦迹，应时用者；其六，察黠吏豪宗兼并纵暴，贫弱冤苦不能自申者。”[3]由此判读，辽对基层地方官员考课的内容包括户口增减、农牧业的发展、盗贼讼狱、教育教化、刑罚治安等。其中，户口增减、农牧业发展、课税缴纳是主要考课内容。对武官的考课，主要看守边防边的业绩，军功大小、号令整肃、宿卫严密等方面。[4]正如《辽史》所论：“是以治民、理财、决狱、弭盗，各有其人。考其德政，虽未足以与诸循、良之列，抑亦可谓能吏矣。”[5]

---

❶ 脱脱．辽史·卷一〇五·能吏列传 [M]. 北京：中华书局，1974：1459.

❷ 欧阳修，宋祁．新唐书·卷四十六·百官志 [M]. 北京：中华书局，1975：1186.

❸ 欧阳修，宋祁．新唐书·卷四十八·百官志三 [M]. 北京：中华书局，1975：1240.

❹ 武玉环．辽代职官考核制度探析 [J]. 史学集刊，2014（3）：84-87.

❺ 脱脱．辽史·卷一〇五·能吏列传 [M]. 北京：中华书局，1974：1459.

辽朝的考核标准大抵参照唐朝的“四善二十七最”。“四善”分别为德义有闻、清慎明著、公平可称、恪勤匪懈。“二十七最”是:“一曰献可替否，拾遗补阙，为近侍之最；二曰铨衡人物，擢尽才良，为选司之最；三曰扬清激浊，褒贬必当，为考校之最；四曰礼制仪式，动合经典，为礼官之最；五曰音律克谐，不失节奏，为乐官之最；六曰决断不滞，与夺合理，为判事之最；七曰部统有方，警守无失，为宿卫之最；八曰兵士调习，戎装充备，为督领之最；九曰推鞫得情，处断平允，为法官之最；十曰雠校精审，明于刊定，为校正之最；十一曰承旨敷奏，吐纳明敏，为宣纳之最；十二曰训导有方，生徒克业，为学官之最；十三曰赏罚严明，攻战必胜，为军将之最；十四曰礼义兴行，肃清所部，为政教之最；十五曰详录典正，词理兼举，为文史之最；十六曰访察精审，弹举必当，为纠正之最；十七曰明于勘覆，稽失无隐，为句检之最；十八曰职事修理，供承强济，为监掌之最；十九曰功课皆充，丁匠无怨，为役使之最；二十曰耕耨以时，收获成课，为屯官之最；二十一曰谨于盖藏，明于出纳，为仓库之最；二十二曰推步盈虚，究理精密，为历官之最；二十三曰占候医卜，效验多者，为方术之最；二十四曰检察有方，行旅无壅，为关津之最；二十五曰市廛弗扰，奸滥不行，为市司之最；二十六曰牧养肥硕，蕃息孳多，为牧官之最；二十七曰边境清肃，城隍修理，为镇防之最。”[1]分别对各级官员的职责、标准进行细致划分。

五京留守也是辽王朝考课的对象。统和元年（983年），圣宗“下诏谕三京左右相、左右平章事、副留守判官、诸道节度使判官、诸军事判官、录事参军等，当执公方，毋得阿顺。诸县令佐如遇州官及朝使非理征求，毋或畏徇。恒加采听，以为殿最”。[2]林鹄怀疑，“副留守”下当点断，即副留守与留守判官。[3]由此可知，副留

---

❶ 欧阳修，宋祁．新唐书・卷四十六・百官志一[M]. 北京：中华书局，1975：1190-1191.

❷ 脱脱．辽史・卷十・圣宗纪一[M]. 北京：中华书局，1974：112.

❸ 林鹄．《辽史・百官志》南面官考正[M]// 中国社会科学院历史研究所隋唐宋辽金元史研究室．隋唐辽宋金元史论丛（第三辑）．上海：上海古籍出版社，2013：288.

守位列考课范围之内。另外，留守具体对区内所属各级官吏要予以考核，如重熙十年（1041 年）“冬十月丙戌，诏东京留守萧孝忠察官吏有廉干清强者，具以名闻”。❶由此推断，辽对五京留守管理上也存在考课，只是辽圣宗之前考课较为随意，不成体系，辽圣宗以后考课制度有了一定的发展，但仍然十分不完善。

兴宗后官员考课与职阶迁转，已逐步走向正轨，比较规范的官员考绩制度逐渐形成，特别是其中一项重要程序——“解由”递送，已在诸多地方官员的考核中或被动或主动地开始实行。比如，以皇帝为代表的朝廷，为了解被考课者的真实情况以决定黜陟，便时常催促地方政府完善官员考课后的“解由”递送环节。如辽兴宗曾诏令东京留守及时报送被考课者的考课材料。《辽史·兴宗纪》记载：重熙十年（1041 年）“冬十月丙戌，（兴宗）诏东京留守萧孝忠察官吏有廉干清强者，具以名闻”。❷

辽五京留守在军事和行政上具有重要职掌，但五京留守的迁转更多的是出于军事原因，也就是说军事方面的考课对于五京留守而言至关重要。一部分因军事需要而出任其他军事职官。上京留守耶律倍因献计进攻渤海，而在天显元年，“从征渤海”❸，不再担任上京留守。东京留守萧善宁、耶律八哥因讨伐高丽的需要而担任都监。南京留守耶律仁先因“阻卜塔里干叛命”，而被任命为西北路招讨使，并“赐鹰纽印及剑”。❹还有一部分留守因立军功而改任其他职务。萧兀纳担任上京留守期间，天庆六年（1116 年），“耶律章奴叛，来攻京城”，他“发府库以赉士卒，谕以逆顺，完城池，以死拒战。章奴无所得而去”。因此，以军功而“授副元帅，寻为契丹都宫使”。❺东京留守耶律抹只因增援镇守南京的耶律休哥，荣立军功而“迁开远军节度使”。《辽史·耶律抹只列传》对此记载如下：“宋将曹彬、米信等侵边，抹只引兵至

❶ 脱脱．辽史·卷十九·兴宗纪二 [M]. 北京：中华书局，1974：226.
❷ 脱脱．辽史·卷十九·兴宗纪二 [M]. 北京：中华书局，1974：226.
❸ 脱脱．辽史·卷七十二·义宗倍列传 [M]. 北京：中华书局，1974：1210.
❹ 脱脱．辽史·卷九十六·耶律仁先列传 [M]. 北京：中华书局，1974：1397.
❺ 脱脱．辽史·卷九十八·萧兀纳列传 [M]. 北京：中华书局，1974：1414.

南京，先缮守御备。及车驾临幸，抹只与耶律休哥逆战于涿之东，克之，迁开远军节度使。”[1]统和二十二年（1004年），辽再次对宋发动进攻，东京留守萧排押“将渤海军，下德清军”，到“宋和议成，为北府宰相”。[2]统和三十年（1012年），“西北部叛”，东京留守耶律弘古“从南府宰相耶律奴瓜讨之”，因“典禁军，号令整肃，诸部多降。寻迁侍中”。[3]重熙十三年（1044年），东京留守耶律侯哂“与知府萧欧里斯讨蒲卢毛朵部有功，加兼侍中”。[4]咸雍五年（1069年），萧素飒讨伐“剖阿里部叛”，迫使其“酋长来朝”，“帝嘉其功，徙北院林牙”。[5]太平十年（1030年），南京留守萧孝穆因平定大延琳叛乱，“改东京留守，赐佐国功臣”。[6]天庆七年（1117年），西京留守萧乙薛“讨剧贼董厐儿，战易水西，大破之”。因此军功而“为北府宰相，加左仆射，兼东北路都统”。[7]也有留守因军事失利而离任的。大同元年（947年），耶律德光去世后，耶律倍的儿子耶律阮自立为帝，在上京的述律太后派上京留守耶律李胡在南京北部的泰德泉交战，“为安端、留哥所败”。[8]保大二年（1122年），“金兵大至”，上京留守萧乙薛因“军溃，左迁西南面招讨使”。[9]东京留守萧恒德讨伐部族不利，即受到处罚，统和十四年（996年）夏四月，“东京留守萧恒德等五人以讨兀惹不克，削官”。[10]按照指挥不利定罪，罢官。乾亨元年（979年），南京留守韩匡嗣攻宋失败，杖责免官[11]，《辽史·韩匡嗣列传》对此也有记载：“皇后引诸内戚

---

[1] 脱脱.辽史·卷八十四·耶律抹只列传[M].北京：中华书局，1974：1308.
[2] 脱脱.辽史·卷八十八·萧排押传[M].北京：中华书局，1974：1341.
[3] 脱脱.辽史·卷八十八·耶律弘古列传[M].北京：中华书局，1974：1346.
[4] 脱脱.辽史·卷九十二·耶律侯哂列传[M].北京：中华书局，1974：1368.
[5] 脱脱.辽史·卷九十五·萧素飒列传[M].北京：中华书局，1974：1392.
[6] 脱脱.辽史·卷八十七·萧孝穆列传[M].北京：中华书局，1974：1332.
[7] 脱脱.辽史·卷一一〇·萧乙薛列传[M].北京：中华书局，1974：1435.
[8] 脱脱.辽史·卷七十二·章肃皇帝李胡列传[M].北京：中华书局，1974：1213.
[9] 脱脱.辽史·卷一〇一·萧乙薛列传[M].北京：中华书局，1974：1436.
[10] 脱脱.辽史·卷十三·圣宗纪四[M].北京：中华书局，1974：148.
[11] 魏坚.辽西夏金蒙元顶级文臣[M].石家庄：花山文艺出版社，2007：32.

徐为开解，上重违其请。良久，威稍霁，乃杖而免之。”❶

除军事方面对五京留守任职情况予以考课外，行政上也要考核，对于那些政绩突出者及时予以奖励。上京留守张绩因审决滞狱而另有委派，重熙十四年（1045年），“以讼息加朝散郎。当年冬。改授盐铁判官”。❷萧孝穆任职东京留守期间，“政务宽简，抚纳流徙，其民安之”❸，到兴宗即位，即再次被任命为南京留守。萧孝忠担任东京留守期间妥善处理了契丹与渤海的民族关系，当时禁止渤海人击球，萧孝忠进言：“东京最为重镇，无从禽之地，若非球马，何以习武？且天子以四海为家，何分彼此？宜弛其禁。”契丹皇帝“从之”。重熙十二年（1043年），“入朝，封楚王，拜北院枢密使”。❹

契丹皇帝对于五京留守直接考课，按照政权的需要将留守调任其他职务。上京留守萧敌烈“为人宽厚，达政体”，汉人行宫都部署王继忠推荐他担任枢密使，但契丹皇帝对此持怀疑态度，仅让他“为中京留守”。❺萧孝先担任上京留守时，太平十一年（1031年），“帝不豫”，萧孝先受诏“总禁卫事”。❻耶律宗政为上京留守时备受皇帝倚重，“倚毗之重，时无与阶。四年冬，加上宝册。召赴阙，复拜大内惕隐”。❼东京留守耶律仁先，在“皇帝嗣位之初”，“诏王赴阙，授同知燕京留守事”。❽大康二年（1076年）六月，辽道宗出乙辛为中京留守，但乙辛的亲信不断在道宗面

---

❶ 脱脱．辽史·卷七十四·韩匡嗣列传[M]. 北京：中华书局，1974：1234.

❷ 陈述．全辽文[M]. 北京：中华书局，1982：179；向南．辽代石刻文编·张绩墓志[M]. 石家庄：河北教育出版社，1995：313-316.

❸ 脱脱．辽史·卷八十七·萧孝穆列传[M]. 北京：中华书局，1974：1332.

❹ 脱脱．辽史·卷八十一·萧孝忠列传[M]. 北京：中华书局，1974：1285.

❺ 脱脱．辽史·卷八十八·萧敌烈列传[M]. 北京：中华书局，1974：1340.

❻ 脱脱．辽史·卷八十七·萧孝先列传[M]. 北京：中华书局，1974：1333.

❼ 陈述．全辽文[M]. 北京：中华书局，1982：157；向南．辽代石刻文编·耶律宗政墓志[M]. 石家庄：河北教育出版社，1995：307；刘凤翥，唐彩兰，青格勒．辽上京地区出土的辽代碑刻汇辑·耶律宗政墓志[M]. 北京：社会科学文献出版社，2009：203.

❽ 陈述．全辽文[M]. 北京：中华书局，1982：198.

前为他辩解。结果，同年十月，再令乙辛还朝复为“北院枢密使”。[1]

## （二）辽代五京留守的迁转

辽代五京留守任职一段时间后即会被调任到其他部门任职，详细考量各京留守迁转情况，对于分析辽政权如何管理五京留守这一职官在辽代的发展有着重要作用。

### 1. 上京留守的迁转

迁转到其他部门任职的上京留守共有 32 人次。耶律倍，在太祖平定渤海后，“改其国曰东丹，名其城曰天福，以倍为人皇王主之”；[2]耶律迪辇（耶律洼）“迁北院大王”；[3]世宗委任耶律屋质为右皮室详稳；[4]耶律李胡奉命“将兵击之。至泰德泉，为安端、留哥所败”。[5]之后，有人告发耶律李胡谋反而“徙李胡祖州，禁其出入”；[6]高勋“寻移南京”[7]，即任南京留守；耶律道隐，“乾亨元年，迁守南京”；[8]韩匡嗣“王燕，改南京留守”；[9]耶律化哥“迁北院大王”；[10]耶律隆裕担任上京留守后分别“拜西南面招讨使”“权知北院枢密使”；[11]耶律隆祐“（统和二十三年）赐致理功臣”；[12]耶律

---

[1] 脱脱．辽史·卷一一〇·耶律乙辛列传 [M]. 北京：中华书局，1974：1485.

[2] 脱脱．辽史·卷七十二·义宗倍列传 [M]. 北京：中华书局，1974：1210.

[3] 脱脱．辽史·卷七十七·耶律洼列传 [M]. 北京：中华书局，1974：1261.

[4] 曹建华．大辽上京人物谱 [M]. 北京：文史出版社，2005：150.

[5] 脱脱．辽史·卷七十二·章肃皇帝李胡列传 [M]. 北京：中华书局，1974：1213.

[6] 脱脱．辽史·卷七十二·章肃皇帝李胡列传 [M]. 北京：中华书局，1974：1213.

[7] 脱脱．辽史·卷八十五·高勋列传 [M]. 北京：中华书局，1974：1317.

[8] 脱脱．辽史·卷七十二·晋王道隐列传 [M]. 北京：中华书局，1974：1212.

[9] 脱脱．辽史·卷七十四·韩匡嗣列传 [M]. 北京：中华书局，1974：1234.

[10] 脱脱．辽史·卷九十四·耶律化哥列传 [M]. 北京：中华书局，1974：1381.

[11] 脱脱．辽史·卷六十四·皇子表 [M]. 北京：中华书局，1974：967-988.

[12] 王青煜，敖力布．耶律隆祐与耶律隆裕考 [M]// 姜锡东．宋史研究论丛（第十一辑）. 保定：河北大学出版社，2010：151.

八哥“开泰四年，召为北院枢密副使”；[1]韩制心“进汉人行宫都部署”；[2]萧敌烈“为中京留守”；[3]萧孝先任职留守后先后“复为国舅详稳”“总禁卫事”；[4]耶律敌烈“再次担任惕隐”；[5]韩昌“中京留守”；[6]耶律弘古“迁南院大王”；[7]张绩“改授盐铁判官、中允”；[8]耶律庶几“任霍州节度使”；[9]萧孝友“复留守东京”；[10]耶律宗政“复拜大内惕隐”；[11]据《义和仁寿皇太叔祖哀册乾统十年》册文：“临潢天府，云中帝城，辽阳奥壤，燕台翼京，以嫠以判，爰肃爰清。”推断和鲁斡在担任上京留守后似乎出任西京

---

[1] 脱脱.辽史·卷十五·圣宗纪六[M].北京：中华书局，1974：177；脱脱.辽史·卷八十·耶律八哥列传[M].北京：中华书局，1974：1281.

[2] 脱脱.辽史·卷八十二·韩制心列传[M].北京：中华书局，1974：1292.

[3] 脱脱.辽史·卷八十八·萧敌烈列传[M].北京：中华书局，1974：1340.

[4] 脱脱.辽史·卷八十七·萧孝先列传[M].北京：中华书局，1974：1333.

[5] 脱脱.辽史·卷十八·兴宗纪一[M].北京：中华书局，1974：213.

[6] 刘凤翥，唐彩兰，青格勒.辽上京地区出土的辽代碑刻汇辑·耶律（韩）遂正墓志铭太平七年[M].北京：社会科学文献出版社，2009：15-16；刘凤翥，青格勒.辽代《韩德昌墓志铭》和《耶律（韩）高十墓志铭》考释[M]//刘凤翥，唐彩兰，青格勒.辽上京地区出土的辽代碑刻汇辑.北京：社会科学文献出版社，2009：380-395，原载国学研究，2005(15)：380-395；向南，张国庆，李宇峰.辽代石刻文续编·耶律遂正墓志[M].沈阳：辽宁人民出版社，2010：68-70.

[7] 脱脱.辽史·卷九十五·耶律弘古列传[M].北京：中华书局，1974：1389.

[8] 陈述.全辽文[M].北京：中华书局，1982：179；向南.辽代石刻文编·张绩墓志[M].石家庄：河北教育出版社，1995：314.

[9] 向南.辽代石刻文编·耶律庶几墓志[M].石家庄：河北教育出版社，1995：295；刘凤翥，唐彩兰，青格勒.辽上京地区出土的辽代碑刻汇辑·耶律庶几墓志铭[M].北京：社会科学文献出版社，2009：286.

[10] 脱脱.辽史·卷八十七·萧孝友传[M].北京：中华书局，1974：1334.

[11] 陈述.全辽文[M].北京：中华书局，1982：157；向南.辽代石刻文编·耶律宗政墓志[M].石家庄：河北教育出版社，1995：305-311；刘凤翥，唐彩兰，青格勒.辽上京地区出土的辽代碑刻汇辑·耶律宗政墓志[M].北京：社会科学文献出版社，2009：203.

留守；[1]耶律阿琏“八年改判辽兴军节度使”；[2]刘诜（刘伸）“乙辛以事徙镇雄武”；[3]耶律敌烈“改塌母城节度使”；[4]耶律慎思“为北院枢密副使”；[5]耶律大悲奴出任留守以后先后于“乾统初，历上京留守、惕隐”“领北南枢密院点检中丞诸司等事”；[6]萧挞不也“为契丹行宫都部署兼副元帅”。[7]萧乙薛军溃，“左迁西南面招讨使”。[8]

由此可知，上京留守迁转情况最多的首先是其他四京留守，共计 7 人次；其次是节度使、北院枢密（副）使、北南院大王、（大内）惕隐，分别为 3 人次；再次为行宫都部署和招讨使，分别是 2 人次；最后是出现一次的其他职官。限于现有资料，无法考证上京留守迁转情况的有除室、褭衮、耶律稍、耶律合葛、耶律宁、耶律贵宁、萧查剌宁、韩绍文、萧慎微、刘二玄、耶律世迁、邢熙年、萧贞一、耶律赤狗儿、萧韩家奴等 15 人。

2. 东京留守的迁转

迁转其他部门任职的东京留守共有 21 人次。耶律抹只在“宋将曹彬、米信等侵边，抹只引兵至南京……克之，迁开远军节度使”；[9]萧恒德讨伐兀惹时，“士马死伤者众，坐是削功臣号。十四年，为行军都部署”；[10]萧排押“宋和议成，为北府宰

---

❶ 向南，张国庆，李宇峰．辽代石刻文续编·义和仁寿皇太叔祖哀册乾统十年 [M]. 沈阳：辽宁人民出版社，2010：272–273.

❷ 盖之庸．内蒙古辽代石刻文研究·皇弟秦越国王耶律弘世墓志 [M]. 呼和浩特：内蒙古大学出版社，2002：260–263；刘凤翥，唐彩兰，青格勒．辽上京地区出土的辽代碑刻汇辑·耶律弘世墓志铭 [M]. 北京：社会科学文献出版社，2009：276；向南，张国庆，李宇峰．辽代石刻文续编·耶律弘世墓志 [M]. 沈阳：辽宁人民出版社，2010：192.

❸ 脱脱．辽史·卷九十八·刘伸列传 [M]. 北京：中华书局，1974：1417.

❹ 脱脱．辽史·卷九十六·耶律敌烈列传 [M]. 北京：中华书局，1974：1402.

❺ 脱脱．辽史·卷二十七·天祚皇帝纪一 [M]. 北京：中华书局，1974：319–320.

❻ 脱脱．辽史·卷九十五·耶律大悲奴列传 [M]. 北京：中华书局，1974：1393.

❼ 脱脱．辽史·卷二十八·天祚皇帝纪二 [M]. 北京：中华书局，1974：334.

❽ 脱脱．辽史·卷一〇一·萧乙薛列传 [M]. 北京：中华书局，1974：1436.

❾ 脱脱．辽史·卷八十四·耶律抹只列传 [M]. 北京：中华书局，1974：1308.

❿ 脱脱．辽史·卷八十八·萧恒德列传 [M]. 北京：中华书局，1974：1343.

相”；[1]耶律弘古，“统和三十年，西北部叛，从南府宰相耶律奴瓜讨之……寻迁侍中，卒”；[2]开泰六年（1017年），“殿前都点检萧屈烈为都监，以伐高丽”；[3]耶律八哥，开泰七年（1018年），“上命东平王萧排押帅师伐高丽，八哥为都监”；[4]萧孝先在“延琳平”后，“留守上京”；[5]萧孝穆，“兴宗即位，徙王秦，寻复为南京留守”；[6]萧惠，“历顺义军节度使、东京留守、西南面招讨使”；[7]重熙三年（1034年）“六月己亥，以萧普古为南院枢密使”；[8]萧孝忠，“重熙十二年，入朝，封楚王，拜北院枢密使”；[9]重熙十九年（1050年）“十二月丁亥，东京留守萧塔列葛为北府宰相”；[10]萧孝友，“改上京留守，更王秦”；[11]萧阿剌，“重熙二十一年，拜西北路招讨使”；[12]耶律仁先，“授同知燕京留守事”；[13]萧孝友，“（清宁二年）十月戊申朔……东京留守宿国亡陈留北府宰相陈留即孝友”；[14]清宁五年（1059年），“东京留守吴王贴不西京留守”；[15]耶律弘世，“清

---

❶ 脱脱．辽史·卷八十八·萧排押列传 [M]. 北京：中华书局，1974：1341.

❷ 脱脱．辽史·卷八十八·耶律弘古列传 [M]. 北京：中华书局，1974：1346.

❸ 脱脱．辽史·卷十五·圣宗纪六 [M]. 北京：中华书局，1974：179.

❹ 脱脱．辽史·卷八十·耶律八哥列传 [M]. 北京：中华书局，1974：1281.

❺ 脱脱．辽史·卷八十七·萧孝先列传 [M]. 北京：中华书局，1974：1333.

❻ 脱脱．辽史·卷八十七·萧孝穆列传 [M]. 北京：中华书局，1974：1332.

❼ 脱脱．辽史·卷九十三·萧惠列传 [M]. 北京：中华书局，1974：1374.

❽ 脱脱．辽史·卷十八·兴宗纪一 [M]. 北京：中华书局，1974：216.

❾ 脱脱．辽史·卷八十一·萧孝忠列传 [M]. 北京：中华书局，1974：1285.

❿ 脱脱．辽史·卷二十·兴宗纪三 [M]. 北京：中华书局，1974：242.

⓫ 脱脱．辽史·卷二十一·道宗纪一 [M]. 北京：中华书局，1974：254.

⓬ 脱脱．辽史·卷九十·萧阿剌列传 [M]. 北京：中华书局，1974：1355.

⓭ 陈述．全辽文 [M]. 北京：中华书局，1982：198；韩宝兴．契丹小字《耶律仁先墓志》考释 [J]. 内蒙古大学学报，1991（1）：73.

⓮ 脱脱．辽史·卷二十一·道宗纪一 [M]. 北京：中华书局，1974：254.

⓯ 脱脱．辽史·卷二十一·道宗纪一 [M]. 北京：中华书局，1974：257.

宁六年授上京留守、判临潢尹”；❶寿隆（昌）六年（1100年）“五月乙未，以东京留守何鲁扫古为惕隐”；❷耶律淳，“乾统六年，拜南府宰相”；❸耶律和鲁斡，据《义和仁寿皇太叔祖哀册乾统十年》册文“临潢天府，云中帝城，辽阳奥壤，燕台翼京，以赘以判，爰肃爰清”推断，似乎任职东京留守后出任南京留守。❹

经统计，我们发现东京留守迁转情况最多的首先是其他四京留守，共计7人次；其次是北府或南府宰相，共4人次；再次为枢密使、招讨使、都监各2人次；最后为出现一次的其他职官。限于现有资料，无法考证东京留守迁转情况的有耶律团石、萧阿姑轸、耶律吾扎、耶律呕里思4人。耶律斡腊，统和十四年（996年）至统和十五年（997年），担任东京留守，到“开泰中卒”❺，这期间未见任职记述，也纳入无法考证之列。

3. 中京留守的迁转

迁转其他部门任职的中京留守共有13人次。王继忠，“开泰五年，为汉人行宫都部署”；❻“（开泰八年）十二月乙巳，韩制心为惕隐”；❼耶律宗业“历中京留守，平州、锦州节度使”；❽韩昌（耶律遂正）“中京留守……入授枢密副使”；❾萧滴冽“重

❶ 盖之庸.内蒙古辽代石刻文研究·皇弟秦越国王耶律弘世墓志[M].呼和浩特：内蒙古大学出版社，2002：258-264；刘凤翥，唐彩兰，青格勒.辽上京地区出土的辽代碑刻汇辑·耶律弘世墓志铭[M].北京：社会科学文献出版社，2009：275-276.

❷ 脱脱.辽史·卷二十六·道宗纪六[M].北京：中华书局，1974：313.

❸ 朱子方.跋法库叶茂台出土辽肖义墓志铭[J].中国历史博物馆馆刊，1985（7）：67.

❹ 盖之庸.内蒙古辽代石刻文研究·义和仁寿皇太叔祖哀册[M].呼和浩特：内蒙古大学出版社，2002：344；向南，张国庆，李宇峰.辽代石刻文续编·义和仁寿皇太叔祖哀册[M].沈阳：辽宁人民出版社，2010：272-273.

❺ 脱脱.辽史·卷九十四·耶鲁斡腊列传[M].北京：中华书局，1974：1382.

❻ 脱脱.辽史·卷八十一·王继忠列传[M].北京：中华书局，1974：1285.

❼ 脱脱.辽史·卷十六·圣宗纪七[M].北京：中华书局，1974：187.

❽ 叶隆礼.契丹国志·卷十八·耶律隆运列传[M].上海：上海古籍出版社，1985：103.

❾ 刘凤翥，唐彩兰，青格勒.辽上京地区出土的辽代碑刻汇辑·耶律（韩）遂正墓志铭太平七年[M].北京：社会科学文献出版社，2009：15；向南，张国庆，李宇峰.辽代石刻文续编·耶律遂正墓志[M].沈阳：辽宁人民出版社，2010：68.

熙十九年，改西京留守”；[1]《辽史》卷二十载：“（重熙二十一年）秋七月甲辰朔，召北府宰相萧塔烈葛、南府宰相汉王贴不。”[2]可知，重熙二十一年（1052 年），耶律贴不任南府宰相；耶律侯古在任中京留守判大定尹事后，又授“诸行宫都部署、同中书省门下平章事”；[3]萧素飒“咸雍五年，剖阿里部叛，素飒讨降之，率其酋长来朝。帝嘉其功，徙北院林牙”；[4]耶律乙辛“（大康二年）冬十月戊戌，召中京留守魏王耶律乙辛复为北院枢密使”；[5]邢熙年，历任知兴中府事、知南院枢密使事、中京留守，后官至侍中；[6]耶律慎思“（乾统二年）十一月壬寅，以上京留守耶律慎思为北院枢密副使”。[7]耶律慎思在担任中京留守后任上京留守；韩资让“（寿隆三年）十一月己未，以中京留守韩资让知枢密院事”；[8]耶律那也“改北院大王”。[9]

综上可见，中京留守迁转情况最多的首先是枢密使，共计 3 人次；其次是其他四京留守和行宫都部署各 2 人次；其余为出现一次的其他职官。限于现有资料，无法考证中京留守迁转情况的有韩迥、耶律宜新、萧吐浑 3 人。

---

[1] 脱脱．辽史·卷九十五·萧滴洌列传 [M]. 北京：中华书局，1974：1390.

[2] 脱脱．辽史·卷二十·兴宗纪三 [M]. 北京：中华书局，1974：244.

[3] 盖之庸．内蒙古辽代石刻文研究·耶律宗愿墓志 [M]. 呼和浩特：内蒙古大学出版社，2002：223，229.

[4] 脱脱．辽史·卷九十五·萧素飒列传 [M]. 北京：中华书局，1974：1392.

[5] 脱脱．辽史·卷二十三·道宗纪三 [M]. 北京：中华书局，1974：278.

[6] 向南．辽代石刻文编·梁援妻张氏墓志 [M]. 石家庄：河北教育出版社，1995：569；盖之庸．内蒙古辽代石刻文研究·皇弟秦越国王耶律弘世墓志 [M]. 呼和浩特：内蒙古大学出版社，2002：262；盖之庸．近年庆陵出土辽代墓志补证 [J]. 内蒙古文物考古，2002（1）：102.

[7] 脱脱．辽史·卷二十七·天祚皇帝纪一 [M]. 北京：中华书局，1974：319-320.

[8] 脱脱．辽史·卷二十六·本纪道宗六 [M]. 北京：中华书局，1974：310；罗文星．辽朝政权与汉人世家——以幽州安次韩氏家族为例 [J]. 辽夏金元史教研通讯，2004（1）：138.

[9] 脱脱．辽史·卷九十四·耶律那也列传 [M]. 北京：中华书局，1974：1384.

4. 南京留守的迁转

迁转其他部门任职的南京留守共有11人次。刘晞“历官至同平章事、兼侍中”；[1]萧思温在处理边防事务上的不佳表现，使他颇受舆论批评，于是辽穆宗将他调离南京留守之职，到朝中任侍中；[2]高勋“应历十七年，宋略地益津关，勋击败之，知南院枢密事”；[3]韩制心“徙王燕，迁南院大王”；[4]韩匡嗣因攻宋失败，杖责免官；[5]萧孝穆“太平九年，大延琳以东京叛，孝穆为都统讨之……辽东悉平。改东京留守，赐佐国功臣……重熙六年，进封吴国王，拜北院枢密使”；[6]耶律宗元（即耶律重元）“历北院枢密使、南京留守、知元帅府事”；[7]耶律和鲁斡“乾统初，为天下兵马大元帅，加守太师，免拜不名。三年为惕隐”；[8]萧惟信“咸雍元年十二月辛亥，以南京留守萧惟信为左夷离毕”；[9]耶律仁先因阻卜塔里干叛命，被任命为西北路招讨使。[10]

综上可见，南京留守迁转情况最多的是枢密使，计2人次，其余为出现一次的职官。限于现有资料，无法考证南京留守迁转情况的有马廷熙、赵延祚、耶律宗范、耶律明、耶律洪道5人。

5. 西京留守的迁转

迁转其他部门任职的西京留守共有9人次。耶律马六，“(重熙十五年）六月癸丑，以西京留守耶律马六为汉人行宫都部署”；[11]耶律贴不，“(重熙十八年）六月壬戌

---

[1] 薛居正.旧五代史·卷九十八·刘晞列传[M].北京：中华书局，1976：1317.
[2] 顾宏义.辽宫英后：细说萧太后[M].上海：人民美术出版社，2007：52.
[3] 脱脱.辽史·卷八十五·高勋列传[M].北京：中华书局，1974：1317.
[4] 脱脱.辽史·卷八十二·韩制心列传[M].北京：中华书局，1974：1292.
[5] 魏坚.辽西夏金蒙元顶级文臣[M].石家庄：花山文艺出版社，2007：32.
[6] 脱脱.辽史·卷八十七·萧孝穆列传[M].北京：中华书局，1974：1331−1332.
[7] 脱脱.辽史·卷一一二·耶律重元列传[M].北京：中华书局，1974：1502.
[8] 脱脱.辽史·卷六十四·皇子表[M].北京：中华书局，1974：991−992.
[9] 脱脱.辽史·卷二十二·道宗纪二[M].北京：中华书局，1974：265.
[10] 脱脱.辽史·卷九十六·耶律仁先列传[M].北京：中华书局，1974：1397.
[11] 脱脱.辽史·卷十九·兴宗纪二[M].北京：中华书局，1974：233.

朔，以韩国王萧惠为河南道行军都统，赵王萧孝友、汉王贴不副之”。❶耶律宗允，“（清宁五年）制下判奉先军事兼山陵都部署。甫及周星，复临于上谷”。❷正如《辽史·卷二十一·道宗纪一》所载：“（清宁五年）鲁王谢家奴武定军节度使。”❸耶律合术，“（咸雍二年）冬十二月丁酉，以西京留守合术为南院大王”；❹萧燕六，“（大康元年）十二月壬辰，以西京留守萧燕六为左夷离毕”；❺萧夺剌，“复为东北路统军使”；❻萧乙薛，“（天庆七年）十二月丁丑，以西京留守萧乙薛为北府宰相”；❼耶律习泥烈，“（保大元年）冬十一月癸亥，以西京留守赵王习泥烈为惕隐”；❽耶律和鲁斡，据《义和仁寿皇太叔祖哀册乾统十年》册文“临潢天府，云中帝城，辽阳奥壤，燕台翼京，以嫠以判，爰肃爰清”可知，他似乎任过西京留守，之后担任东京留守。❾限于现有资料，无法考证西京留守迁转情况的有萧勖（第一次担任西京留守时）。

## 二、辽代五京留守的死亡

辽代五京留守的死亡可以分为自然死亡和非自然死亡两种情形，前者主要是死

❶ 脱脱．辽史·卷二十·兴宗纪三 [M]. 北京：中华书局，1974：240.

❷ 陈述．全辽文 [M]. 北京：中华书局，1982：84；向南．辽代石刻文编·耶律宗允墓志 [M]. 石家庄：河北教育出版社，1995：320-321，323；刘凤翥，唐彩兰，青格勒．辽上京地区出土的辽代碑刻汇辑·耶律宗允墓志铭 [M]. 北京：社会科学文献出版社，2009：209.

❸ 脱脱．辽史·卷二十一·道宗纪一 [M]. 北京：中华书局，1974：257.

❹ 脱脱．辽史·卷二十二·道宗纪二 [M]. 北京：中华书局，1974：266.

❺ 脱脱．辽史·卷二十三·道宗纪三 [M]. 北京：中华书局，1974：277.

❻ 脱脱．辽史·卷九十二·萧夺剌列传 [M]. 北京：中华书局，1974：1368.

❼ 脱脱．辽史·卷二十八·天祚皇帝纪二 [M]. 北京：中华书局，1974：336.

❽ 脱脱．辽史·卷二十九·本纪天祚皇帝三 [M]. 北京：中华书局，1974：342.

❾ 盖之庸．内蒙古辽代石刻文研究·义和仁寿皇太叔祖哀册乾统十年 [M]. 呼和浩特：内蒙古大学出版社，2002：344；向南，张国庆，李宇峰．辽代石刻文续编·义和仁寿皇太叔祖哀册乾统十年 [M]. 沈阳：辽宁人民出版社，2010：272-273.

于留守任上，而后者包含参与谋反叛乱而被处死和为当朝皇帝或叛乱迫害至死。无论如何，留守的死亡说明辽代五京留守在辽政权体系中具有特殊性。

### （一）五京留守的自然死亡

4位上京留守死于任上，占上京留守总人数的7.7%。天显十三年（938年），韩知古任上京临潢府留守，并卒于任所。[1]耶律景（耶律海里），“迁上京留守，薨”。[2]萧继远（萧继先），《辽史·萧继先列传》载：“以继先年老，留守上京。卒，年五十八。”[3]耶律侯古，《辽史·皇子表》载：“后为上京留守。薨于上京。”[4]

4位东京留守死于任上，占东京留守总人数的13.3%。耶律和里“终东京留守”；[5]耶律隆先“后与统军耶律室鲁同讨高丽有功，还，薨”；[6]耶律隆裕“开泰元年薨”；[7]耶律阿琏（耶律弘世），据《耶律弘世墓志》可知，耶律阿琏先为上京留守，后为西京留守，《辽史·皇子表》所记有误。[8]最后死于东京留守任上，“（大安三年）秋七月丁丑，秦越国王阿琏薨”。[9]

7位中京留守死于任上，占中京留守总人数的30%。萧敌烈“为中京留守，卒”。[10]耶律白担任中京留守后薨于咸雍六年（1070年）；[11]窦景庸，“七年，拜中京留

❶ 王民信.《辽史·韩知古传》及其世系补证[M]. 王民信.契丹史论丛[M]. 新北：学海出版社，1973：120.

❷ 脱脱.辽史·卷八十四·耶律海里列传[M]. 北京：中华书局，1974：1311.

❸ 脱脱.辽史·卷七十八·萧继先列传[M]. 北京：中华书局，1974：1268.

❹ 脱脱.辽史·卷六十四·皇子表[M]. 北京：中华书局，1974：991.

❺ 脱脱.辽史·卷七十五·耶律羽之列传[M]. 北京：中华书局，1974：1238.

❻ 脱脱.辽史·卷七十二·耶律隆先列传[M]. 北京：中华书局，1974：1211.

❼ 脱脱.辽史·卷六十四·皇子表[M]. 北京：中华书局，1974：987.

❽ 向南，张国庆，李宇峰.辽代石刻文续编·耶律弘世墓志[M]. 沈阳：辽宁人民出版社，2010：194.

❾ 脱脱.辽史·卷二十五·道宗纪五[M]. 北京：中华书局，1974：295-296.

❿ 脱脱.辽史·卷八十八·萧敌烈列传[M]. 北京：中华书局，1974：1340.

⓫ 脱脱.辽史·卷二十二·道宗纪二[M]. 北京：中华书局，1974：269.

守。九年薨”；[1]贾师训，“寿昌二年冬。薨于中京之里第”。[2]耶律奴于寿昌四年（1098年）十二月四日病故于某山某地之公署。[3]刘霄，“父霄，至中京留守”，[4]刘霄官至中京留守后卒；大公鼎“保大元年卒”。[5]

6位南京留守死于任上，占南京留守总人数的24%。耶律道隐，“乾亨元年，迁守南京，号令严肃，民获安业。居数年，徙封荆王。统和初，病薨，追封晋王”。[6]耶律休哥，“(统和十六年）十二月丙戌朔，宋国王休哥薨”。[7]耶律隆庆留守南京，直至开泰五年（1016年）去世。[8]耶律吴哥，“薨于南京”。[9]萧孝先“后为南京留守，卒，谥忠肃”。[10]乾统十年（1110年），耶律和鲁斡死于留守任上，《辽史·卷二十七·天祚皇帝纪一》载：“(乾统十年）七月壬戌，皇太叔和鲁斡薨”。[11]

1位西京留守死于任上，占西京留守总人数的7%。萧滴冽，“重熙十九年，改西京留守，卒”。[12]

综上可见，年老者仍然担任着五京留守这样重要的职位占据一定的比例，南京留守和中京留守甚至达到四分之一至三分之一，其中有人虽多次请求致仕但不被允许，如中京留守大公鼎因肃清叛乱有功，致仕请求未被允许，最终忧愤成疾，死于

---

❶脱脱．辽史·卷九十七·窦景庸列传[M]．北京：中华书局，1974：1409.

❷陈述．全辽文[M]．北京：中华书局，1982：253；向南．辽代石刻文编·贾师训墓志寿昌二年[M]．石家庄：河北教育出版社，1995：477.

❸石金民，于泽民．契丹小字《耶律奴墓志铭》考释[J]．民族语文，2001（2）：63.

❹脱脱．金史·卷七十八·刘彦宗列传[M]．北京：中华书局，1975：1769.

❺脱脱．辽史·卷一〇五·大公鼎列传[M]．北京：中华书局，1974：1461.

❻脱脱．辽史·卷七十五·耶律道隐列传[M]．北京：中华书局，1974：1212.

❼脱脱．辽史·卷十四·圣宗纪五[M]．北京：中华书局，1974：154.

❽付璐，孟凡云．耶律宗教生平及大事略考——以耶律宗教兄弟的墓志为主[J]．科技创新导报，2009（29）：176.

❾脱脱．辽史·卷六十四·皇子表[M]．北京：中华书局，1974：990.

❿脱脱．辽史·卷八十七·萧孝先列传[M]．北京：中华书局，1974：1334.

⓫脱脱．辽史·卷二十七·天祚皇帝纪一[M]．北京：中华书局，1974：325.

⓬脱脱．辽史·卷九十五·萧滴冽列传[M]．北京：中华书局，1974：1390.

任上。《辽史·大公鼎传》载："时盗贼充斥，有遇公鼎于路者，即叩马乞自新。公鼎给以符约，俾还业，闻者接踵而至。不旬日，境内清肃。天祚闻之，加赐保节功臣。时人心反侧，公鼎虑生变，请布恩惠以安之，为之肆赦。公鼎累表乞归，不许。会奴贼张撒八率无赖啸聚，公鼎欲击而势有不能。叹曰：'吾欲谢事久矣，为世故所牵，不幸至此，岂命也夫！'因忧愤成疾。保大元年卒，年七十九。"[1] 由后文所见仅有三人致仕，反映出辽代致仕制度并不完善。

辽代五京留守自然死亡者，共计 22 人，占五京留守总人数的 18.8%，分布于辽王朝发展的各个时期，多集中于辽圣宗和辽道宗，如表 5-7 所示。由此可知，选任五京留守对于契丹统治者存在一定的困难，没有形成制度，使得一批长者仍然就任留守直到去世，不得已时才考虑留守的任选。

表 5-7　辽代自然死亡五京留守汇总表

| 皇帝 | 上京留守 | 东京留守 | 中京留守 | 南京留守 | 西京留守 | 合计 |
|---|---|---|---|---|---|---|
| 辽太祖 | 韩知古 | — | — | — | — | 1 |
| 辽太宗 | — | 耶律和里 | — | — | — | 1 |
| 辽景宗 | — | 耶律隆先 | — | 耶律道隐 | — | 2 |
| 辽圣宗 | 耶律景<br>萧继远 | 耶律隆裕 | 萧敌烈 | 耶律休哥<br>耶律隆庆<br>耶律吴哥 | — | 7 |
| 辽兴宗 | — | — | — | 萧孝先 | 萧滴冽 | 2 |
| 辽道宗 | 耶律侯古 | — | 耶律白<br>窦景庸<br>贾师训<br>耶律奴 | 耶律和鲁斡 | 耶律阿琏 | 6 |
| 辽天祚帝 | — | 耶律弘世 | 刘霄<br>大公鼎 | — | — | 3 |
| 合计 | 4 | 4 | 7 | 6 | 2 | 23 |

[1] 脱脱．辽史·卷一〇五·大公鼎列传 [M]. 北京：中华书局，1974：1460-1461.

### （二）五京留守的非自然死亡

辽代五京留守的非自然死亡主要指参与谋反叛乱而被处死、投降金政权、称帝以及为当朝皇帝、权臣或叛乱迫害至死等四种情形。其一，参与谋反叛乱而被处死集中于南京留守，南京留守赵延寿因谋反被除；[1] 南京留守耶律牒腊参与叛乱被处死；[2]南京留守萧海贞谋叛失败南逃；[3]南京留守耶律娄国辽穆宗时谋反被诛。[4][5]其二，被迫害致死的留守也时有发生，东京留守萧阿剌由于与当朝皇帝政见不同而被杀害，"上由此恶之，除东京留守。会行瑟瑟礼，入朝陈时政得失。革以事中伤，帝怒，缢杀之"。[6] 上京留守中有被权臣迫害的，大康三年（1077 年），耶律乙辛"遣使杀上京留守速撒"；[7]同年十一月，耶律乙辛让上京留守萧挞得妄称病死。[8]另一位东京留守萧保先为高永昌叛乱所杀。西京留守有被权臣迫害的，清宁九年（1063 年），耶律贴不"为重元等所胁，诏削爵为民，流镇州"。[9]

五京留守中共有 9 人属于非自然死亡，占据五京留守总人数的 6%，从一个侧面反映出在辽代担任五京留守具有一定的危险性。

---

❶ 李锡厚 . 辽史 [M]. 北京：人民出版社，2006：75.

❷ 脱脱 . 辽史・卷一一三・耶律牒腊列传 [M]. 北京：中华书局，1974：1506.

❸ 李桂芝 . 辽景宗即位考实 [J]. 学习与探索，2006（6）：159.

❹ 脱脱 . 辽史・卷一一二・耶律娄国列传 [M]. 北京：中华书局，1974：1501.

❺ 脱脱 . 辽史・卷三十・天祚皇帝纪四 [M]. 北京：中华书局，1974：352.

❻ 脱脱 . 辽史・卷九十・萧阿剌列传 [M]. 北京：中华书局，1974：1355.

❼ 脱脱 . 辽史・卷二十三・道宗纪三 [M]. 北京：中华书局，1974：279.

❽ 王善军 . 辽代世家大族研究 [D]. 保定：河北大学，2001：94；王善军 . 耶律乙辛集团与辽朝后期的政治格局 [J]. 学术月刊，2008（2）：134.

❾ 脱脱 . 辽史・卷二十二・道宗纪二 [M]. 北京：中华书局，1974：263.

## 三、辽代五京留守的致仕

辽代五京留守致仕人数极少，仅有 3 人，均出现在辽道宗和辽兴宗时期。上京留守姚景行“累乞致仕，不从。复请，许之，加守太师。卒”。❶东京留守耶律侯哂致仕，“重熙十三年，(耶律侯哂)与知府萧欧里斯讨蒲卢毛朵部有功，加兼侍中。致仕。卒”。❷西京留守耶律燕哥致仕，“大安三年，为西京留守，致仕。寿隆初，以疾卒”。❸

姚景行任职上京留守前已从南院枢密使致仕后复仕，“咸雍二年秋七月丙辰，南院枢密使姚景行致仕……辛酉，景行复前职”。❹姚景行虽年事已高但仍然要出任上京留守。贾师训任职中京留守时已劳累成疾，以病提前致仕，但过了很久才得到批准。契丹统治者需要他们继续担任留守为国家效力，直到不得已才准许他们致仕，这些官员在致仕后不久都亡故了，说明事实上需要他们继续留任，形式上他们的留任也是一种殊荣。五京留守出现这种现象，正是辽代元老重臣享有的特殊待遇的反映。❺

## 四、辽代五京留守去职特点

辽代五京留守去职后有迁转、死亡和致仕三种情况，各京留守略有不同，如表 5-8 所示。

---

❶脱脱 . 辽史 · 卷九十六 · 姚景行列传 [M]. 北京：中华书局，1974：1403.

❷脱脱 . 辽史 · 卷九十二 · 耶律侯哂列传 [M]. 北京：中华书局，1974：1368.

❸脱脱 . 辽史 · 卷一一〇 · 耶律燕哥列传 [M]. 北京：中华书局，1974：1488.

❹脱脱 . 辽史 · 卷二十二 · 道宗纪二 [M]. 北京：中华书局，1974：265.

❺王雷 . 辽代致仕制度初探 [J]. 中共郑州市委党校学报，2009（5）：153.

表 5-8 辽代五京留守去职情况汇总表

| 职位 | 迁转 | 死亡 | 致仕 | 小计 | 不明 | 合计 |
|---|---|---|---|---|---|---|
| 上京留守 | 32 | 8 | 1 | 41 | 15 | 56 |
| 东京留守 | 21 | 6 | 1 | 28 | 4 | 32 |
| 中京留守 | 13 | 7 | 0 | 20 | 3 | 23 |
| 南京留守 | 11 | 11 | 0 | 22 | 5 | 27 |
| 西京留守 | 9 | 5 | 1 | 15 | 1 | 16 |
| 合计 | 86 | 34 | 3 | 124 | 30 | 154 |

由表 5-8 可知，五京留守的去职迁转情况占据多数，达到可考总数的 69%；留守死亡情况占据可考人数的 27%，比例较高；致仕情况最少，比例不足 1%。就各京留守而言，中京和西京的迁转和死亡比例接近于 2 ∶ 1，虽然中京和西京建置于辽中晚期，但选任留守一事仍然没有形成一套很好的办法，部分年老者不得不任职到去世；南京留守的迁转与死亡的比例达到 1 ∶ 1，其中自然死亡 6 人、非自然死亡 5 人，没有留守致仕情况的出现，说明南京留守职高权重，而辽前期南京留守耶律牒腊、萧海贞、耶律娄国三人因参与叛乱而被处死，集中发生在世宗、穆宗——皇权斗争最为激烈的时期，任职南京留守能够参与到核心斗争反衬出南京留守职位的特殊重要性。

辽代五京留守迁转后的去向，按照出现次数多少来看，以出任其他京留守次数最多，达到 18 人次，按照次数依次递减分别为枢密使 10 人次、节度使 7 人次、惕隐 7 人次、北府或南府宰相 6 人次、北南院大王 6 人次、行宫都部署 6 人次、招讨使 5 人次，最后为 2 人次的都监和左夷离毕。

迁转后的去向，由官职高低可分为升迁、降职和平调三种类型，但如何判断辽代留守与迁转后职官的高与低是辽史研究的难点，《辽史》等直接史料没有对辽政权的官阶品序做出说明，但史学界对此已做出探索和研究。唐统天对比发现辽代文散阶与唐制一致，并由此推断辽各级文官品级。[1] 杨福瑞指出，作为五京道最高行政长

[1] 唐统天．辽代汉官的散阶制 [J]. 社会科学辑刊，1988（3）：67-69.

官的留守，虽不在朝，但其权力之重、品秩之高拟于宰辅。[1]蒋金玲按照唐制推定辽代官品。[2]杨军在《辽朝南面官研究——以碑刻资料为中心》一文中绘制了“辽朝南面官‘官’品表”，为辽代五京留守官品的确定进一步指明了方向。[3]依据文中所附列表，可以将五京留守的迁转做出类型分析。

升迁指担任朝官，如到枢密院、宰相府任职，以及担任北院大王或南院大王。按照《辽史・卷四十五・百官志》的排列，北面朝官系统前三类机构，即契丹北南枢密院、北南宰相府和北南大王院[4]，汉人枢密院位列南面朝官系统，由此可知两院枢密使为辽最高朝官。[5]此外，由地方留守到中央枢密院任职，《辽史》中常常记载为“升”“入”，如萧朴任职东京留守后“徙王楚，升南院枢密使”。[6]东京留守萧孝忠“重熙十二年，入朝，封楚王，拜北院枢密使”。[7]中京留守韩昌“入授枢密副使”。北、南宰相府是统治契丹本部诸部族的中央机构，因而在契丹贵族政权中二府宰相的地位是相当崇高的，相当于中原汉族政权中的宰辅。[8]在北面朝官中，北、南大王院是军、政实权的拥有者。[9]因留守身份相当于中央之执行，所以可改迁中央之两院

---

❶ 杨福瑞．辽上京留守系考 [J]. 昭乌达蒙族师专学报，2004（1）：24.

❷ 蒋金玲按照唐制推定辽代官品，如唐无此官，则按金制推定。高官指品阶为三品（包含三品）以上的官员。参照蒋金玲．辽代汉族士人研究 [D]. 长春：吉林大学，2010：47；蒋金玲．辽代进士仕官问题考述 [J]. 中国边疆史地研究，2012（1）：23；蒋金玲．辽代汉族进士家世考 [J]. 社会科学战线，2012（7）：242.

❸ 杨军．辽朝南面官研究——以碑刻资料为中心 [J]. 史学集刊，2013（3）：16-17.

❹ 脱脱．辽史・卷四十五・百官志 [M]. 北京：中华书局，1974：686-693；何天明．辽代北、南大王及其驻牧地探讨 [J]. 内蒙古社会科学，1999（5）：39.

❺ 王建军．辽朝枢密使的渊源 [J]. 赤峰学院学报，2007（1）：15.

❻ 脱脱．辽史・卷八十・萧朴列传 [M]. 北京：中华书局，1974：1281.

❼ 脱脱．辽史・卷八十一・萧孝忠列传 [M]. 北京：中华书局，1974：1285.

❽ 唐统天．关于契丹北、南宰相府的几个问题 [J]. 民族研究，1988（5）：76.

❾ 何天明．辽代北、南大王及其驻牧地探讨 [J]. 内蒙古社会科学，1999（5）：39；何天明．试探辽代北、南大王院的职掌 [J]. 内蒙古社会科学，2000（2）：36.

大王。[1] 五京留守迁转为上述职官，可以看作为升迁。

降职主要是任职期间出现失职而受到一定的处罚，即所谓“左迁”，降于原职，而迁他职之意。[2] 也叫作远放，是对皇亲放流的一种讳称，但待遇没有变化。[3] 降职数量较少，只有上京留守耶律李胡和萧乙薛，东京留守萧恒德和耶律八哥，南京留守韩匡嗣五人。他们虽然因为任职留守期间出现失职而受到一定的处罚，对于他们仕途发展有一定影响，但在世选或维护整个统治阶层利益面前，他们仍然可以继续为官。

平调为调任其他京担任留守、出任节度使，以及担任其他职官。从数量上看，辽代五京留守迁转后多为平级调动，统治者更为看重他们在留守任上的经验，又对他们长期在地方担任要职存在一定的顾虑，所以通过平调，既解决了地方和某些官员的选派，也防止出现一方独大的自治势力。少数留守是由朝官派到各京担任留守，一方面增加他们治理经验，另一方面将中央政令直接落实到地方，加强了中央集权。也有少数留守升迁到朝中任职，为长期工作在地方的官员，起到了良好的示范作用，有利于国家的统治和长治久安。极少部分留守因个人能力和素质等问题而受到惩处，说明留守这一要职的任免始终处于中央朝廷的把控中，契丹王朝治理地方的经验逐渐成熟起来。

---

❶ 杨树藩．辽金地方政治制度之研究 [M]// 宋史研究座谈会．宋史研究集（第 11 辑）．台北：“中华丛书编审委员会”，1979：368.

❷ 杨树藩．辽金文官任用制度 [M]// 宋史座谈会．宋史研究集（第 9 辑）. 台北：“中华”丛书编审委员会，1977：353. 原载于《中国历史学会史学集刊》第六期，1974（5）.

❸ 黄震云．辽代流刑考 [J]. 延安大学学报，2008（3）：83；黄震云．辽代流刑考述 [J]. 北华大学学报，2008（6）：98.

# 第六章

# 辽代五京地方政务运行概述

研究辽代五京地方政务运行尚有一些问题需要继续深入研究。

## 一、辽代五京留守基本概况

辽代五京留守，按照上京留守、东京留守、中京留守、南京留守和西京留守的顺序，分别对任职留守的姓名、民族、出身、入仕途径、任职时间、前任职官和去职安排等做出了汇总、统计和分析。关于留守人数、人次及其分布情况，如表 6-1 所示。

表 6-1 辽代五京留守人数、人次及其分布统计表

| 职位 | 人数 | 人次 | 辽前期 | 辽中期 | 辽后期 |
|---|---|---|---|---|---|
| 上京留守 | 52 | 56 | 10 | 24 | 22 |
| 东京留守 | 30 | 32 | 2 | 21 | 9 |
| 中京留守 | 23 | 23 | — | 8 | 15 |
| 南京留守 | 25 | 27 | 11 | 9 | 7 |
| 西京留守 | 14 | 16 | — | 3 | 13 |

辽代五京留守人次的时期分布统计，如图 6-1 所示。

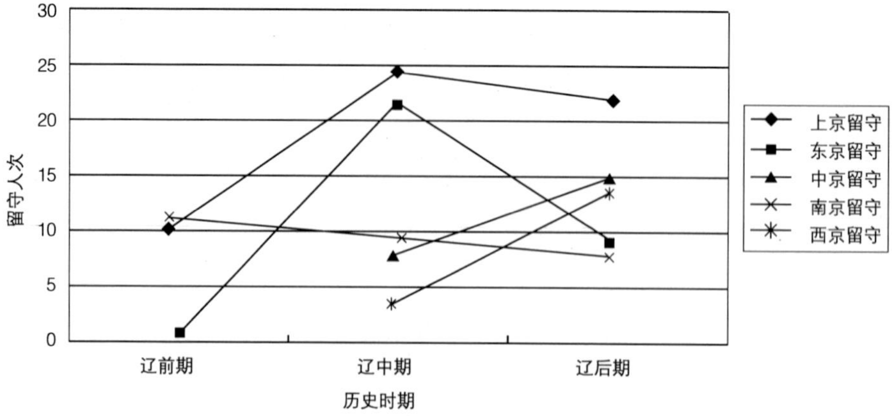


图 6-1 辽代五京留守人次时期分布图

由图 6-1 可知，以各个时期留守人次平均数为参照，辽代五京留守人次分布规律性不强，选任留守具有一定的随意性。总体而言，辽上京留守人次在各个时期都高于五京留守的平均人次，其余四京则在各个时期有高低变化。从各个发展时期来看，辽前期，上京留守和南京留守人次略高于其他三京留守人次的平均数，东京留守人次则低于其他三京留守人次的平均数；辽中期，上京留守和东京留守人次多于五京留守的平均人次，其余三京留守人次少于五京留守的平均人次；辽后期，辽上京和辽中京留守人次在五京平均留守人次之上，而辽西京、辽东京和辽南京留守人次数在五京平均留守人次之下。结合辽王朝各个发展阶段，特别是辽代从三京到四京再到五京的建置来看，辽代五京留守人次分布缺少统一决策和考量。深处辽国腹地的辽上京，留守人次远多于其他四京留守人次，但任职时间多在一至二年；而东京留守则受辽与高丽关系的影响，留守人次起伏不定；南京留守人次总体呈现下降趋势，这与辽宋关系变化有关。在“澶渊之盟”后，又出现多位长期占据南京留守的官员，直接影响了南京留守更换的频率。

在辽代各京留守的铨选和迁转过程中，存在这样一个群体，他们多次担任不同京的留守，如表 6-2 所示。

表 6-2　辽代一人多次出任五京留守情况汇总表❶

| 序 | 姓名 | 职务 | 任职时间（公元） |
|---|---|---|---|
| 1 | 高勋 | 上京留守 | 应历七年—应历十一年（957—961 年） |
| 2 | 高勋 | 南京留守 | 应历十一年—应历十八年（961—968 年） |
| 3 | 耶律道隐 | 上京留守 | 保宁元年（969 年） |
| 4 | 耶律道隐 | 南京留守 | 乾亨元年—乾亨四年（979—982 年） |
| 5 | 韩匡嗣 | 上京留守 | 保宁二年（970 年） |

❶ 表 6-2 排列按照该人第一次出任留守时的先后排序。除一人多次担任不同京留守外，还有一人两次担任同一京留守，上京留守中有耶律隆裕、萧孝先、耶律大悲奴、萧乙薛；东京留守中有萧孝友、萧阿剌（萧知足）；南京留守中有萧孝穆、耶律和鲁斡；西京留守中有耶律贴不、萧勖（萧查剌、萧察剌）；中京留守没有这种情况发生。

续表

| 序 | 姓名 | 职务 | 任职时间（公元） |
| --- | --- | --- | --- |
| 6 | 韩匡嗣 | 南京留守 | 保宁三年—保宁十一年（971—979 年） |
| 7 | 耶律八哥 | 上京留守 | 统和十六年—开泰四年（998—1015 年） |
| 8 | 耶律八哥 | 东京留守 | 开泰七年—太平六年（1018—1026 年） |
| 9 | 耶律隆裕 | 上京留守 | 统和十九年（1001 年） |
| 10 | 耶律隆裕 | 上京留守 | 统和二十八年（1010 年） |
| 11 | 耶律隆裕 | 东京留守 | 开泰元年（1012 年） |
| 12 | 韩制心（耶律遂贞） | 上京留守 | 开泰四年—开泰八年（1019 年） |
| 13 | 韩制心（耶律遂贞） | 中京留守 | 开泰八年（1019 年） |
| 14 | 韩制心（耶律遂贞） | 南京留守 | 开泰九年—太平三年（1020—1023 年） |
| 15 | 萧敌烈 | 上京留守 | 太平二年（1022 年） |
| 16 | 萧敌烈 | 中京留守 | 太平六年—太平八年（1026—1028 年） |
| 17 | 萧孝先 | 上京留守 | 太平五年—太平六年（1025—1026 年） |
| 18 | 萧孝先 | 东京留守 | 太平七年—太平九年（1027—1029 年） |
| 19 | 萧孝先 | 上京留守 | 太平十年—景福元年（1030—1031 年） |
| 20 | 萧孝先 | 南京留守 | 重熙六年（1037 年） |
| 21 | 韩昌（耶律遂正） | 上京留守 | 圣宗年间 |
| 22 | 韩昌（耶律遂正） | 中京留守 | 圣宗年间 |
| 23 | 萧滴冽 | 中京留守 | 重熙十四年—重熙十九年（1045—1050 年） |
| 24 | 萧滴冽 | 西京留守 | 重熙十九年—重熙二十年（1050—1051 年） |
| 25 | 耶律贴不 | 西京留守 | 重熙十六年—重熙十九年（1047—1050 年） |
| 26 | 耶律贴不 | 中京留守 | 重熙十九年（1050 年） |
| 27 | 耶律贴不 | 东京留守 | 清宁三年—清宁五年（1057—1059 年） |
| 28 | 耶律贴不 | 西京留守 | 清宁五年（1059 年） |
| 29 | 耶律阿琏（耶律弘世） | 上京留守 | 清宁六年—清宁八年（1060—1062 年） |
| 30 | 耶律阿琏（耶律弘世） | 西京留守 | 咸雍六年—咸雍八年（1070—1072 年） |
| 31 | 耶律阿琏（耶律弘世） | 东京留守 | 至大安三年（1087 年） |
| 32 | 萧孝友 | 东京留守 | 重熙十九年—重熙二十年（1050—1051 年） |
| 33 | 萧孝友 | 上京留守 | 重熙二十年—清宁元年（1051—1055 年） |
| 34 | 萧孝友 | 东京留守 | 清宁元年—清宁二年（1055—056 年） |
| 35 | 耶律仁先 | 东京留守 | 重熙二十一年—清宁元年（1052—1055 年） |
| 36 | 耶律仁先 | 南京留守 | 咸雍元年—咸雍五年（1064—1068 年） |
| 37 | 耶律侯古（宗愿） | 中京留守 | 清宁元年—清宁四年（1055—1059 年） |

续表

| 序 | 姓名 | 职务 | 任职时间（公元） |
|---|---|---|---|
| 38 | 耶律侯古（宗愿） | 上京留守 | 清宁十年—咸雍八年（1064—1072 年） |
| 39 | 耶律和鲁斡 | 上京留守 | 清宁二年（1056 年） |
| 40 | 耶律和鲁斡 | 南京留守 | 清宁二年—清宁六年（1056—1060 年） |
| 41 | 耶律和鲁斡 | 西京留守 | 辽后期 |
| 42 | 耶律和鲁斡 | 东京留守 | 天祚帝期间 |
| 43 | 耶律和鲁斡 | 南京留守 | 寿隆元年—乾统十年（1094—1110 年） |
| 44 | 邢熙年 | 中京留守 | 大安元年—大安三年（1084—1086 年） |
| 45 | 邢熙年 | 上京留守 | 道宗年间 |
| 46 | 耶律慎思 | 中京留守 | 大安四年—大安六年（1087—1089 年） |
| 47 | 耶律慎思 | 上京留守 | 乾统元年—乾统二年（1101—1102 年） |
| 48 | 耶律淳 | 东京留守 | 乾统三年—乾统六年（1103—1106 年） |
| 49 | 耶律淳 | 南京留守 | 乾统十年—保大二年（1110—1122 年） |
| 50 | 萧乙薛 | 西京留守 | 天庆六年—天庆七年（1116—1117 年） |
| 51 | 萧乙薛 | 上京留守 | 天庆十年（1120 年） |
| 52 | 萧乙薛 | 上京留守 | 保大元年—保大二年（1121—1122 年） |

由表 6-2 可知，在辽代共计有 20 人、少则 2 次多则 5 次，共计 52 人次出任五京留守。一人多次出任留守分布于辽前、中、后时期，具体为：穆宗 1 人、景宗 2 人、圣宗 6 人、兴宗 5 人、道宗 4 人、天祚帝 2 人。用折线图表示如图 5-2 所示。

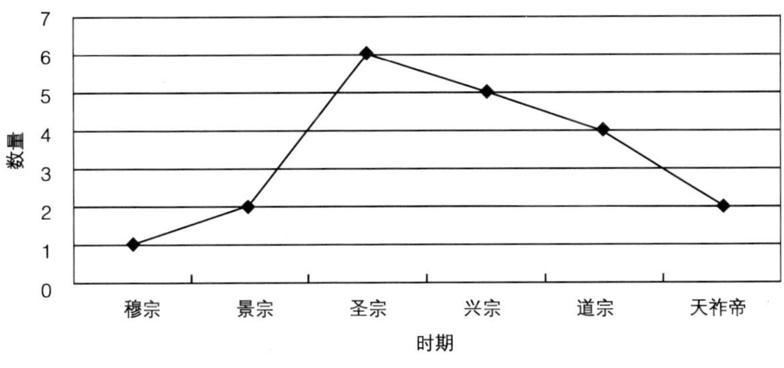


图 6-2 辽代一人多次出任五京留守分布图

一人多次担任留守涵盖五京留守，其中上京留守 19 人次、东京留守 10 人次、中京留守 8 人次、南京留守 9 人次、西京留守 6 人次。民族上主要集中在契丹人，汉人有高勋、韩匡嗣、韩制心、韩昌和邢熙年，共计 5 人，人数已占四分之一，人次上也超过五分之一。留守在各京之间选任，也包括多次充任同一京留守。一方面说明备选人员资历等条件较高，另一方面也反映出留守本身具有非常高的重要性，需要选择可靠性高、经验丰富的人员充任。总之，综合现有研究成果，在辽王朝共有 117 人、154 人次被任命为留守。

留守在五京之间的转任，正是五京地方政务运行的重要表现形式。五京留守官员的调动有助于促进五京一体化发展，更有助于提升五京社会治理的整体化水平。如萧孝先，契丹人，圣宗太平五年（1025 年）迁上京留守，后改东京留守，兴宗重熙四年（1035 年）复为南京留守。刘伸，汉族人，从兴宗重熙五年（1036 年）开始，先后担任中京副留守、改西京副留守，徙南京副留守，道宗时迁上京留守。《辽史》说他“政务宽简，民用不扰”，治理刑狱，“人以不冤”。耶律遂正，圣宗朝先后担任东京留守、上京留守、中京留守。《墓志》说他：“所至之乡，化而成俗。或延宾介，或恤刑名。事简民安，政清吏肃。水一盏而蕉一本，悉去强豪；钱如粟马如羊，从来富盛。”还有像室昉、马人望、韩制心、萧孝穆、萧滴冽、萧惠、耶律仁先、耶律侯古、耶律遂正等，正是这些有素质、有才干、政绩突出的五京留守在五京之间的流动与交流，才使五京之间形成互动机制，有助于提升地方的管理水平与治理能力，从而有效地维持了辽王朝在地方的长期统治。[1]

## 二、辽代五京留守的地位和作用

辽代五京直接管辖地方州县，是辽朝行政制度的一种特殊形态。辽代诸京留守

[1] 张志勇．辽朝“五京”互动机制研究 [J]. 渤海大学学报，2020（2）：31.

成为固定的方镇职任使留守制得到了特殊发展。[1]因此，关于留守在辽政权中的地位和作用，诚如《耶律庶几墓志》所载："曾任京师之主。切以留守者，擎天独柱，佐圣中良，外为耳目之臣，内作股肱之力。"[2]由此可见，留守的身份相当于中央的执行者。[3]这种统辖方式有效地加强了中央对地方的统治、控制和管辖，在辽朝统治的二百余年，围绕皇权而进行的朝廷内部斗争一直不断，"李胡而下，宗王反侧，无代无之，辽之内难，与国始终"。[4]而中央与地方并没有发生大的矛盾冲突，正说明留守制度在辽的特殊发展保障了辽王朝的地方势力没有因为统治集团的内部斗争而与中央抗衡或反叛。[5]

另一个方面，也要看到契丹帝王在充分考虑出身家族、入仕途径、仕宦资历基础上，五京留守多采用任命制，在任用形式上《辽史》列传、《皇子表》和部分碑刻中都有所记述，主要有为、授、拜、诏、封、除等，往往因被任命者身份不同，其任命形式也不一样。[6]还要注意到汉人，包括"契丹化"汉人和汉人进士在内，以及渤海人和奚人与契丹世家大族在辽王朝发展的各个时期共同任命为留守时，彼此之间已经没有差异，契丹政治制度从辽初不得不采用汉制，到辽后期应用汉制，充分体现出民族融合现象。辽朝皇帝更多地从服务辽政权角度出发任命留守，关键取决于是否为辽廷效命，服从和服务于辽中央集权。

铨选为留守的前任职官按照次数的多少排列，出现最多的为枢密使，有 24 人次；其次为其他京留守，达到了 20 人次。上述职官在各京留守选任前均有分布，依

---

[1] 韩光辉，林玉军，王长松．宋辽金元建制城市的出现与城市体系的形成 [J]. 历史研究，2007（4）：46.

[2] 向南．辽代石刻文编·耶律庶几墓志 [M]. 石家庄：河北教育出版社，1995：294.

[3] 杨树藩．辽金地方政治制度之研究 [M]// 宋史研究座谈会．宋史研究集（第 11 辑）．台北："中华丛书编审委员会"，1979：368.

[4] 脱脱．辽史·卷七十二·耶律喜隐列传 [M]. 北京：中华书局，1974：1214.

[5] 任仲书．辽朝的地方制度建设与机构设置 [J]. 内蒙古社会科学，2010（6）：53.

[6] 杨树藩．辽金文官任用制度 [M]// 宋史座谈会．宋史研究集（第 9 辑）．台北："中华丛书编审委员会"，1977：339-392.

次递减排序为节度使 13 人次、南北府宰相 7 人次、招讨使 5 人次和南北院大王 4 人次等。排在前三位的依次是枢密使、留守和节度使。任职留守后，迁转职官按照次数多少排序，列前三位的依次为：留守 18 人次、枢密使 10 人次和节度使 7 人次及惕隐 7 人次。由此可以得出这样的结论，辽代留守在高官中选任和迁转，尤其表现在朝官——北院、南院枢密使或留守中最为集中。

第一，如果以留守为中心，联系前任职官和迁转职官的枢密使或留守进行考察，共有下列四种类型：

（1）留守—留守—留守 6 人：上京留守韩昌、上京留守萧孝友（陈留）、东京留守萧孝穆、东京留守萧孝友、东京留守耶律和鲁斡、西京留守耶律和鲁斡；

（2）留守—留守—枢密使 4 人：上京留守耶律慎思、中京留守韩昌、南京留守高勋、南京留守萧孝穆；

（3）枢密使—留守—枢密使 3 人：东京留守萧朴（萧普古）、东京留守耶律仁先、中京留守耶律乙辛；

（4）枢密使—留守—留守 2 人：上京留守高勋、中京留守萧滴冽。

由此，我们发现，留守更多的是在各京之间迁转，官员的治理经验得到应用，同时出现防止地方割据势力的形成。另外，出任留守，也包括那些从中央派出的，都有机会再次回到朝中任职或提升，也促使他们在任上励精图治，有效地维护了中央集权。

第二，单独看留守与枢密使的关系，由枢密使迁转为留守时，目标留守为上京留守 6 人次、东京留守 7 人次、中京留守 6 人次、南京留守 4 人次、西京留守 1 人次，合计 24 人次；由留守离任为枢密使时，离任留守为上京留守 3 人次、东京留守 2 人次、中京留守 3 人次、南京留守 2 人次、西京留守 0 人次，合计 10 人次。由此不难看出由中央朝官任命为留守，被赋予重任，希望他们能够再次回到中央任职，但实际上，受到客观因素的影响，例如是否完成留守职掌，而不能全部回到朝中，比例在一半以上。

第三，单独看留守与其前任留守和迁转留守的关系，由其他京留守迁转为留守时，目标留守为上京留守 5 人次、东京留守 4 人次、中京留守 2 人次、南京留守 6 人次、西京留守 3 人次，合计 20 人次；由留守离任为其他京留守时，离任留守为上京留守 7 人次、东京留守 7 人次、中京留守 2 人次、南京留守 1 人次、西京留守 1 人次，合计 20 人次。数据前后相等，说明留守这一职官更多的是在各个京之间迁转，既有效利用他们的任职经历和经验，同时更加强了中央对地方的管控。

综合起来，各京留守的迁转和离任权重几乎相当，不相上下。所以，本书推断在辽政权中留守是地方官的特殊发展，或者是中央朝官的派出。因为，由朝官为其他京留守和由其他京留守为朝官所用之字相同，均为“出”和“入”，即担任上京、东京、中京、南京、西京的留守，属于外任，称“出”，被寄予某方面之任，受诏赴朝或行在、阙任官才属于“入”。在已面世的石刻和《辽史》中均有所记述。[1]在汉人墓志中，《张绩墓志》：重熙“十四年（1045）冬，改授上京留守□□□大理司直……当年冬，改授盐铁判官、太子中允。十六年春，勾赴朝”。[2]《梁援墓志》：“六年，权莅上都留府；是冬，加宣政殿学士，监上京留守，临潢尹事。自任兴中尹至居守上都，凡辨疑狱免死罪为平民者，余二十人，境内迭降甘露，驿进行在，召建道场十昼夜于京师。”[3]在契丹人的墓志中，《耶律仁先墓志》：为“燕京留守同知，兼析津府尹事”，捕获武清李宜儿，“驿送阙下”。“授东京留守，判辽阳府事……今皇帝嗣位之初岁，诏王赴阙。”[4]《耶律遂正墓志》：“权东京留守，迁上京留守，改中京

❶ 肖爱民．试析辽人意识中的国家政治中心——以辽代的石刻文为中心 [M]// 辽宁省辽金契丹女真史研究会．辽金历史与考古国际学术研讨会论文集下册）．沈阳：辽宁教育出版社，2012：601-602.

❷ 向南．辽代石刻文编·张绩墓志 [M]. 石家庄：河北教育出版社，1995：313-315.

❸ 薛景平，冯永谦．辽代梁援墓志考 [J]. 北方文物，1986（2）：47；向南．辽代石刻文编·梁援墓志 [M]. 石家庄：河北教育出版社，1995：519-523.

❹ 向南．辽代石刻文编·耶律仁先墓志 [M]. 石家庄：河北教育出版社，1995：352-354.

留守……尹京三年有成，设法而四方是则。入授枢密副使。”[1]《耶律宗愿墓志》：“授中京留守，判大定府尹事……旋诏归于行在。”[2]《耶律宗政墓志》：“寻判上京留守，临潢尹事……四年冬……召赴阙，复拜大内惕隐。”[3]《耶律宗允墓志》：“改判西京留守、大同尹事……时王公将相出临外任者，皆诏赴天闻，预观缛仪。”[4]在《辽史》中相关某京留守的记述有萧孝忠：“重熙七年，为东京留守……十二年，入朝，封楚王，拜北院枢密使。”[5]高勋：“应历初，封赵王，出为上京留守，寻移南京。”萧滴冽：“拜北院枢密副使，出为中京留守。十九年，改西京留守。”耶律乙辛：“出为中京留守……乃复召为北院枢密使。”耶律庶箴：“大康二年（1076 年），出耶律乙辛为中京留守。”

在辽王朝，以契丹皇帝为首的中央政府并不设在五京中的任何一京[6]，目前史学界关于辽朝政治中心的认识有四种观点。第一种可称为“京城说”，即京城是辽的政治中心。具体来说，其中又可分为两种，一是以清代顾祖禹、现代谭其骧、张国庆等为主要代表，认为辽朝政治中心早期是上京临潢府，中后期是中京大定府。[7]持

---

[1] 刘凤翥，唐彩兰，青格勒 . 辽上京地区出土的辽代碑刻汇辑 · 耶律（韩）遂正墓志铭太平七年 [M]. 北京：社会科学文献出版社，2009：15；向南，张国庆，李宇峰 . 辽代石刻文续编 · 耶律遂正墓志 [M]. 沈阳：辽宁人民出版社，2010：68.

[2] 向南，张国庆，李宇峰 . 辽代石刻文续编 · 耶律宗愿墓志 [M]. 沈阳：辽宁人民出版社，2010：148-150.

[3] 向南 . 辽代石刻文编 · 耶律宗政墓志 [M]. 石家庄：河北教育出版社，1995：305-308.

[4] 向南 . 辽代石刻文编 · 耶律宗允墓志 [M]. 石家庄：河北教育出版社，1995：319-322.

[5] 脱脱 . 辽史 · 卷八十一 · 萧孝忠列传 [M]. 北京：中华书局，1974：1285.

[6] 肖爱民 . 试析辽人意识中的国家政治中心——以辽代的石刻文为中心 [M]// 辽宁省辽金契丹女真史研究会 . 辽金历史与考古国际学术研讨会论文集下册）. 沈阳：辽宁教育出版社，2012：600.

[7] 顾祖禹 . 读史方舆纪要 · 卷八 · 历代州域形势八 · 宋下 [M]. 北京：中华书局，2005：345；谭其骧 . 辽后期迁都中京考实 [M]// 谭其骧 . 长水集（下）. 北京：人民出版社 1986：278-289；张国庆 . 辽代社会史研究 [M]. 北京：中国社会科学出版社，2006：97.

此观点的还有葛剑雄[1]、韩茂莉[2]、曹显征[3]、李洁萍[4]、李义[5]、马凤磊和青白音[6]、李冬楠[7]、明盼盼[8]、姜含[9]等。二是以杨宽[10]、林荣贵[11]、项春松[12]、何天明[13]、李逸友和李宁[14]等为代表，认为辽朝的政治中心一直是上京临潢府，认为"终辽一代二百余年，上京一直为辽国政治、经济、军事、文化和交通往来的中心"。第二种可称为"捺钵

---

❶ 葛剑雄．也谈辽后期迁都中京问题——读林荣贵同志《辽后期迁都中京说驳议》[J]. 中华文史论丛，1983（1）：310-322.

❷ 韩茂莉．草原与田园——辽金时期西辽河流域农牧业与环境 [M]. 北京：生活·读书·新知三联书店，2006：77.

❸ 曹显征．辽中期徙都中京原因管窥 [J]. 昭乌达蒙族师专学报，1989（2）：25-31.

❹ 李洁萍．中国历代都城 [M]. 黑龙江人民出版社，1994：303.

❺ 李义．辽中京产生的原因与作用 [M]// 中国古都研究（第十八辑上册）——中国古都学会 2001 年年会暨赤峰辽王朝故都历史文化研讨会论文集．北京：国际文化出版社，2001：231.

❻ 马凤磊，青白音．辽上京城的兴建、布局及相关问题 [M]//《中国古都研究》编委会．中国古都研究（第十八辑）—中国古都学会 2001 年年会暨赤峰辽王朝故都历史文化研讨会论文集．香港：国际华文出版社，2001：213-224.

❼ 李冬楠．辽代都城研究中的几个问题 [J]. 齐鲁学刊，2009（3）：50-53.

❽ 明盼盼．辽中京兴衰研究 [D]. 长春：东北师范大学，2010：11-12.

❾ 姜含．辽代五京建置研究 [D]. 沈阳：辽宁大学，2011：20-22.

❿ 杨宽．中国古代都城制度史 [M]. 上海：上海古籍出版社，1993：427.

⓫ 林荣贵．辽后期迁都中京说驳议——与谭其骧教授商榷 [J]. 中华文史论丛，1983（1）：291-310.

⓬ 项春松．辽代历史与考古 [M]. 呼和浩特：内蒙古人民出版社，1996：33.

⓭ 何天明．辽代政权机构史稿 [M]. 呼和浩特：内蒙古大学出版社，2004：223.

⓮ 李逸友，李宁．辽中京为后期首都说的商榷 [M]//《中国古都研究》编委会．中国古都研究（第十八辑上册）——中国古都学会 2001 年年会暨赤峰辽王朝故都历史文化研讨会论文集．香港：国际华文出版社，2001.

说”，以傅乐焕[1]、陈述[2]、姚从吾[3]、李锡厚[4]等为主要代表，辽朝的政治中心是捺钵。第三种可称为“行宫说”，以杨若薇为代表。[5]第四种可称为“行朝说”，即跟随契丹皇帝四时迁徙移动的朝廷、汗庭，肖爱民[6]持此观点。李桂芝评价上述四种观点时指出：分析四种意见，大致应分为两类：京城说自为一类，其余三种意见是一致的，属同一认识的不断深化，日益完善，直至最终正中鹄的。[7]五京中，上京虽为皇都，但契丹皇帝一直保持本民族的生活习俗，没有长期居住于此。据统计，辽代二百余年，9 个皇帝到达五京的次数，依次为南京 50 余次、上京 30 余次、中京 26 次、东京 12 次、西京 6 次，而且驻跸时间一般寥寥数日，少有超过数月者。[8]因此，辽代五京均是名义和礼仪上的都城，是一个辖区的中心。由此可见，辽代“京城不是政治中心，不是全国的司令台，它也不是全国的经济中心”。[9]陈致平《中华通史·宋辽金史后编》中指出：五京是形式上的行政中心，实际上的行政中心，仍随着皇帝的宫帐（斡鲁朵）而转移。但到辽圣宗以后，辽人逐渐汉化，皇帝也常常住在皇都

---

[1] 傅乐焕．辽代四时捺钵考五篇 [M]// 傅乐焕．辽史丛考．北京：中华书局，1984：37，94，97.

[2] 陈述．契丹社会经济史稿 [M]. 北京：生活·读书·新知三联书店，1963：107-108.

[3] 姚从吾．说契丹的捺钵文化 [M]// 姚从吾．东北史论丛（下册）．台北：正中书局，1959：7.

[4] 李锡厚．论辽朝的政治体制 [J]. 历史研究，1988（3）：119-135.

[5] 杨若薇．契丹王朝政治军事制度研究 [M]. 北京：中国社会科学出版社，1991：119，124.

[6] 肖爱民．试析辽人意识中的国家政治中心——以辽代的石刻文为中心 [M]// 辽宁省辽金契丹女真史研究会．辽金历史与考古国际学术研讨会论文集（下册）．沈阳：辽宁教育出版社，2012：599-607；肖爱民．辽朝政治中心研究 [M]. 北京：人民出版社，2014：151.

[7] 肖爱民．辽朝政治中心研究 [M]. 北京：人民出版社，2014：序 3.

[8] 杨若薇．契丹王朝政治军事制度研究 [M]. 北京：中国社会科学出版社，1991：186.

[9] 陈述．契丹社会经济史稿 [M]. 北京：人民出版社，1978：109.

之中，宫廷朝觐与“捺钵”混合使用，而且政治地域重心也逐渐由北向南移。[1]该文没有明确指明南移的具体位置，但笔者综合留守的选任与迁转等认为，这里的南移应当指辽中京，这个观点，可称为“宫帐（斡鲁朵）——中京说”，即辽中京到辽后期取得了中心地位。李锡厚也认为辽中期以后，确曾以中京为都城。[2]以至这一时期，被贬官员到南京任职留守，上京留守出现被迫害致死的现象。由《辽史·耶律乙辛传》可知，耶律乙辛配合仁先平定重元、涅鲁古发动的滦河之变，以功拜北院枢密使，晋封魏王，赐匡时翊圣竭忠平乱功臣。之后，耶律乙辛开始凭借权势、功劳和皇帝的信任，为所欲为。咸雍元年（1065 年），仁先被排挤出朝廷，任南京留守。大康三年（1077 年），耶律乙辛“遣使杀上京留守速撒”[3]，同年十一月，耶律乙辛让上京留守萧挞得妄称病死。[4]权臣当道之时，受排挤到南京任留守，上京留守被迫害至死，不难看出这一时期南京留守和上京留守重要性的下降。与此同时，再看中京留守，因群臣不断揭露乙辛，大康二年（1076 年）六月，道宗出乙辛为中京留守。但乙辛的亲信不断在道宗面前为他辩解，同年十月再令乙辛还朝复为枢密使。耶律乙辛在中京留守任上仅仅 4 个月的时间，辽后期，道宗并没有打算让耶律乙辛长期在中京任留守，便于他回京任职。只有中京作为都城才最为便利他回京复职。

所以，由于五京地理位置的不同、辽对内对外关系发展变化、西辽河流域经济中心由辽上京向辽中京南移、契丹故地的过度开发等原因[5]，五京留守的地位和作用在辽政权中的地位因不同发展时期而略有不同。

---

[1] 陈致平．中华通史·宋辽金史后编 [M]. 广州：花城出版社，2003：45.

[2] 李锡厚．《辽史·地理志》辨误 [M]// 中国社会科学院历史研究所隋唐宋辽金元史研究室．隋唐辽宋金元史论丛（第四辑）．上海：上海古籍出版社，2014：245.

[3] 脱脱．辽史·卷二十三·道宗纪三 [M]. 北京：中华书局，1974：279.

[4] 王善军．辽代世家大族研究 [D]. 保定：河北大学，2001：94；王善军．耶律乙辛集团与辽朝后期的政治格局 [J]. 学术月刊，2008（2）：134.

[5] 辽时西辽河流域经济中心由辽上京向辽中京南移，参见：韩茂莉．草原与田园——辽金时期西辽河流域农牧业与环境 [M]. 北京：三联书店，2006：75；契丹故地的过度开发，参见：杨军．辽代契丹故地的农牧业与自然环境 [J]. 中国农史，2013（1）：58-60.

## 三、由汉人出任留守看辽代留守职官的变化

学术界关于中京是否为辽中后期的都城一直颇有争论，一种观点认为辽中后期迁都到中京，以谭其骧、葛剑雄、曹显征、李洁萍、苏赫、刘美云、李冬楠、韩茂莉等为代表；[1]另一种观点认为辽代始终没有迁都，持这种观点的有林荣贵、杨树森、李逸友和李宁、杨宽等人。[2]但汉人留守的选任和分布为我们提供了新的线索，也就是说在汉人集中分布的辽南京地区和辽中京地区，越来越多的汉人受到重视，更多的汉人被任命为留守，最重要的变化是从辽初期的战时需要、形势需要使用降辽汉人和地方世家大族，到辽中后期汉人世家通过荫补，其他汉人家族可以参与科举已成为汉人入仕为官的重要手段，荫补还扩展到契丹人中，通过此种入仕途径的汉人能够出任留守，说明辽政权对汉人留守选任重要性认识越来越突出，已经运用制度

---

[1] 谭其骧．辽后期迁都中京考实 [M]// 辽金史论文集．沈阳：辽宁人民出版社，1985：284–293；谭其骧．辽后期迁都中京考实 [J]. 中华文史论从，1980（1）；葛剑雄．也谈辽后期迁都中京问题——读林荣贵同志《辽后期迁都中京说驳议》[J]. 中华文史论丛，1983（1）：310–322；曹显征．辽中期徙都中京原因管窥 [J]. 昭乌达蒙族师专学报，1989（2）：25–31；李洁萍．中国历代都城 [M]. 哈尔滨：黑龙江人民出版社，1994；苏赫．辽中京 [M]// 孙进己．中国考古集成·东北卷．北京：北京出版社，1995；刘美云．十至十三世纪北方游牧民族探析——辽金历史地位刍论 [M]. 北京：中国文联出版社，2006；李冬楠．辽代都城研究中的几个问题 [J]. 齐鲁学刊，2009（3）；韩茂莉．辽金农业地理 [M]. 北京：社会科学文献出版社，1999：82–83；韩茂莉．草原与田园——辽金时期西辽河流域农牧业与环境 [M]. 北京：生活·读书·新知三联书店，2006：77.

[2] 辽宁省巴林左旗文化馆．辽上京遗址 [J]. 文物，1977（5）；林荣贵．辽后期迁都中京说驳议——与谭其骧教授商榷 [J]. 中华文史论丛，1983（1）：291–310；杨树森．辽史简编 [M]. 沈阳：辽宁人民出版社，1984；李逸友，李宁．辽中京为后期首都说的商榷 [M]//《中国古都研究》编委会．中国古都研究（第十八辑上册）——中国古都学会 2001 年年会暨赤峰辽王朝故都历史文化研讨会论文集．香港：国际华文出版社，2001；杨宽．中国古代都城制度史研究 [M]. 上海．上海人民出版社，2003.

性措施保障汉人入仕为官，甚至是留守一级的高官，反映出辽政权的发展与成熟。❶

辽政权中汉人出任五京留守，情况如表 6-3 所示。

表 6-3　辽代汉人出任五京留守情况汇总表

单位：年

| 时期 | 官职 | 姓名 | 更换频率 |
| --- | --- | --- | --- |
| 太宗 | 上京留守 | 韩知古 | 约 13 |
| 太宗 | 南京留守 | 赵延寿 | 11 |
| 太宗 | 南京留守 | 刘晞 | 1 |
| 穆宗 | 上京留守 | 高勋 | 5 |
| 穆宗 | 南京留守 | 马廷熙 | 3 |
| 穆宗 | 南京留守 | 高勋 | 11 |
| 穆宗 | 南京留守 | 赵延祚 | — |
| 景宗 | 上京留守 | 韩匡嗣 | 1 |
| 景宗 | 南京留守 | 韩匡嗣 | 9 |
| 圣宗 | 上京留守 | 耶律隆祐（韩德颙、韩德凝） | 1 |
| 圣宗 | 上京留守 | 韩制心（耶律制心、耶律遂贞） | 5 |
| 圣宗 | 上京留守 | 韩昌（韩雱金、耶律遂正） | — |
| 圣宗 | 中京留守 | 王继忠 | 3 |
| 圣宗 | 中京留守 | 韩制心（耶律制心、耶律遂贞） | 1 |
| 圣宗 | 中京留守 | 韩昌（韩雱金、耶律遂正） | — |
| 兴宗 | 上京留守 | 张绩 | 1 |
| 道宗 | 上京留守 | 刘二玄 | 1 |
| 道宗 | 上京留守 | 姚景行 | 1 |
| 道宗 | 上京留守 | 刘诜（伸） | 1 |
| 道宗 | 上京留守 | 邢熙年 | — |
| 道宗 | 中京留守 | 韩迥 | 1 |
| 道宗 | 中京留守 | 邢熙年 | 3 |
| 道宗 | 中京留守 | 贾师训 | 4 |

❶ 杨军，王旭东. 辽代南京留守的选任与迁转研究 [J]. 求索，2013（4）：70.

续表

| 时期 | 官职 | 姓名 | 更换频率 |
|---|---|---|---|
| 道宗 | 中京留守 | 韩资让 | 2 |
| 天祚帝 | 中京留守 | 刘霅 | 1 |
| 天祚帝 | 西京留守 | 苏京 | 1 |

注①：表 6-3 是以辽代汉人出任五京留守情况为目标，对辽代汉人留守的任职情况进行汇总。

注②：表中的官职、姓名和更换频率，是以文献中能够检索的为基础。

注③：文献中未能检索 3 人，已经在表中用—标出，以便于进一步研究。

按照时期来看，汉人选任为留守，在太宗、穆宗和景宗时有 9 位，圣宗和兴宗时有 7 位，道宗和天祚帝时有 10 位，总体分布较为平均，到辽后期略有增加。汉人留守虽然在数量上少于契丹族留守，但这样的分布格局足可以看出汉人在留守选任上的重要性。再就汉人留守在所在京选任比例而言又有自身的特点，中京最高，占 34.8%，超过三分之一；其次是南京留守中的汉人，有 24%，接近四分之一；列第三位的是上京汉人留守，五分之一强一点；西京留守仅有 1 人为汉人留守，而东京留守中没有汉人的选任。汉人分布较为集中的南京地区和中京地区，有相当数量的汉人被任命为留守，而处于辽王朝腹地的上京也有一定数量的汉人选任为上京留守。一方面，与汉族官僚的地位、职能、权限以及人数在辽政权发展过程中呈上升的趋势相适应；另一方面，辽国政治中心虽不在五京中的任何一京，但五京相互比较，辽前期，即三京时期，辽上京的重要性远在辽南京和辽东京之上；但到辽中后期，特别是中京建成之后，辽中京取得了政治、经济和军事等方面的巨大发展，其重要性也是其他四京所不能企及的。

从家族来看，韩知古家族有韩知古、韩匡嗣、耶律隆祐（韩德颙、韩德凝）、韩制心（耶律制心、耶律遂贞）、韩昌（韩雱金、耶律遂正）5 人 8 次担任上京、南京和中京留守；“契丹化”较深的韩知古家族仍然属于汉官集团的重要组成部分，覆盖五京留守的三京，兴盛于辽王朝早期和中期；除韩氏家族外，辽代汉人世家大族的韩、刘、马、赵四姓九大家族中只有赵思温家族的赵延祚（南京留守）、韩延徽家族的韩资让（中京留守）、刘六符家族的刘二玄（上京留守）、刘霄（中京留守）4 人出任留守一职，还有部分选任为副留守等职务，多出现在辽王朝中后期，反映出辽代汉官集团发展的多样化，多数汉官集团受到契丹官制的影响，但能在辽朝的各个阶段有所发展，足见其背后原因的复杂性。

## 四、辽代五京留守职掌的限制与成效

在辽王朝，上京是国家重心所在，东京为辽东要地，控制高丽、女真，其留守“非勋戚不能镇抚”；[1]中京为辽国中心；南京和西京为辽王朝南疆重镇，“非亲王不得主之”。[2]留守是长期固定辽国五方要地的重要职任，因此，容易出现位高权重现象。分析其原因，应该是多方面的：首先是契丹皇帝的放权，辽前期政治中心不在五京中的任何一京，留守在制度上缺乏监管，容易出现职官权重现象；其次是除上京外，如何有效地加强对新入领土的管辖是契丹皇帝亟待解决的问题，对于北方民族统治者而言，复杂问题简单化处理，通过“因俗而治”的方式即可达到预期的效果，契丹皇帝主观认为宗室、外戚出任留守，能够保障辽政权的整体利益；最后是辽国所处的外部环境的变化，东有高丽，南有宋朝，西有西夏，他们与辽国关系的变化直接影响到所在地区留守地位的变化，即这几个京留守的军事职掌，直接促成了留守的地位提升。

辽五京地处辽境东、西、南、北、中五方，为一地军事、政治、经济和文化中心，由五京留守职掌可以看出这是一个位高权重的职官，各京留守在地方拥有巨大的势力。总体而言，各京留守多能恪尽职守，但极少数留守，尤以南京留守拥有强大的实力，出于个人对权力的向往和追求而对辽王朝构成威胁，有的卷入派系斗争，

---

[1] 脱脱. 辽史·卷九十三·萧惠列传 [M]. 北京：中华书局，1974：1373.

[2] 脱脱. 辽史·卷四十一·地理志五 [M]. 北京：中华书局，1974：506.

甚至组织和参与叛乱。因此，辽朝廷不得不对其中个别留守采取必要的压制手段，以确保政权的稳定。

极少数留守权力膨胀，虽然数量不多，但影响巨大，具体表现在：一部分留守势力急剧膨胀，有可能形成新兴力量，对辽王朝的统治构成潜在威胁。如南京留守耶律休哥为辽由防御转入进攻立下了汗马功劳，太后封其为宋国王，诏免拜，不名，更是在统和七年（989 年）三月，“赐于越宋国王红珠筋线，命入内神帐行再生礼，皇太后赐物甚厚”；[1]耶律隆庆在统和十六年（998 年）休哥死后，被封为梁国王、南京留守，其势力也迅速发展，史载“其调度之物，悉侈于隆绪。尝岁籍民子女，躬自拣择，其尤者为王妃，次者为妾媵……炭山北有凉殿，夏常随其母往居之，妓妾皆从，穹庐亦巾幕，道路相属，虏相韩德让尤忌之，故与德让不相叶也。”[2]任职留守的经历直接促成玉田韩氏家族的兴起，在景宗继统的斗争中韩匡嗣立下了不世之功，先后出任上京留守和南京留守，“保宁末，以留守摄枢密使”。[3]玉田韩氏与辽宗室的关系日益密切，直至韩德让赐国姓，出宫籍，隶季父房，玉田韩氏的势力已高居于幽州韩氏之上了。[4]二是各京留守因在地方的巨大实力常常卷入中央派系斗争，成为各种势力争夺的焦点。辽道宗派心腹耶律宗政就任上京留守，是要在地方上制约耶律重元的势力。耶律宗政判任上京留守期间，“倚毗之重，时无与阶”。[5]大康三年（1077 年），耶律乙辛“遣使杀上京留守速撒”；[6]同年十一月，耶律乙辛让上京留守

---

[1] 脱脱. 辽史·卷十二·圣宗纪三 [M]. 北京：中华书局，1974：134.

[2] 贾敬颜. 五代宋金元人边疆行记十三种疏证稿·路振《乘轺录》笺证 [M]. 北京：中华书局，2004：43−45.

[3] 脱脱. 辽史·卷七十四·韩匡嗣列传 [M]. 北京：中华书局，1974：1234.

[4] 李桂芝. 辽景宗即位考实 [J]. 学习与探索，2006（6）：165.

[5] 陈述. 全辽文 [M]. 北京：中华书局，1982：157；向南. 辽代石刻文编·耶律宗政墓志 [M]. 石家庄：河北教育出版社，1995：307；刘凤翥，唐彩兰，青格勒. 辽上京地区出土的辽代碑刻汇辑·耶律宗政墓志 [M]. 北京：社会科学文献出版社，2009：203.

[6] 脱脱. 辽史·卷二十三·道宗纪三 [M]. 北京：中华书局，1974：279.

萧挞得妄称病死[1]，“上京留守萧挞得绐以疾薨闻”。[2]这些上京留守可能因反对权臣耶律乙辛而招致迫害致死，之所以敢于反抗说明他们的势力不俗，但最终斗争失败，由此可以看出当时斗争的残酷性，反映出辽后期朝政的昏暗。中京留守耶律奴公开反对耶律乙辛，在耶律乙辛集团获得了权倾朝野的势力后，受到极力排斥，“及皇太子废，被诬夺爵，没入兴圣宫，流乌古部”。[3]三是极少数留守，以南京留守表现尤甚，觊觎皇位而组织或参与叛乱。如辽初期，南京留守赵延寿、耶律牒腊、萧海贞和耶律娄国就曾组织、策划或参与过谋反；辽末期南京留守耶律明也曾响应耶律重元的叛乱，“领奚兵入城授甲，欲应之”。[4]辽兴宗时出现“重元之乱”也与他曾任南京留守有一定关系。重元，小字孛吉只，圣宗次子。圣宗崩，钦哀皇后称制，皇后欲废兴宗而立少子重元，重元将皇后的计谋密告于兴宗，兴宗非常感激，封其为皇太弟。皇太弟这一称呼是晋惠帝以来的典故，即“兄终弟及”之意。史料记载：“上尝与太弟重元狎昵，宴酣，许以千秋万岁后传位。重元喜甚，骄纵不法。”[5]由此看来，兴宗时的确曾经有过将皇位传于重元之意。[6]但兴宗何曾明白，重元毕竟是守旧派的代表！对他不仅加封皇太弟，还委以北南院枢密使、南京留守、知元帅府事等要职，使其骄纵不法；一些守旧派皇亲、官僚集糜在他周围，形成一股顽固的政治势力，这种势力日益强大，最终酿成“重元之乱”。[7]

---

[1] 王善军．辽代世家大族研究 [D]. 保定：河北大学，2001：94；王善军．耶律乙辛集团与辽朝后期的政治格局 [J]. 学术月刊，2008（2）：134.

[2] 脱脱．辽史・卷七十二・顺宗列传 [M]. 北京：中华书局，1974：1216.

[3] 脱脱．辽史・卷一〇七・耶律奴妻萧氏列传 [M]. 北京：中华书局，1974：1473；石金民，于泽民．契丹小字《耶律奴墓志铭》考释 [J]. 民族语文，2001（2）：63；王善军．耶律乙辛集团与辽朝后期的政治格局 [J]. 学术月刊，2008（2）：135.

[4] 叶隆礼．契丹国志 [M]. 上海：上海古籍出版社，1985：57.

[5] 脱脱．辽史・卷一〇九・罗衣轻列传 [M]. 北京：中华书局，1974：1480.

[6] 王禹浪，石艳军．辽懿德皇后萧观音之死与辽朝的灭亡 [J]. 黑龙江民族丛刊，2008（3）：79.

[7] 邱立．从仁德皇后被诬案看辽代中后期的政治斗争 [J]. 黔东南民族师范专科学校学报，1997（3）：6-7.

契丹皇帝采取各种手段对个别留守的权力进行限制，又因留守的身份、处境不同而区别对待。一是采取各种手段压制新的宗室力量的形成。如耶律休哥任职南京留守的后期，自统和十二年到十五年（994—997年），圣宗及承天后的主要活动地点均放在南京，多次“诏南京决滞狱”[1]，并“复置南京统军都监”[2]，用以牵制休哥之兵力。统和十三年（995年）七月，“诏蔚、朔等州龙卫、威胜军更戍”。[3] 直至统和十六年（998年）十二月休哥死，帝后在南京的活动才告一段落。[4] 南京留守耶律隆庆势力快速膨胀，使得他与圣宗关系紧张，从统和十六年（998年）到开泰初，圣宗对另一个弟弟隆祐较亲近，徙封其为楚国王、留守京师、幸其第视疾等。统和二十八年（1010年），“契丹将征伐高丽……召刘晟（刘慎行）知政事，又召隆庆，隆庆反侧，辞以避暑，不行。辄缮完甲兵，遣亲信以私书交结国中贵幸，其亲信录书有告雄州，诉其主不能敦协亲族，国人思汉。上（宋真宗）知隆庆教为之，密谕边臣沮其意。”[5] 同年十一月，（契丹伐高丽）大败，“帐族卒乘罕有还者，官属战没大半。乃令幽蓟选尝干仕进及稍知书者以补其乏，归取介胄万副，隆庆以疑间不给，拔寨遁归”。[6] 开泰五年（1016年）九月，“皇弟南京留守秦晋国王隆庆来朝”。[7] 此次来朝时间长达四个月，十二月南归途中去世。据孟凡云推断，此次来朝两兄弟间当有一场激烈的讨价还价无疑。因为隆庆九月来朝，圣宗于十月“封秦晋国王隆庆长子查割中山郡王，次子遂哥乐安郡王”。[8] 甚至于宋朝也有人产生了利用圣宗兄弟不和谋求发展的打算。宋大中祥符三年（1010年）二月戊子，“契丹主暗弱，自其母与韩德让相继死，其弟隆庆尤桀黠，众心附之，言事者谓因遣使特加恩隆庆，上

[1] 脱脱．辽史·卷八十·邢抱朴列传[M]．北京：中华书局，1974：1278.
[2] 脱脱．辽史·卷十三·圣宗纪四[M]．北京：中华书局，1974：144.
[3] 脱脱．辽史·卷十三·圣宗纪四[M]．北京：中华书局，1974：146.
[4] 孟凡云．圣宗削夺头下因果考论[J]．昭乌达蒙族师专学报，2000（2）：56.
[5] 李焘．续资治通鉴长编[M]．北京：中华书局，1992：1673.
[6] 李焘．续资治通鉴长编[M]．北京：中华书局，1992：1695.
[7] 脱脱．辽史·卷十五·圣宗纪六[M]．北京：中华书局，1974：178.
[8] 脱脱．辽史·卷十五·圣宗纪六[M]．北京：中华书局，1974：178.

（真宗）曰：‘柔远之道，务存大体。正当讲信修睦，使之和协，如其不法，岂宜更加礼耶？’”[1]应该说，圣宗压制耶律隆庆势力的形成取得了成功。[2]二是卷入中央派系斗争中的留守，除耶律宗政受到道宗皇帝的庇佑外，其余的留守则为权臣迫害。三是极少数的组织或参与叛乱的留守被处死，如南京留守赵延寿因谋反被除；[3]南京留守耶律牒腊参与叛乱被处死；[4]南京留守萧海贞谋叛失败南逃；[5]南京留守耶律娄国辽穆宗时谋反被诛；[6]南京留守耶律明响应重元叛乱，“领奚兵入城授甲，欲应之”。[7]史料虽没有对耶律明之后事迹的记载，但多半被处死。这些措施的综合运用，起到了制约某些留守权力的作用，确保了中央对地方的有效管控。

---

❶ 李焘 . 续资治通鉴长编 [M]. 北京：中华书局，1992：1654.

❷ 孟凡云 . 圣宗削夺头下因果考论 [J]. 昭乌达蒙族师专学报，2000（2）：56.

❸ 李锡厚 . 辽史 [M]. 北京：人民出版社，2006：75.

❹ 脱脱 . 辽史・卷一一三・耶律牒腊列传 [M]. 北京：中华书局，1974：1506.

❺ 李桂芝 . 辽景宗即位考实 [J]. 学习与探索，2006（6）：159.

❻ 脱脱 . 辽史・卷一一二・耶律娄国列传 [M]. 北京：中华书局，1974：1501.

❼ 叶隆礼 . 契丹国志 [M]. 上海：上海古籍出版社，1985：57.

◎

# 附表

附表 1　辽代上京留守表

| 序号 | 姓名 | 民族 | 任职时间（公元） | 前任官职 | 去职安排 | 史料来源 |
|---|---|---|---|---|---|---|
| 1 | 耶律倍 | 契丹 | 天赞三年—天赞四年（924—925 年） | 立为皇太子任命的第一个职务为上京留守 | 人皇王主东丹 | 《辽史·卷七十二》 |
| 2 | 韩知古 | 汉 | 天显元年—天显十三年期间（926—938 年） | 中书令 | 卒 | 《韩瑜墓志铭》 |
| 3 | 耶律迪辇（耶律洼） | 契丹 | 会同六年（943 年） | 惕隐 | 北院大王 | 《辽史·卷四》，《辽史·卷七十七》 |
| 4 | 耶律屋质 | 契丹 | 会同九年（946 年） | 惕隐 | 右皮室详稳 | 《大辽上京人物谱》 |
| 5 | 耶律李胡 | 契丹 | 会同九年—大同元年（即天禄元年）（946—947 年） | 皇太弟，兼天下兵马大元帅 | 战败 | 《辽史·卷七十二》 |
| 6 | 高勋 | 汉 | 应历七年—应历十一年（957—961 年） | 枢密使兼政事令 | 南京留守 | 《辽史·卷八十五》 |
| 7 | 耶律道隐 | 契丹 | 保宁元年（969 年） | 任命的第一个职务即为上京留守 | 南京留守 | 《辽史·卷七十二》 |
| 8 | 韩匡嗣 | 汉 | 保宁二年（970 年） | 太祖庙详稳 | 南京留守 | 《辽史·卷七十四》，《韩匡嗣墓志》 |

续表

| 序号 | 姓名 | 民族 | 任职时间（公元） | 前任官职 | 去职安排 | 史料来源 |
|---|---|---|---|---|---|---|
| 9 | 除室 | 契丹 | 乾亨二年—乾亨三年（980—981年） | ? | ? | 《辽史·卷九》，《辽史·卷七十二》 |
| 10 | 褭衮 | 契丹 | 乾亨四年—统和元年（982—983年） | ? | ? | 《辽史·卷十》 |
| 11 | 耶律稍 | 契丹 | 统和元年（983年） | ? | ? | 《辽史·卷十》，《辽史·卷四十八》 |
| 12 | 耶律化哥 | 契丹 | 统和四年—统和十一年（986—993年） | 北院林牙 | 北院大王 | 《辽史·卷九十四》 |
| 13 | 耶律景（耶律海里） | 契丹 | 统和十二年—统和十四年（994—996年） | 南院大王 | 薨 | 《辽史·卷十三》，《辽史·卷八十四》 |
| 14 | 耶律隆裕 | 契丹 | 统和十九年（1001年） | 任命的第一个职务即为上京留守 | 西南面招讨使 | 《辽史·卷十四》,《辽史·卷六十四》,《耶律隆祐与耶律隆裕考》 |
| 15 | 耶律隆祐（韩德颙、德凝） | 汉 | 统和二十二年（1004年） | 西南面五押招讨大将军（西南面招讨使） | （加赐）致理功臣 | 《辽史·卷十四》，《耶律隆祐墓志铭》 |
| 16 | 耶律隆裕 | 契丹 | 统和二十八年（1010年） | 西南面招讨使 | 北院枢密使 | 《辽史·卷十五》,《辽史·卷六十四》,《耶律隆祐与耶律隆裕考》 |
| 17 | 萧继远（萧继先） | 契丹 | 统和二十八年（1010年） | 北府宰相 | 卒 | 《辽史·卷七十八》，《秦晋国大长公主墓志》,《萧闛墓志》 |
| 18 | 耶律八哥 | 契丹 | 统和十六年—开泰四年（998—1015年） | 枢密院侍御 | 北院枢密副使 | 《辽史·卷十五》，《辽史·卷八十》 |
| 19 | 耶律（韩）制心（耶律遂贞） | 汉 | 开泰四年—开泰八年（1015—1019年） | 归化州刺史 | 汉人行宫都部署 | 《辽史·卷八十二》 |
| 20 | 萧敌烈（萧恭） | 契丹 | 太平二年（1022年） | 国舅详稳、加同政事门下平章事 | 中京留守 | 《辽史·卷八十八》 |
| 21 | 耶律合葛 | 契丹 | 太平三年（1023年） | 南府宰相 | ? | 《辽史·卷十六》 |
| 22 | 萧孝先 | 契丹 | 太平五年—太平六年（1025—1026年） | 汉人行宫都部署 | 国舅详稳 | 《辽史·卷十七》《辽史·卷八十七》 |
| 23 | 耶律敌烈 | 契丹 | 太平八年（1028年） | 南院大王 | 惕隐 | 《辽史·卷十七》 |

续表

| 序号 | 姓名 | 民族 | 任职时间（公元） | 前任官职 | 去职安排 | 史料来源 |
|---|---|---|---|---|---|---|
| 24 | 萧孝先 | 契丹 | 太平十年—景福元年（1030—1031年） | 东京留守 | 总禁卫事 | 《辽史·卷八十七》,《契丹国志·卷七》 |
| 25 | 耶律宁 | 契丹 | 圣宗年间 | ? | ? | 《辽史·卷十六》,《辽秦国太妃晋国王妃墓志》,《秦国太妃墓志》 |
| 26 | 韩昌（耶律遂正） | 汉 | 圣宗年间 | 权东京留守 | 中京留守 | 《耶律遂正墓志铭》 |
| 27 | 耶律弘古 | 契丹 | 重熙元年—重熙六年（1032—1037年） | 南府宰相 | 南院大王 | 《辽史·卷十八》,《辽史·卷九十五》 |
| 28 | 耶律贵宁 | 契丹 | 重熙三年（1034年） | ? | ? | 《契丹国志·卷八》 |
| 29 | 萧查剌宁 | 契丹 | 重熙六年（1037年） | 平章事 | ? | 《辽史·卷十八》 |
| 30 | 张绩 | 汉 | 重熙十四年（1045年） | 大理寺丞 | 盐铁判官、中允 | 《张绩墓志铭》 |
| 31 | 耶律庶几 | 契丹 | 重熙十八年（1049年） | 信州节度使 | 州节度使 | 《耶律庶几墓志》 |
| 32 | 萧孝友（陈留） | 契丹 | 重熙二十年—清宁元年（1051—1055年） | 东京留守 | 东京留守 | 《辽史·卷八十七》 |
| 33 | 韩绍文 | 汉 | 清宁元年（1055年） | 参知政事、同知枢密院事 | ? | 《辽史·卷二十一》 |
| 34 | 萧慎微 | 契丹 | 重熙年间 | ? | ? | 《佐移离毕萧相公墓志铭（残文）》 |
| 35 | 耶律宗政 | 契丹 | 清宁二年—清宁三年（1056—1057年） | 南院枢密使 | 大内惕隐 | 《辽史·卷二十一》,《辽史·卷六十四》,《蔡志顺墓志》,《义和仁寿皇太叔祖哀册乾统十年》 |
| 36 | 耶律和鲁斡❶ | 契丹 | 清宁二年（1056年） | 任命的第一个职务即为上京留守 | 南京留守 | 《辽史·卷二十一》,《耶律宗政墓志》 |

❶ 盖之庸．内蒙古辽代石刻文研究·义和仁寿皇太叔祖哀册 [M]. 呼和浩特：内蒙古大学出版社，2002：344；刘凤翥，唐彩兰，青格勒．辽上京地区出土的辽代碑刻汇辑·汉字义和仁寿皇太叔祖耶律弘本哀册文乾统十年 [M]. 北京：社会科学文献出版社，2009：254；向南，张国庆，李宇峰．辽代石刻文续编 [M]. 沈阳：辽宁人民出版社，2010：272-273.

续表

| 序号 | 姓名 | 民族 | 任职时间（公元） | 前任官职 | 去职安排 | 史料来源 |
|---|---|---|---|---|---|---|
| 37 | 耶律阿琏（耶律弘世） | 契丹 | 清宁六年—清宁八年（1060—1062 年） | 太尉、兼中书令、判中丞司事 | 辽兴军节度使 | 《辽史·卷六十四》，《耶律弘世墓志》 |
| 38 | 刘二玄 | 汉 | 清宁七年（1061 年）❶ | ? | ? | 《辽史·卷八十六》 |
| 39 | 耶律侯古（宗愿） | 契丹 | 清宁十年—咸雍八年（1064—1072 年） | 王子郎君班详稳 | 薨 | 《辽史·卷六十四》，《耶律宗愿墓志》 |
| 40 | 姚景行 | 汉 | 大康二年（1076 年） | 辽兴节度使 | 致政 | 《辽史·卷九十六》 |
| 41 | 萧速撒 | 契丹 | 大康三年（1077 年） | 知北院枢密使事 | 被处死 | 《辽史·卷二十三》，《辽史·卷九十九》 |
| 42 | 萧挞得 | 契丹 | 大康三年—大康四年（1077—1078 年） | ? | 妄称病死 | 《辽史·卷七十二》，《辽史·卷一〇二》，《辽史·卷一〇三》 |
| 43 | 刘诜（刘伸） | 汉 | 大康五年（1079 年） | 保静军节度使 | 徙镇雄武 | 《辽史·卷九十八》 |
| 44 | 耶律世迁 | 契丹 | 大康八年—大康九年（1082—1083 年） | 知北院枢密使事 | ? | 《辽史·卷二十四》 |
| 45 | 耶律敌烈 | 契丹 | 道宗大康四年（1078 年）至大安年间 | 同知南京留守事 | 塌母城节度使 | 《辽史·卷九十六》，《耶律迪烈墓志铭》❷ |
| 46 | 邢熙年 | 汉 | 道宗年间 | ? | ? | 《皇弟秦越国王耶律弘世墓志》 |
| 47 | 耶律慎思 | 契丹 | 乾统元年—乾统二年（1101—1102 年） | 中京留守 | 北院枢密副使 | 《辽史·卷二十七》 |
| 48 | 耶律大悲奴 | 契丹 | 乾统二年—乾统三年（1102—1103 年） | 殿前都点检 | 惕隐 | 《辽史·卷九十五》 |
| 49 | 萧贞一 | 契丹 | 乾统十年—天庆二年（1110—1112 年） | ? | ? | 《金史·卷七十五》 |

❶ 吴廷燮和杨若薇认为刘二玄在清宁七年（1061 年）任上京留守，但清宁六年（1060 年）—清宁八年（1062 年）间，耶律阿琏也任职上京留守，在没有新的史料佐证之前，只能存疑。

❷《耶律迪烈（墓志铭）》墓主即耶律敌烈，参见卢迎红，周峰．契丹小学《耶律迪烈（墓志铭）》考释［J］．民族语文，2000（1）：43-52.

续表

| 序号 | 姓名 | 民族 | 任职时间（公元） | 前任官职 | 去职安排 | 史料来源 |
|---|---|---|---|---|---|---|
| 50 | 耶律赤狗儿 | 契丹 | 天庆三年—天庆四年（1113—1114年） | ? | ? | 《金史·卷七十五》 |
| 51 | 萧兀纳（挞不也） | 契丹 | 天庆五年—天庆六年（1115—1116年） | 东北路副都统 | 契丹行宫都部署兼副元帅 | 《辽史·卷二十八》，《辽史·卷九十八》 |
| 52 | 耶律大悲奴 | 契丹 | 天庆六年（1116年） | 西南面招讨使 | 北南枢密院点检中丞诸司 | 《辽史·卷九十五》，《辽史·卷一〇一》 |
| 53 | 萧韩家奴 | 契丹 | 天庆六年（1116年） | 知北院枢密使事 | ? | 《辽史·卷二十八》 |
| 54 | 萧乙薛 | 契丹 | 天庆十年（1120年） | 北府宰相，加左仆射，兼东北路都统 | 西南面招讨使 | 《辽史·卷二十八》，《辽史·卷一〇一》 |
| 55 | 耶律挞不也 | 契丹 | 天庆十年（1120年） | 中丞 | 投降 | 《辽史·卷二十八》 |
| 56 | 萧乙薛 | 契丹 | 保大元年—保大二年（1121—1122年） | 西南面招讨使 | 被擒 | 《辽史·卷一〇一》，《金史·卷七十五》 |

注：？表示现有资料没有记载。

## 附表2　辽代东京留守表

| 序号 | 姓名 | 民族 | 任职时间（公元） | 前任官职 | 去职安排 | 史料来源 |
|---|---|---|---|---|---|---|
| 1 | 耶律和里 | 契丹 | 会同三年（940年） | ? | 卒 | 《辽史·卷七十五》 |
| 2 | 耶律隆先 | 契丹 | 保宁三年—乾亨元年（971—979年） | 政事令 | 薨 | 《辽史·卷七十二》 |
| 3 | 耶律抹只 | 契丹 | 统和元年—统和五年（983—987年） | 枢密副使 | 大同军节度使 | 《辽史·卷十》，《辽史·卷十一》，《辽史·卷十二》，《辽史·卷八十四》 |

续表

| 序号 | 姓名 | 民族 | 任职时间（公元） | 前任官职 | 去职安排 | 史料来源 |
|---|---|---|---|---|---|---|
| 4 | 耶律抹只<br>萧恒德 | 契丹<br>契丹 | 统和六年（988年） | | | 《辽史·卷十》,<br>《辽史·卷十一》,<br>《辽史·卷十二》,<br>《辽史·卷八十四》<br>《辽史·卷十三》,<br>《辽史·卷八十五》,<br>《辽史·卷八十八》,<br>《辽史·卷一一五》 |
| 5 | 萧恒德 | 契丹 | 统和七年—统和十四年（989—996年） | 北面林牙 | 削功臣号行军都部署 | 《辽史·卷十三》,<br>《辽史·卷八十五》,<br>《辽史·卷八十八》,<br>《辽史·卷一一五》 |
| 6 | 耶律斡腊 | 奚 | 统和十四年—统和十五年（996—997年） | 同政事门下平章事 | 未见记载，开泰中卒 | 《辽史·卷九十四》 |
| 7 | 萧排押 | 契丹 | 统和十五年—统和二十二年（997—1004年） | 政事令 | 北府宰相 | 《辽史·卷八十八》 |
| 8 | 耶律弘古 | 契丹 | 统和二十三年—统和二十八年（1005—1010年） | 南京统军使 | 侍中 | 《辽史·卷八十八》 |
| 9 | 耶律隆裕 | 契丹 | 开泰元年（1012年） | 北院枢密使 | 薨 | 《辽史·卷十五》 |
| 10 | 耶律团石 | 契丹 | 开泰二年—开泰三年（1013—1014年） | ? | ? | 《辽史·卷一一五》 |
| 11 | 萧善宁（萧屈烈） | 契丹 | 开泰三年—开泰五年（1014—1016年） | 南京统军使 | 殿前都检点 | 《辽史·卷十五》,<br>《辽史·卷七〇》 |
| 12 | 耶律八哥 | 契丹 | 开泰七年—太平六年（1018—1026年） | 北院枢密副使 | 西北路都监 | 《辽史·卷十六》,<br>《辽史·卷十七》,<br>《辽史·卷八十》,<br>《辽史·卷一一五》 |
| 13 | 萧孝先 | 契丹 | 太平七年—太平九年（1027—1029年） | 国舅详稳 | 上京留守 | 《辽史·卷十七》,<br>《辽史·卷八十七》 |
| 14 | 萧孝穆 | 契丹 | 太平十年（1030年） | 南京留守 | 南京留守 | 《辽史·卷八十七》 |
| 15 | 萧孝穆<br>萧阿姑轸 | 契丹<br>契丹 | 景福元年（1031年） | ? | ? | 《辽史·卷十八》 |

续表

| 序号 | 姓名 | 民族 | 任职时间（公元） | 前任官职 | 去职安排 | 史料来源 |
|---|---|---|---|---|---|---|
| 16 | 萧惠 | 契丹 | 重熙元年—重熙二年（1032—1033 年） | 顺义军节度使 | 西南面招讨使 | 《辽史·卷十八》，《辽史·卷十九》，《辽史·卷二十》，《辽史·卷四十八》，《辽史·卷九十三》 |
| 17 | 萧朴（萧普古） | 契丹 | 重熙三年（1034 年） | 北院枢密使 | 南院枢密使 | 《辽史·卷十八》，《辽史·卷八十》 |
| 18 | 萧孝忠 | 契丹 | 重熙八年—重熙十一年（1039—1042 年） | 北府宰相 | 北院枢密使 | 《辽史·卷十八》，《辽史·卷八十一》 |
| 19 | 耶律侯哂 | 契丹 | 重熙十二年—重熙十三年（1043—1044 年） | 北院大王 | 加兼侍中。致仕，卒。 | 《辽史·卷十九》，《辽史·卷九十二》 |
| 20 | 耶律吾扎 | 契丹 | 重熙十四年—重熙十五年（1045—1046 年） | ? | ? | 《契丹国志·卷八》 |
| 21 | 萧塔列葛 | 奚❶ | 重熙十八年（1049 年） | 左夷离毕 | 北府宰相 | 《辽史·卷二十》，《辽史·卷八十五》 |
| 22 | 1 萧塔列葛<br>2 萧孝友（陈留）<br>3 萧阿剌（萧知足）❷ | 奚<br>契丹<br>契丹 | 重熙十九年—重熙二十年（1050—1051 年） | 1<br>2 知东京留守，被免<br>3 同知北院枢密使，加同中书门下平章事 | 1<br>2 上京留守<br>3 西北路招讨使 | 《辽史·卷二十》，《辽史·卷八十五》《辽史·卷二十》，《辽史·卷二十一》，《辽史·卷八十七》《辽史·卷九十》，《辽史·卷一一三》，《萧德温墓志》，《萧莹墓志》 |
| 23 | 耶律仁先 | 契丹 | 重熙二十一年—清宁元年（1052—1055 年） | 知北院枢密使事 | 同知南京留守事 | 《辽史·卷十九》，《辽史·卷二十》，《辽史·卷二十一》，《辽史·卷九十》，《辽史·卷九十六》，《耶律仁先墓志铭》 |

❶ 蔡美彪．辽史两萧塔列葛传辨析 [M]// 蔡美彪．辽金元史考索．北京：中华书局，2012：82.

❷ 向南，张国庆，李宇峰．辽代石刻文续编·萧莹墓志 [M]. 沈阳：辽宁人民出版社，2010：243.

续表

| 序号 | 姓名 | 民族 | 任职时间（公元） | 前任官职 | 去职安排 | 史料来源 |
|---|---|---|---|---|---|---|
| 24 | 萧孝友 | 契丹 | 清宁元年—清宁二年（1055—1056 年） | 上京留守 | 北府宰相 | 《辽史·卷二十》，《辽史·卷二十一》，《辽史·卷八十七》 |
| 25 | 耶律贴不 | 契丹 | 清宁三年—清宁五年（1057—1059 年） | 南府宰相 | 西京留守 | 《辽史·卷 21》 |
| 26 | 萧阿剌（萧知足） | 契丹 | 清宁六年—清宁七年（1060—1061 年） | 北院枢密使 | 被杀 | 《辽史·卷九十》，《辽史·卷一一三》，《萧德温墓志》，《萧莹墓志》 |
| 27 | 耶律阿琏（耶律弘世） | 契丹 | 重熙十七年—清宁六年期间（1048—1060 年间） | ? | 上京留守 | 《辽史·卷六十四》，《皇弟秦越国王耶律弘世墓志》 |
| 28 | 耶律呕里思 | 契丹 | 道宗朝寿昌二年前（1096 年前） | ? | ? | 《辽史·卷八十一》，《皇弟妻秦越国妃萧氏墓志》，《耶律弘世妻秦越国妃萧氏墓志铭》 |
| 29 | 耶律何鲁扫古 | 契丹 | 寿隆（昌）五年—寿隆（昌）六年（1099—1100 年） | 西北路招讨使 | 惕隐 | 《辽史·卷二十六》，《辽史·卷九十四》 |
| 30 | 耶律淳 | 契丹 | 乾统三年—乾统六年（1103—1106 年） | 彰圣等军节度使 | 南府宰相 | 《辽史·卷二十七》 |
| 31 | 萧保先 | 契丹 | 天庆四年—天庆六年（1114—1116 年） | ? | 被叛乱者所杀 | 《辽史·卷二十八》 |
| 32 | 耶律和鲁斡 | 契丹 | 天祚帝期间 | 西京留守 | 南京留守 | 《义和仁寿皇太叔祖哀册乾统十年》 |

注：? 表示现有资料没有记载。

## 附表 3 辽代中京留守表

| 序号 | 姓名 | 民族 | 任职时间（公元） | 前任官职 | 去职安排 | 史料来源 |
|---|---|---|---|---|---|---|
| 1 | 王继忠 | 汉 | 开泰二年—开泰五年（1013—1016 年） | 澶渊之盟“牵线人” | 汉人行宫都部署 | 《辽史·卷十五》，《辽史·卷八十一》 |
| 2 | 耶律（韩）制心（耶律遂贞） | 汉 | 开泰八年（1019 年） | 南院枢密使 | 惕隐 | 《辽史·卷十六》，《辽史·卷八十二》 |

续表

| 序号 | 姓名 | 民族 | 任职时间（公元） | 前任官职 | 去职安排 | 史料来源 |
|---|---|---|---|---|---|---|
| 3 | 耶律宗业 | 契丹 | 开泰八年—太平二年（1019—1022年） | 广平郡王 | 平州、锦州节度使 | 《辽史·卷十六》，《契丹国志·卷十八》，《契丹风俗》 |
| 4 | 萧敌烈 | 契丹 | 太平六年—太平八年（1026—1028年） | 上京留守 | 卒 | 《辽史·卷八十八》 |
| 5 | 韩昌（韩雱金、耶律遂正） | 汉 | 圣宗年间 | 上京留守 | 枢密副使 | 《耶律遂正墓志铭》 |
| 6 | 萧滴冽 | 契丹 | 重熙十四年—重熙十九年（1045—1050年） | 北院枢密副使 | 西京留守 | 《辽史·卷九十五》 |
| 7 | 耶律贴不 | 契丹 | 重熙十九年（1050年） | 河南道行军副都统 | 南府宰相 | 《辽史·卷二十》 |
| 8 | 耶律侯古（耶律宗愿） | 契丹 | 清宁元年—清宁四年（1055—1059年） | 左宣徽使，加爵陈留郡王 | 诸行宫都部署 | 《辽史·卷二十一》，《耶律宗愿墓志》 |
| 9 | 韩迥 | 汉 | 咸雍三年（1067年） | ？ | ？ | 《使辽语录》 |
| 10 | 萧素飒 | 契丹 | 咸雍四年—咸雍五年（1068—1069年） | 右夷离毕 | 平剖阿里部叛，徙北院林牙 | 《辽史·卷二十二》 |
| 11 | 耶律白 | 契丹 | 咸雍六年（1070年） | 惕隐 | 薨 | 《辽史·卷二十二》 |
| 12 | 耶律宜新 | 契丹 | 咸雍九年（1073年） | 知北院枢密使事 | ？ | 《辽史·卷二十三》 |
| 13 | 耶律乙辛 | 契丹 | 大康二年（1076年） | 北院枢使、魏王被贬为中京留守 | 北院枢密使、魏王 | 《辽史·卷二十三》 |
| 14 | 萧吐浑 | 契丹 | 大康四年（1078年） | ？ | ？ | 《辽史·卷一〇五》 |
| 15 | 邢熙年 | 汉 | 大安元年—大安三年（1084—1086年） | 知南院密使事 | 侍中 | 《辽史·卷二十四》 |
| 16 | 耶律慎思 | 契丹 | 大安四年—大安六年（1087—1089年） | 孟父敞稳 | 上京留守 | 《辽史·卷二十五》 |
| 17 | 窦景庸 | 渤海 | 大安七年—大安九年（1090—1092年） | 知枢密院事 | 卒 | 《辽史·卷九十七》 |

续表

| 序号 | 姓名 | 民族 | 任职时间（公元） | 前任官职 | 去职安排 | 史料来源 |
|---|---|---|---|---|---|---|
| 18 | 贾师训 | 汉 | 大安十年—寿隆二年（1093—1096年） | 刑部尚书中书侍郎平章事 | 薨 | 《辽史·卷二十五》,《贾师训墓志》,《故同中书门下平章事致仕侍中贾公墓志》 |
| 19 | 韩资让 | 汉 | 寿隆二年—寿隆三年（1096—1097年） | 参知政事 | 知枢密院事（汉人枢密院）❶ | 《辽史·卷二十六》 |
| 20 | 耶律奴 | 契丹 | 大康二年—寿昌四年（1076—1098年） | 出使宋国 | 病故 | 《耶律奴墓志铭》 |
| 21 | 耶律那也 | 契丹 | 乾统六年（1106年） | 乌古敌烈部统军使 | 北院大王 | 《辽史·卷九十四》 |
| 22 | 刘霄 | 汉 | 天庆元年（1111年） | ? | 卒 | 《元好问全集·卷二十九》《显武将军吴君阡表》,《金史·卷七十八》 |
| 23 | 大公鼎 | 渤海 | 天庆七年—保大元年（1117—1121年） | 东京户部使 | 病故 | 《辽史·卷一〇五》 |

注：？表示现有资料没有记载。

附表4　辽代南京留守表

| 序号 | 姓名 | 民族 | 任职时间（公元） | 前任职务 | 去职安排 | 史料来源 |
|---|---|---|---|---|---|---|
| 1 | 赵延寿 | 汉 | 会同元年—天禄二年（938—948年） | 幽州节度使 | 薨 | 《辽史·卷四》,《辽史·卷五》,《辽史·卷七十六》, |
| 2 | 刘晞 | 汉 | 会同十年（947年） | ? | 洛京留守 | 《旧五代史·卷九十八》,《资治通鉴·卷二八六》 |

❶ 罗文星．辽朝政权与汉人世家——以幽州安次韩氏家族为例 [J]. 辽夏金元史教研通讯，2004（1）：138.

续表

| 序号 | 姓名 | 民族 | 任职时间（公元） | 前任职务 | 去职安排 | 史料来源 |
|---|---|---|---|---|---|---|
| 3 | 耶律牒蜡[1] | 契丹 | 天禄二年—应历元年（948—951 年） | 中台省右相 | 凌迟而死 | 《辽史·卷五》，《辽史·卷一一三》，《李内贞墓志》 |
| 4 | 萧海贞 | 契丹 | 应历元年（951 年） | 幽州节度使 | 南逃 | 《辽史·卷六》 |
| 5 | 耶律娄国 | 契丹 | 天禄五年—应历二年（951—952 年） | 遥授武定军节度使 | 自杀 | 《辽史·卷六》，《辽史·卷一一二》，《故金尚书右丞耶律公神道碑》，《中书令耶律公神道碑》 |
| 6 | 马廷熙 | 汉 | 应历三年—应历六年（953—956 年） | ？ | ？ | 《辽史·卷一〇五》 |
| 7 | 萧思温 | 契丹 | 应历七年—应历十一年（957—961 年） | 群牧都林牙 | 侍中 | 《辽史·卷六》，《辽史·卷七十八》，《辽史·卷八十六》 |
| 8 | 高勋 | 汉 | 应历十三年—保宁三年（963—971 年） | 上京留守 | 知南院枢密使 | 《辽史·卷六》，《辽史·卷七》，《辽史·卷八十五》，《王守谦墓志》，《重修范阳白带山云居寺碑》 |
| 9 | 赵延祚 | 汉 | 应历中 | ？ | ？ | 《秋涧先生大全集·卷四十八》《卢龙赵氏家传》 |

[1] 耶律牒蜡，又作耶律牒葛、耶律牒蠚、耶律敌猎、耶律敌烈等，本书均写作耶律牒蜡。《辽史·卷一一三·逆臣中》有《耶律牒蜡传》，其职位由“中台省右相”（天显中），因功获辽世宗“封燕王，为南京留守”；而《辽史·本纪第五》载：世宗天禄二年（948）……“以中台省右相牒蠚为南京留守，封燕王”。两处所载史实相同，故耶律牒蜡与耶律牒蠚应为同一人。《辽史·耶律娄国列传》作“敌猎”。因读音及史实相同，故耶律敌猎应为耶律牒蜡的又一种写法。此外《辽史·穆宗纪上》“穆宗应历……二年袄七月……林牙敌烈……谋乱就执”，此处写作“敌烈”。为免混淆，以后再有类似情况出现之时，除非引文，均写作“牒蜡”。

续表

| 序号 | 姓名 | 民族 | 任职时间（公元） | 前任职务 | 去职安排 | 史料来源 |
|---|---|---|---|---|---|---|
| 10 | 韩匡嗣 | 汉 | 保宁三年—乾亨元年（971—979 年） | 上京留守 | 遥授晋昌军节度使攻宋失败，杖责免官[1] | 《辽史·卷九》，《辽史·卷四十》，《辽史·卷七十》，《辽史·卷七十四》，《韩匡嗣墓志》，《韩敌烈墓志》，《耶律元佐墓志》《续资治通鉴·卷六》 |
| 11 | 耶律道隐 | 契丹 | 乾亨元年—统和元年（979—983 年） | 上京留守 | 薨 | 《辽史·卷九》，《辽史·卷十》，《辽史·卷七十二》 |
| 12 | 耶律休哥 | 契丹 | 统和元年—统和十六年（983—998 年） | 北院大王、于越、南面行军都统 | 薨 | 《辽史·卷十》，《辽史·卷十一》，《辽史·卷十四》，《辽史·卷八十》，《辽史·卷八十三》，《耶律元妻晋国夫人萧氏墓志》 |
| 13 | 耶律隆庆 | 契丹 | 统和十六年—开泰五年（998—1016 年） | 西京留守 | 薨 | 《辽史·卷十四》，《辽史·卷十五》，《辽史·卷六十四》，《乘轺录》，《契丹国志·卷十四》，《盘山甘泉寺新创净光佛塔记》，《秦晋国妃墓志》 |
| 14 | 吴哥洪隐 | 契丹 | 开泰五年—开泰九年（1016—1020 年） | 惕隐 | 薨 | 《辽史·卷十五》，《辽史·卷六十四》 |
| 15 | 韩制心 | 契丹 | 开泰九年—太平三年（1020—1023 年） | 惕隐 | 南院大王 | 《辽史·卷十六》，《辽史·卷八十二》，《耿知新墓志》 |
| 16 | 萧孝穆 | 契丹 | 太平三年—太平十年（1023—1030 年） | 汉人行宫都部署 | 东京留守 | 《辽史·卷十六》，《辽史·卷十七》，《辽史·卷八十七》 |

[1] 魏坚．辽西夏金蒙元顶级文臣 [M]. 石家庄：花山文艺出版社，2007：32.

续表

| 序号 | 姓名 | 民族 | 任职时间（公元） | 前任职务 | 去职安排 | 史料来源 |
|---|---|---|---|---|---|---|
| 17 | 耶律宗范 | 契丹 | 太平十一年 / 景福元年（1031 年） | 龙化州节度使 | ? | 《契丹国志·卷十八》 |
| 18 | 萧孝穆 | 契丹 | 景福元年—重熙六年（1031—1037 年） | 东京留守 | 北院枢密使 | 《辽史·卷十八》，《辽史·卷八十七》，《秦王发愿纪事碑》 |
| 19 | 萧孝先 | 契丹 | 重熙六年—重熙十四年（1037—1045 年） | 北院枢密使 | 卒 | 《辽史·卷十八》，《辽史·卷八十七》，《耶律元妻晋国夫人萧氏墓志》，《萧和妻秦国太妃墓志》 |
| 20 | 耶律宗元[1] | 契丹 | 重熙十四年—清宁二年（1045—1056 年） | 北院枢密使 | 知元帅府事 | 《辽史·卷六十四》，《辽史·卷一一二》，《耶律仁先墓志》 |
| 21 | 耶律和鲁斡 | 契丹 | 清宁二年—清宁七年（1056—1061 年） | 上京留守 | 天下兵马大元帅 | 《辽史·卷二十七》，《辽史·卷三十》，《辽史·卷六十四》，《义和仁寿皇太叔祖哀册乾统十年》 |
| 22 | 耶律明 | 契丹 | 清宁七年—清宁九年（1061—1063 年） | ? | ? | 《辽史·卷二十二》，《契丹国志·卷九》 |
| 23 | 萧惟信 | 契丹 | 清宁九年—咸雍元年（1063—1065 年） | 北院枢密副使兼北面林牙 | 左夷离毕 | 《辽史·卷二十二》，《辽史·卷九十六》 |
| 24 | 耶律仁先 | 契丹 | 咸雍元年—咸雍八年（1065—1072 年） | 共知北院枢密使 | 西北路招讨使 | 《辽史·卷二十二》，《辽史·卷七十》，《辽史·卷九十六》，《耶律仁先墓志》 |
| 25 | 耶律洪道 | 契丹 | 大康元年（1075 年） | ? | ? | 《契丹国志·卷十四》 |

[1] 据咸雍八年（1072 年）《耶律仁先墓志》载："时帝（辽道宗）叔宗元与子涅里骨，恃宠跋厄。"由此墓志，知耶律重元应作耶律宗元，《辽史》误。详见张国庆．论辽代石刻在疏证《辽史》中的作用——兼评向南先生《辽代石刻文编》[J]. 社会科学辑刊，1995（5）：99.

续表

| 序号 | 姓名 | 民族 | 任职时间（公元） | 前任职务 | 去职安排 | 史料来源 |
|---|---|---|---|---|---|---|
| 26 | 耶律和鲁斡 | 契丹 | 寿隆元年—乾统十年（1095—1110年） | 惕隐 | 薨 | 《辽史·卷二十七》，《辽史·卷三十》，《辽史·卷六十四》，《义和仁寿皇太叔祖哀册乾统十年》 |
| 27 | 耶律淳 | 契丹 | 乾统十年—保大二年（1110—1122年） | 南府宰相 | 北辽称帝，病逝 | 《辽史·卷二十七》，《辽史·卷三十》，《大辽燕京天王寺建舍利塔记》 |

注：？表示现有资料没有记载。

附表5　辽代西京留守表

| 序号 | 姓名 | 民族 | 任职时间（公元） | 前任官职 | 去职安排 | 史料来源 |
|---|---|---|---|---|---|---|
| 1 | 耶律马六 | 契丹 | 重熙十三年—重熙十五年（1044—1046年） | 北院宣徽使 | 汉人行宫都部署 | 《辽史·卷十九》 |
| 2 | 耶律贴不 | 契丹 | 重熙十六年—重熙十九年（1047—1050年） | 镇国军节度使 | 河南道行军副都统 | 《辽史·卷二十》 |
| 3 | 萧滴冽 | 契丹 | 重熙十九年—重熙二十年（1050—1051年） | 中京留守 | 卒 | 《辽史·卷九十五》 |
| 4 | 耶律宗允 | 契丹 | 清宁五年（1059年）前 | 忠顺军节度使 | 判奉先军事兼山陵都部署 | 《耶律宗允墓志》 |
|  | 耶律贴不 | 契丹 | 清宁五年（1059年） | 东京留守 | 诏削爵为民，流镇州 | 《辽史·卷二十一》 |
| 5 | 耶律合术 | 契丹 | 咸雍二年（1066年） | ? | 南院大王 | 《辽史》卷二十二 |
| 6 | 耶律阿琏（耶律弘世） | 契丹 | 咸雍六年—咸雍八年（1070—1072年） | 辽兴军节度使 | 卒 | 《辽史·卷六十四》，《耶律弘世墓志》 |

续表

| 序号 | 姓名 | 民族 | 任职时间（公元） | 前任官职 | 去职安排 | 史料来源 |
| --- | --- | --- | --- | --- | --- | --- |
| 7 | 萧燕六（萧惟忠）❶ | 契丹 | 咸雍十年即大康元年（1075年） | 同中书门下平章事 | 左夷离毕 | 《辽史·卷二十三》，《萧孝恭墓志》 |
| 8 | 耶律燕哥 | 契丹 | 大安三年—大安四年（1087—1088年） | 惕隐 | 致仕 | 《辽史·卷一一〇》 |
| 9 | 萧夺剌 | 契丹 | 乾统二年（1102年） | 免官 | 东北路统军使 | 《辽史·卷九十二》 |
| 10 | 萧乙薛 | 契丹 | 天庆六年—天庆七年（1116—1117年） | 武定军节度使 | 北府宰相 | 《辽史·卷二十八》，《辽史·卷一一〇》 |
| 11 | 萧勛（萧查剌、萧察剌） | 契丹 | 天庆八年（1118年） | 同知枢密院使 | ？ | 《契丹国志·卷十》，《萧资茂墓志铭》 |
| 12 | 耶律习泥烈 | 契丹 | 天庆九年—保大元年（1119—1121年） | 知右夷离毕事 | 惕隐 | 《辽史·卷二十八》，《辽史·卷二十九》 |
| 13 | 萧勛（萧查剌、萧察剌） | 契丹 | 保大二年（1122年） | ？ | 降金 | 《契丹国志·卷十一》，《金史·卷七十六》 |
| 14 | 苏京 | 汉 | 保大三年（1123年） | ？ | 降金 | 《金史·卷八十九》，《宋史·卷九十》 |
| 15 | 耶律和鲁斡 | 契丹 | 辽后期 | 上京留守 | 东京留守 | 《义和仁寿皇太叔祖哀册乾统十年》 |

注：？表示现有资料没有记载。

❶ 爱新觉罗·乌拉熙春，呼格吉勒图．初鲁得族系考 [J]. 内蒙古大学学报，2007（6）：6，8；爱新觉罗·乌拉熙春．初鲁得氏族考 [M]. 爱新觉罗·乌拉熙春．爱新觉罗·乌拉熙春女真契丹学研究 [M]. 京都：松香堂书店，2009：227，229.

# ◎参考文献

## 一、原始文献

[1] 顾炎武 . 历代宅京记 [M]. 北京：中华书局，1984.

[2] 顾祖禹 . 读史方舆纪要 [M]. 北京：中华书局，1974，2005.

[3] 嵇璜，刘墉 . 续通志 [M]. 杭州：浙江古籍出版社，2000.

[4] 李焘 . 续资治通鉴长编 [M]. 北京：中华书局，1992，2004.

[5] 欧阳修，宋祁 . 新唐书 [M]. 北京：中华书局，1975.

[6] 司马光 . 资治通鉴 [M]. 北京：中华书局，1956.

[7] 脱脱 . 金史 [M]. 北京：中华书局，1975.

[8] 脱脱 . 辽史 [M]. 北京：中华书局，1974.

[9] 脱脱 . 宋史 [M]. 北京：中华书局，1977.

[10] 王钦若 . 册府元龟 [M]. 北京：中华书局，1960.

[11] 王恽 . 秋涧先生大全文集 [M] // 四部丛刊初编缩本 . 北京：商务印书馆，1936.

[12] 吴廷燮 . 辽方镇年表 [M] // 金毓黻 . 辽海丛书第一册 . 沈阳：辽沈书社，1984.

[13] 徐梦莘 . 三朝北盟会编 [M]. 上海：上海古籍出版社，1987.

［14］薛居正．旧五代史［M］．北京：中华书局，1976.

［15］叶隆礼．契丹国志［M］．上海：上海古籍出版社，1985.

［16］张田．包拯集［M］．北京：中华书局，1963.

［17］张廷玉．明史［M］．北京：中华书局，1974.

［18］赵翼．廿二史札记［M］．南京：凤凰出版社，2000.

［19］郑麟趾．高丽史［M］．东京：国书刊行会株式会社，1977.

［20］郑麟趾．高丽史［M］．汉城：(韩国) 亚细亚文化社，1972.

［21］郑麟趾．高丽史［M］．平壤：朝鲜科学院排印本，1957.

## 二、资料汇编

［1］陈述．全辽文［M］．北京：中华书局，1982.

［2］陈述，朱子方．辽会要［M］．上海：上海古籍出版社，2009.

［3］盖之庸．内蒙古辽代石刻文研究（增订本）［M］．呼和浩特：内蒙古大学出版社，2007，2002.

［4］贾敬颜．五代宋金元人边疆行记十三种疏证稿［M］．北京：中华书局，2004.

［5］刘凤翥，唐彩兰，青格勒．辽上京地区出土的辽代碑刻汇辑［M］．北京：社会科学文献出版社，2009.

［6］齐作声．辽代墓志疏证［M］．沈阳：沈阳出版社，2010.

［7］向南，张国庆，李宇峰．辽代石刻文续编［M］．沈阳：辽宁人民出版社，2010.

［8］向南．辽代石刻文编［M］．石家庄：河北教育出版社，1995.

［9］姚奠中．元好问全集［M］．太原：山西古籍出版社，2004.

［10］赵永春．奉使辽金行程录［M］．长春：吉林文史出版社，1995.

［11］赵永春．奉使辽金行程录（增订本）［M］．北京：商务印书馆，2017.

［12］中国文物研究所，北京石刻艺术博物馆．新中国出土墓志·北京［壹］(上

册）[M]. 北京：文物出版社，2003.

## 三、近现代人著作

（一）中文著作

[1] 北京市文物局 . 北京辽金史迹图志（下）[M]. 北京：北京燕山出版社，2004.

[2] 蔡美彪 . 辽金元史考索 [M]. 北京：中华书局，2012.

[3] 蔡美彪 . 辽金元史十五讲 [M]. 北京：中华书局，2011.

[4] 曹建华 . 大辽上京人物谱 [M]. 北京：文史出版社，2005.

[5] 陈高华，史卫民 . 元代大都上都研究 [M]. 北京：中国人民大学出版社，2010.

[6] 陈茂同 . 中国历代职官沿革史 [M]. 天津：百花文艺出版社，2005.

[7] 陈述 . 契丹社会经济史稿 [M]. 北京：人民出版社，1978.

[8] 陈述 . 契丹社会经济史稿・附录 [M]. 北京：生活・读书・新知三联书店，1963.

[9] 陈述 . 契丹政治史稿 [M]. 北京：人民出版社，1986.

[10] 陈致平 . 中华通史・宋辽金史前编 [M]. 广州：花城出版社，2003.

[11] 陈致平 . 中华通史・宋辽金史后编 [M]. 广州：花城出版社，2003.

[12] 丁海斌 . 中国古代陪都史 [M]. 北京：中国社会科学出版社，2012.

[13] 顾宏义 . 辽宫英后：细说萧太后 [M]. 上海：人民美术出版社，2007.

[14] 郭声波 . 宋会要辑稿・蕃夷道释 [M]. 成都：四川大学出版社，2010.

[15] 韩茂莉 . 草原与田园——辽金时期西辽河流域农牧业与环境 [M]. 北京：生活・读书・新知三联书店，2006.

[16] 韩茂莉 . 辽金农业地理 [M]. 北京：社会科学文献出版社，1999.

[17] 何天明 . 辽代政权机构史稿 [M]. 呼和浩特：内蒙古大学出版社，2004.

[18] 蒋非非，王小甫 . 中韩关系史（古代卷）[M]. 北京：社会科学文献出版

社，1998.

［19］金渭显 . 高丽史中中韩关系史料汇编［M］. 台北：食货出版社，1983.

［20］津田左右吉 . 津田左右吉全集［M］. 东京：岩波书店，1963.

［21］李谷城 . 辽代南京留守研究［M］. 北京：中国社会科学出版社，2013.

［22］李桂芝 . 辽金简史［M］. 福州：福建人民出版社，1996.

［23］李桂芝 . 辽金科举研究［M］. 北京：中央民族大学出版社，2012.

［24］李基白 . 韩国史新论［M］. 北京：国际文化出版公司，1994.

［25］李洁萍 . 中国历代都城［M］. 哈尔滨：黑龙江人民出版社，1994：

［26］李锡厚，白滨 . 中国政治制度通史（第七卷　辽金西夏）［M］. 北京：人民出版社，1996.

［27］李锡厚 . 辽史［M］. 北京：人民出版社，2006.

［28］厉鄂．辽史拾遗［M］．北京：中华书局，1985

［29］林鹄 . 辽史百官志考订［M］. 北京：中华书局，2015.

［30］林鹄 . 南望·辽前期政治史［M］. 北京：生活·读书·新知三联书店，2018.

［31］林荣贵 . 辽朝经营与开发北疆［M］. 北京：中国社会科学出版社，1995.

［32］刘美云 . 十至十三世纪北方游牧民族探析——辽金历史地位刍论［M］. 北京：中国文联出版社，2006.

［33］刘喜民，刘浩然 . 走进千年辽上京（上、下）［M］. 呼和浩特：内蒙古人民出版社，2014.

［34］刘永智 . 中朝关系史研究［M］. 郑州：中州古籍出版社，1994.

［35］卢启铉 . 高丽外交史［M］. 延吉：延边大学出版社，2002.

［36］陆岩司，程秀龙，吕福利 .《读史方舆纪要》选译［M］. 太原：山西人民出版社，1978.

［37］罗继祖 . 辽史校勘记［M］. 上海：上海人民出版社，1958.

［38］宁城县文物管理所 . 辽中京简介［M］. 赤峰：宁城县文物管理所编印，1985.

［39］朴真奭，姜孟山，朴文一，等 . 朝鲜简史［M］. 延吉：延边大学出版社，1998.

［40］漆侠 . 辽宋西夏金代通史·典章制度卷［M］. 北京：人民出版社，2010.

［41］屈文军 . 辽西夏金元史十五讲［M］. 上海：上海古籍出版社，2008.

［42］任爱君 . 契丹史实揭要［M］. 哈尔滨：哈尔滨出版社，2001.

［43］史念海 . 中国古都和文化［M］. 北京：中华书局，1998.

［44］舒焚 . 辽史稿［M］. 武汉：湖北人民出版社，1984.

［45］王曾瑜 . 辽金军制［M］. 保定：河北大学出版社，2011.

［46］王玲 . 北京通史（辽代卷）［M］. 北京：北京燕山出版社，1990.

［47］王善军 . 世家大族与辽代社会［M］. 北京：人民出版社 2008.

［48］魏坚 . 辽西夏金蒙元顶级文臣［M］. 石家庄：花山文艺出版社，2007.

［49］魏志江 . 中韩关系史研究［M］. 广州：中山大学出版社，2006.

［50］项春松 . 辽代历史与考古［M］. 呼和浩特：内蒙古人民出版社，1996.

［51］肖爱民 . 辽朝政治中心研究［M］. 北京：人民出版社，2014.

［52］杨宽 . 中国古代都城制度史［M］. 上海：上海古籍出版社，1993.

［53］杨宽 . 中国古代都城制度史研究［M］. 上海：上海人民出版社，2003.

［54］杨若薇 . 契丹王朝政治军事制度研究［M］. 北京：中国社会科学出版社，1991.

［55］杨树森 . 辽史简编［M］. 沈阳：辽宁人民出版社，1984.

［56］杨通方 . 中韩古代关系史论［M］. 北京：中国社会科学出版社，1996.

［57］杨昭全，韩俊光 . 中朝关系简史［M］. 沈阳：辽宁民族出版社，1992.

［58］杨昭全，何彤梅 . 中国——朝鲜·韩国关系史［M］. 天津：天津人民出版社，2001.

［59］杨昭全，孙玉梅 . 中朝边界史［M］. 长春：吉林文史出版社，1993.

［60］于宝林 . 契丹古代史论稿［M］. 合肥：黄山书社，1998.

［61］余蔚 . 中国行政区划通史（辽金卷）［M］. 上海：复旦大学出版社，2012.

［62］张国庆．辽代社会史研究［M］．北京：中国社会科学出版社，2006.

［63］张久和．辽夏金元史徵（辽朝卷）［M］．呼和浩特：内蒙古大学出版社，2007.

［64］张亮采．补辽史交聘表［M］．北京：中华书局，1958.

［65］张修桂，赖青寿．辽史地理志汇释［M］．合肥：安徽教育出版社，2001.

［66］张正明．契丹史略［M］．北京：中华书局，1979.

［67］长泽和俊，钟美珠．丝绸之路史研究［M］．天津：天津古籍出版社，1990.

［68］朱祖希，张宝秀．千年古都话沧桑：北京城的演进·桥梁·长城［M］．北京：光明日报出版社，2006.

［69］《中朝关系通史》编写组．中朝关系通史［M］．长春：吉林人民出版社，1996.

（二）学术论文集

［1］《中国古都研究》编委会．中国古都研究（第十八辑上册、下册）——中国古都学会2001年年会暨赤峰辽王朝故都历史文化研讨会论文集［M］．香港：国际华文出版社，2001.

［2］蔡美彪．辽金元史考索［M］．北京：中华书局，2012.

［3］陈述．辽金史论集（第三辑）［M］．北京：书目文献出版社，1987.

［4］陈述．辽金史论集（第一辑）［M］．上海：上海古籍出版社，1987.

［5］达力扎布．中国边疆民族研究［M］．北京：中央民族大学出版社，2008.

［6］傅乐焕．辽史丛考［M］．北京：中华书局，1984.

［7］黄凤岐，冯继钦．中国北方各族人物传·辽代卷［M］．沈阳：辽海出版社，2002.

［8］黄清连．制度与国家［M］．北京：中国大百科全书出版社，2005.

［9］姜维公，高福顺．中朝关系史译文集［M］．长春：吉林文史出版社，2001.

［10］姜锡东．宋史研究论丛（第十一辑）［M］．保定：河北大学出版社，2010.

［11］李品清．阜新辽金史研究（第五辑）［M］．北京：中国社会出版社，2002.

［12］历史研究编辑部 . 辽金史论文集［M］. 沈阳：辽宁人民出版社，1985.

［13］辽宁省辽金契丹女真史研究会 . 辽金历史与考古第一辑［M］. 沈阳：辽宁教育出版社，2009.

［14］辽宁省辽金契丹女真史研究会 . 辽金历史与考古国际学术研讨会论文集（上册、下册）［M］. 沈阳：辽宁教育出版社，2012.

［15］辽上京契丹·辽文化研究学会 . 首届辽上京契丹·辽文化学术研讨会论文集［M］. 呼伦贝尔：内蒙古文化出版社，2009.

［16］刘浦江 . 辽金史论［M］. 沈阳：辽宁大学出版社，1999.

［17］刘文俊 . 日本学者研究中国史论著选译·第 8 册［M］. 北京：中华书局，1992：371-376.

［18］宋德金，景爱，穆连木，等 . 辽金西夏史研究［M］. 天津：天津古籍出版社，1997.

［19］宋史研究座谈会 . 宋史研究集（第 11 辑）［M］. 台北："中华丛书编审委员会"，1979.

［20］宋史座谈会 . 宋史研究集（第 27 辑）［M］. 台北："国立编译馆"，1997.

［21］宋史座谈会 . 宋史研究集（第 9 辑）［M］. 台北："中华丛书编审委员会"，1977.

［22］孙进已 . 中国考古集成·东北卷［M］. 北京：北京出版社，1995.

［23］王民信 . 契丹史论丛［M］. 新北：学海出版社，1973.

［24］王民信 . 王民信辽史研究论文集［M］. 台北："国立台湾大学出版中心"，2010.

［25］王明荪 . 宋辽金史论文稿［M］. 台北：明文书局，1981.

［26］张希清，田浩，黄宽重，等 .10—13 世纪中国文化的碰撞与融合［M］. 上海：上海人民出版社，2006.

［27］中国古都学会 . 中国古都研究（第十辑）——中国古都学会第十届年会暨学术研讨会论文集［M］. 天津：天津人民出版社，1992.

［28］中国古都学会 . 中国古都研究（第十一辑）——中国古都学会第十一届年会论文集［M］. 太原：山西人民出版社，1993.

［29］中国社会科学院历史研究所宋辽金元史研究室 . 宋辽金史论丛（第一辑）［M］. 北京：中华书局，1985.

［30］中国社会科学院历史研究所隋唐宋辽金元史研究室 . 隋唐辽宋金元史论丛（第三辑）［M］. 上海：上海古籍出版社，2013.

［31］中国社会科学院历史研究所隋唐宋辽金元史研究室 . 隋唐辽宋金元史论丛（第四辑）［M］. 上海：上海古籍出版社，2014.

［32］“中央研究院”历史语言研究所集刊·八本二分［M］. 北京：中华书局，1987：181-188.

## 四、学术论文

［1］爱新觉罗·乌拉熙春，呼格吉勒图 . 初鲁得族系考［J］. 内蒙古大学学报，2007（6）：3-9.

［2］爱新觉罗·乌拉熙春 . 初鲁得氏族考［M］// 爱新觉罗·乌拉熙春 . 爱新觉罗·乌拉熙春女真契丹学研究 . 京都：松香堂书店，2009：221-230.

［3］爱新觉罗·乌拉熙春 . 韩知古家族世系考［M］// 爱新觉罗·乌拉熙春 . 爱新觉罗·乌拉熙春女真契丹学研究 . 京都：松香堂书店，2009：247-266.

［4］蔡美彪 . 辽代后族与辽季后妃三案［J］. 历史研究，1994（2）：43-61.

［5］蔡美彪 . 辽史两萧塔列葛传辨析［M］// 蔡美彪 . 辽金元史考索 . 北京：中华书局，2012：77-82.

［6］蔡美彪 . 论辽朝的天下兵马大元帅与皇位继承［M］// 蔡美彪 . 辽金元史考索 . 北京：中华书局，2012：83-99.

［7］蔡美彪 . 试说辽耶律氏萧氏之由来［J］. 历史研究，1993（5）：53-60.

［8］曹尔琴 . 宋代行政区划的设置与分布［J］. 中国历史地理论丛，1992（3）：71-88.

[9] 曹峰 . 辽代“丰州”刍议 [J] . 内蒙古文物考古，2001（2）：74–79.

[10] 曹显征 . 辽中期徙都中京原因管窥 [J] . 昭乌达蒙族师专学报，1989（2）：25–31.

[11] 长泽和俊，陈俊谋 . 辽对西北路的经营（上）[J] . 民族译丛，1984（4）：44–46.

[12] 陈德洋 . 试论辽朝统治下的吐谷浑 [J] . 青海民族大学学报，2013（3）：38–41.

[13] 陈东原 . 辽金元的科举与教育 [J] . 学风，1932（10）.

[14] 陈俊达，孙国军 .《补辽史交聘表》高丽遣使辽朝史事补正（上）[J] . 赤峰学院学报，2017（4）：1–5.

[15] 陈俊达 . 辽对高丽的第一次征伐新探 [J] . 邢台学院学报，2014（3）：104–107.

[16] 陈乃雄，杨杰 . 乌日根塔拉辽墓出土的契丹小字墓志铭考释 [J] . 西北民族研究，1999（2）：72–88，285.

[17] 陈鹏 . 辽代地方监察体制研究 [J] . 史学集刊，2019（4）：61–70.

[18] 陈述 . 契丹世选考 [M] //“中央研究院”历史语言研究所集刊 · 八本二分 . 北京：中华书局，1987：181–188.

[19] 陈晓伟 . 奚王萧福延墓志三题 [M] // 姜锡东 . 宋史研究论丛（第十一辑）. 保定：河北大学出版社，2010：285–299.

[20] 程尼娜 . 辽代女真属国、属部研究 [J] . 史学集刊，2004（2）：84–90.

[21] 岛田正郎 . 辽代北面中央官制的特色与世官制的意义 [M] // 刘文俊 . 日本学者研究中国史论著选译 · 第 8 册 . 北京：中华书局，1992：371–376.

[22] 董新林 . 辽上京城址的发现和研究述论 [J] . 北方文物，2006（3）：23–31.

[23] 都兴智 .《宣以回纥国国信使墓志》考释 [J] . 北方文物，2010（3）：83–86.

[24] 都兴智 . 论辽宁地区辽代著名文学艺术家的成就 [J] . 辽宁工程技术大学

学报，2008（2）：173–176.

［25］都兴智．略论辽朝统治时期辽宁境内的民族［J］．辽宁工程技术大学学报，2006（6）：624–627.

［26］都兴智．试论耶律羽之家族与东丹国［J］．辽宁工程技术大学学报，2008（6）：616–619.

［27］都兴智．有关辽代科举的几个问题［J］．北方文物，1991（2）：56–60.

［28］杜成辉．辽代西京文化教育的发展［J］．大同职业技术学院学报，2000（4）：21–23.

［29］冯小琴．辽代政权中的汉族官僚集团［J］．甘肃高师学报，2004（6）：109–111.

［30］付璐，孟凡云．耶律宗教生平及大事略考——以耶律宗教兄弟的墓志为主［J］．科技创新导报，2009（29）：174，176.

［31］傅乐焕．辽代四时捺钵考五篇［M］// 傅乐焕．辽史丛考．北京：中华书局，1984：36–172.

［32］傅林祥．辽朝州县制度新探［J］．历史地理（第 22 辑），2007：83–89.

［33］盖之庸．近年庆陵出土辽代墓志补证［J］．内蒙古文物考古，2002（1）：97–106，89.

［34］盖之庸．辽耶律宗愿墓志考释［J］．中国历史文物，2002（3）：49–57，48.

［35］高福顺．辽朝西京地区官学教育发展探析［J］．黑龙江民族丛刊，2007（6）：84–90.

［36］高井康典行，程尼娜．辽朝科举与辟召［J］．史学集刊，2009（1）：83–91.

［37］高劲松，孙明明．略论辽代南京统军司［J］．鸡西大学学报 2010（1）：107–109.

［38］高路加．辽金元高姓述略［M］// 宋德金，景爱，穆连木，等．辽金西夏史研究．天津：天津古籍出版社，1997：126–147.

［39］葛华廷．韩匡嗣墓志及其相关的几个问题［J］．北方文物，1997（3）：

30-36.

[40] 葛华廷 . 辽代“横帐”浅考 [J] . 北方文物，2000（4）：77-79.

[41] 葛华廷 . 辽代四楼研究 [J] . 北方文物，2008（4）：92-99.

[42] 葛华廷 . 浅说辽代名相韩德让——兼就韩德让与萧绰的关系与李锡厚先生商榷 [J] . 北方文物，2005（2）：80-94.

[43] 葛剑雄 . 也谈辽后期迁都中京问题——读林荣贵同志《辽后期迁都中京说驳议》[J] . 中华文史论丛，1983（1）：310-322.

[44] 关树东 . 辽朝的选官制度与社会结构 [M] // 张希清，田浩，黄宽重，于建设 .10—13 世纪中国文化的碰撞与融合 . 上海：上海人民出版社，2006：438-461.

[45] 韩宝兴 . 契丹小字《耶律仁先墓志》考释 [J] . 内蒙古大学学报，1991（1）：70-78.

[46] 韩滨娜 . 略论辽代地方行政区划制度 [J] . 东北师范大学学报，1993（2）：30-33.

[47] 韩光辉，林玉军，王长松 . 宋辽金元建制城市的出现与城市体系的形成 [J] . 历史研究，2007（4）：42-62.

[48] 韩茂莉 . 辽代中京及周围地区农业生产的发展 [J] . 古今农业，1998（4）：10-18.

[49] 韩茂莉 . 辽金时期西辽河流域农业开发与人口容量 [J] . 地理研究，2004（5）：677-685.

[50] 河上洋 . 辽五京的外交机能 [M]// 姜维公，高福顺 . 中朝关系史译文集 . 长春：吉林文史出版社，2001：314-335.

[51] 何天明 . 澶渊议和与王继忠 [J] . 内蒙古社会科学，2002（3）：46-48.

[52] 何天明 . 颤渊议和的牵线人王继忠 [M] // 黄凤岐，冯继钦 . 中国北方各族人物传 · 辽代卷 . 沈阳：辽海出版社，2002：199-203.

[53] 何天明 . 辽朝步入盛世的京城—辽中京 [J] . 西部资源，2010（6）：51.

[54] 何天明 . 辽朝中期治国安邦的卓识者萧孝穆 [J] . 内蒙古社会科学，1996

（3）：64–68.

［55］何天明 . 辽代北、南大王及其驻牧地探讨［J］. 内蒙古社会科学，1999（5）.

［56］何天明 . 辽代北宰相府的设立及职官设置探论［J］. 社会科学辑刊 1997（5）：91–96，160.

［57］何天明 . 辽代南面官探讨［J］. 内蒙古师范大学学报，1991（2）：91–97.

［58］何天明 . 辽代南面京官探讨［J］. 内蒙古社会科学，2005（1）：39–44.

［59］何天明 . 辽代南宰相府探讨［J］. 黑龙江民族丛刊，1999（4）：55–59.

［60］何天明 . 辽代西南面招讨司探讨［J］. 内蒙古社会科学，1990（6）：66–70.

［61］何天明 . 试论辽末能吏贾师训［J］. 内蒙古师范大学学报，1989（1）：71–76，70.

［62］何天明 . 试探辽代北、南大王院的职掌［J］. 内蒙古社会科学，2000（2）：35–38.

［63］何天明 . 试探辽代北宰相府的职能［J］. 内蒙古社会科学，1998（1）：52–56.

［64］何天明 . 试探契丹北枢密院的职能与历史作用［J］. 内蒙古社会科学，1997（2）：44–48.

［65］何天明 . 治国安邦的萧孝穆［M］// 黄凤岐，冯继钦 . 中国北方各族人物传・辽代卷 . 沈阳：辽海出版社，2002：220–225.

［66］黄莉 . 辽代婚姻综述［J］. 昭乌达蒙族师专学报，2003（3）：22–24.

［67］黄震云 . 辽代流刑考［J］. 延安大学学报，2008（3）：80–84.

［68］黄震云 . 辽代流刑考述［J］. 北华大学学报，2008（6）：94–99.

［69］计连成 . 辽庆陵又有重要发现［J］. 内蒙古文物考古，2000（2）：1–16.

［70］贾鸿恩，李俊义 . 辽萧孝恭萧孝资墓志铭考释［J］. 北方文物，2006（1）：81–88.

［71］蒋金玲 . 辽代汉人的入仕与迁转［J］. 中国史研究，2013（3）：71–95.

［72］蒋金玲 . 辽代汉族进士家世考［J］. 社会科学战线，2012（7）：242–244.

[73] 蒋金玲 . 辽代进士仕宦问题考述 [J] . 中国边疆史地研究，2012（1）：18–27.

[74] 蒋金玲 . 辽代荫补制度考 [J] . 史学集刊，2010（2）：44–49.

[75] 蒋金玲 . 路振《乘轺录》所记“韩氏子”考辨 [J] . 北方文物，2010（2）：69–72.

[76] 康鹏 . 东丹国废罢时间新探 [J] . 北方文物，2010（2）：73–77.

[77] 康鹏 . 辽代地方要员选任方式浅议 [M] // 中国社会科学院历史研究所隋唐宋辽金元史研究室 . 隋唐辽宋金元史论丛（第四辑）. 上海：上海古籍出版社，2014：295–302.

[78] 李冬楠 . 辽代都城研究中的几个问题 [J] . 齐鲁学刊，2009（3）：50–53.

[79] 李桂芝 .《辽史 · 韩知古传》校补 [M]// 达力扎布 . 中国边疆民族研究 . 北京：中央民族大学出版社，2008：121–143.

[80] 李桂芝 . 辽朝进士杂考 [J] . 学习与探索，2009（2）：216–221.

[81] 李桂芝 . 辽景宗即位考实 [J] . 学习与探索，2006（6）：158–165.

[82] 李桂芝 . 契丹贵族大会钩沉 [J] . 历史研究，1999（6）：68–88.

[83] 李涵，沈学明 . 略论奚族在辽代的发展 [M] // 中国社会科学院历史研究所宋辽金元史研究室 . 宋辽金史论丛（第一辑）. 北京：中华书局，1985：277–294.

[84] 李家祺 . 辽朝科举考 [J] . 现代学苑，1968（8）.

[85] 李俊义，张梦雪 .《辽萧德顺墓志铭》考释 [J] . 中国国家博物馆馆刊，2016（1）：65–72.

[86] 李文信 . 义县清河门辽墓发掘报告 [J] . 考古学报，1954（8）：163–202.

[87] 李锡厚 .《辽史》与辽史研究 [J]. 中国社会科学院研究生院学报，1995(5)：63–73.

[88] 李锡厚 .《辽史 · 地理志》辨误 [M] // 中国社会科学院历史研究所隋唐宋辽金元史研究室 . 隋唐辽宋金元史论丛（第四辑）. 上海：上海古籍出版社，2014：231–246.

[89] 李锡厚 . 关于辽朝的参知政事 [J] . 北方文物，1990（3）：66-68.

[90] 李锡厚 . 辽代诸宫卫各色人户的身份 [J] . 北京师范学院学报，1985（4）：22-28.

[91] 李锡厚 . 辽中期以后的捺钵及其与斡鲁朵、中京的关系 [J] . 中国历史博物馆馆刊，1991（11）：95-100，115.

[92] 李锡厚 . 论辽朝的政治体制 [J] . 历史研究，1988（3）：119-135.

[93] 李锡厚 . 试论辽代玉田韩氏家族的历史地位 [M] // 中国社会科学院历史研究所宋辽金元史研究室 . 宋辽金史论丛（第一辑）. 北京：中华书局，1985：251-266.

[94] 李义 . 辽中京产生的原因与作用 [M] // 中国古都研究（第十八辑上册）——中国古都学会 2001 年年会暨赤峰辽王朝故都历史文化研讨会论文集 . 北京：国际文化出版社，2001：225-233.

[95] 李逸友，李宁 . 辽中京为后期首都说的商榷 [M] //《中国古都研究》编委会 . 中国古都研究（第十八辑上册）——中国古都学会 2001 年年会暨赤峰辽王朝故都历史文化研讨会论文集 . 香港：国际华文出版社，2001：175-185.

[96] 李宇峰，李广奇 . 辽贾师训墓志考释 [M]// 辽金历史与考古第八辑 . 北京：科学出版社，2017.

[97] 李月新 .《辽史・韩知古传》研究 [M] // 姜锡东 . 宋史研究论丛（第十一辑）. 保定：河北大学出版社，2010：133-142.

[98] 李志 . 辽代萧孝忠、萧孝诚为一人考 [M]// 李品清 . 阜新辽金史研究（第五辑）. 北京：中国社会出版社，2002：67-68.

[99] 梁万龙 .《大契丹国东京太傅相公墓志铭并序》考释 [J]. 内蒙古大学学报，2002（3）：20-24.

[100] 辽宁省巴林左旗文化馆 . 辽上京遗址 [J] . 文物，1977（5）.

[101] 林鹄 .《辽史・百官志》南面官考正 [M] // 中国社会科学院历史研究所隋唐宋辽金元史研究室 . 隋唐辽宋金元史论丛（第三辑）. 上海：上海古籍出版社，

2013：282–298.

［102］林荣贵．辽后期迁都中京说驳议——与谭其骧教授商榷［J］．中华文史论丛，1983（1）：291–310.

［103］刘达科．辽朝汉族文人心态透视［J］．江苏大学学报，2006（6）：6–10.

［104］刘东社．辽萧义墓志考释［J］．文博，2000（6）：55–62.

［105］刘凤翥，金永田．辽代韩匡嗣与其家人三墓志铭考释［M］// 刘凤翥，唐彩兰，青格勒．辽上京地区出土的辽代碑刻汇辑．北京：社会科学文献出版社，2009：311–327.

［106］刘凤翥，青格勒．辽代《韩德昌墓志铭》和《耶律（韩）高十墓志铭》考释［J］．国学研究，2005（15）.

［107］刘凤翥，唐彩兰，高娃，等．辽代《耶律隆祐墓志铭》和《耶律贵安·迪里姑墓志铭》考释［J］．文史，2006（4）：117–142.

［108］刘凤翥，唐彩兰，高娃，李建奎．辽代《耶律隆祐墓志铭》与《耶律贵墓志铭》考释［J］．文史，2006（4）：117–142.

［109］刘凤翥，唐彩兰，高娃．辽代萧乌庐本等三人的墓志铭考释［M］// 刘凤翥，唐彩兰，青格勒．辽上京地区出土的辽代碑刻汇辑．北京：社会科学文献出版社，2009：369–379.

［110］刘凤翥，王云龙．契丹大字《耶律昌允墓志铭》之研究［J］．燕京学报辑刊，2004（17）：61–99.

［111］刘浦江．再谈“东丹国”国号问题［J］．中国史研究，2008（1）：93–98.

［112］刘强．韩德让略评［J］．内蒙古师范大学学报，1999（6）：76–79.

［113］刘珊．辽陈国公主家世考释［J］．考古与文物，2007（3）：98–101.

［114］刘一．对契丹“西楼”的新认识［J］．黑龙江民族丛刊，2014（1）：129–134.

［115］卢迎红，周峰．契丹小字《耶律迪烈墓志铭》考释［J］．民族语文，2000（1）：43–52.

［116］罗文星．辽朝政权与汉人世家——以幽州安次韩氏家族为例［J］．辽夏金

元史教研通讯，2004（1）：115-148.

［117］马凤磊，青白音．辽上京城的兴建、布局及相关问题［M］//《中国古都研究》编委会．中国古都研究（第十八辑）——中国古都学会2001年年会暨赤峰辽王朝故都历史文化研讨会论文集．香港：国际华文出版社，2001：213-224.

［118］马晋宜，杜呈辉．辽代艺术大师虞仲文［J］.雁北师范学院学报，2002（4）：48-50.

［119］马志强．略论辽代西京的文化教育［J］．社会科学战线，2006（3）：146-148.

［120］孟凡云．圣宗削夺头下因果考论［J］．昭乌达蒙族师专学报，2000（2）：53-58.

［121］孟广耀．试论辽代汉族儒士的“华夷之辨”观念［J］.北方文物，1990（4）：62-69.

［122］明甫．雍熙北伐——宋太宗二次伐辽的失利以及杨业之死［J］．深交所，2009（10）：63-67.

［123］齐春晓，何天明．试探以“贤”著称的契丹皇族成员耶律宗政［J］．黑龙江民族丛刊，1998（2）：61-64.

［124］邱立．从仁德皇后被诬案看辽代中后期的政治斗争［J］．黔东南民族师范专科学校学报，1997（3）：4-7.

［125］曲守成．辽代守制考论［J］．学习与探索，1998（6）：132-134.

［126］任爱君．阿保机时期之契丹四楼考辨［J］.昭乌达蒙族师专学报，1990（1）：1-11.

［127］任爱君．辽朝对奚族诸部的征服及其统治方略［M］//辽上京契丹·辽文化研究学会．首届辽上京契丹·辽文化学术研讨会论文集．呼伦贝尔：内蒙古文化出版社，2009：27-37.

［128］任爱君．契丹“四楼”及其名号考述［J］.昭乌达蒙族师专学报，1989（3）：1-8.

［129］任爱君．契丹对奚族的征服及其统治方略［J］.内蒙古社会科学，2010（2）：

37–41.

［130］任爱君．契丹人处世方式摭拾［J］．华西语文学刊，2013（8）：174–181.

［131］任爱君．契丹四楼源流说［J］．历史研究，1996（6）：35–49.

［132］任仲书．辽朝的地方制度建设与机构设置［J］．内蒙古社会科学，2010（6）：49–53.

［133］桑秋杰，高福顺．辽朝东京地区官学教育发展探析［J］．东北师范大学学报，2008（3）：92–96.

［134］申友良．辽金元时期东蒙古地区的民族融合［J］．内蒙古社会科学，1997（2）：60–64.

［135］石金民，于泽民．契丹小字《耶律奴墓志铭》考释［J］．民族语文，2001（2）：61–68.

［136］石维娜．辽金西京大同的军事地位［J］．山西大同大学学报，2011（2）：44–47.

［137］舒焚．辽朝中期的改革［J］．武汉师范学院学报，1983（5）：84–94.

［138］宋丹，曹喜顺．辽朝汉族官员政治地位变迁分析［J］．商业文化，2011（4）：275–276.

［139］苏赫．辽中京［M］// 孙进己．中国考古集成·东北卷．北京：北京出版社，1995.

［140］苏天钧．五朝京都变迁［M］// 中国古都学会．中国古都研究（第十一辑）——中国古都学会第十一届年会论文集．太原：山西人民出版社，1993：181–206.

［141］孙国军，周峰．《资治通鉴》辽代北京记事辑稿［J］．赤峰学院学报，2009（8）：1–6.

［142］孙昊．辽代的辽东边疆经略——以鸭绿江女真为中心的动态考察［J］．贵州社会科学，2010（12）：105–108.

［143］孙书仁．论耶律休哥［J］．辽宁师范大学学报，2000（4）：89–92.

[144] 孙危，戎天佑 . 辽中京建立原因探析 [J] . 史志学刊，2016（3）：10–16.

[145] 谭其骧 . 辽后期迁都中京考实 [M] // 辽金史论文集 . 沈阳：辽宁人民出版社，1985：284–293.

[146] 汤开建 . 契丹境内党项部落的分布 [J] . 宁夏社会科学，1990（2）：73–81.

[147] 唐彩兰，刘凤翥，康立君 . 契丹小字《韩敌烈墓志铭》考释 [J] . 民族语文，2002（6）：29–37.

[148] 唐统天，刘竟 . 辽代的西京 [M] // 中国古都学会 . 中国古都研究（第十辑）——中国古都学会第十届年会暨学术研讨会论文集 . 天津：天津人民出版社，1992：142–152.

[149] 唐统天 . 关于契丹北、南宰相府的几个问题 [J] . 民族研究，1988（5）：74–82.

[150] 唐统天 . 辽代汉官的散阶制 [J] . 社会科学辑刊，1988（3）：67–71.

[151] 唐统天 . 辽代仕进补议 [J] . 社会科学辑刊，1990（3）：84–89.

[152] 陶玉坤 . 辽朝家族史研究 [J] . 史学史研究，2007（4）：78–84.

[153] 陶玉坤 . 辽宋和盟状态下的新对抗——关于辽宋间谍战略的分析 [J] . 黑龙江民族丛刊，1998（1）：70–75.

[154] 田广林 .《辽史》与辽人语境中的契丹西楼 [J] . 辽宁师范大学学报，2011（6）：126–129.

[155] 田广林 . 辽代契丹族政治家耶律屋质 [J] . 昭乌达蒙族师专学报，1986（1）：1–5，11.

[156] 田广林 . 论契丹社会的等级婚姻 [J] . 内蒙古社会科学，1999（5）：45–50.

[157] 万雄飞 . 辽秦国太妃晋国王妃墓志考 [J] . 文物，2005（1）：88–96.

[158] 王曾瑜 . 辽朝官员的实职和虚衔初探 [J] . 文史 1992（34）：159–186.

[159] 王德忠 . 辽朝世选制度的贵族政治特色及其影响 [J]. 东北师范大学学报，2003（6）：71–77.

[160] 王德忠 . 论辽朝社会阶层间的流动及其意义 [J] . 东北师范大学学报，

2005（2）：36−41.

［161］王德忠 . 论辽朝五京的城市功能［J］. 北方文物，2002（1）：77−81，90.

［162］王建军 . 辽朝枢密使的渊源［J］. 赤峰学院学报，2007（1）：13−15，28.

［163］王雷 . 辽代致仕制度初探［J］. 中共郑州市委党校学报，2009（5）：152−154.

［164］王玲 . 辽代燕京与契丹社会的发展［M］// 陈述 . 辽金史论集（第一辑）. 上海：上海古籍出版社，1987：159−174.

［165］王玲 . 辽代燕京与契丹社会发展［M］// 陈述 . 辽金史论集（第一辑）. 上海：上海古籍出版社，1987：159−174.

［166］王民信 .《辽史》里的麻答是谁？［M］. 王民信 . 王民信辽史研究论文集 . 台北："国立台湾大学出版中心"，2010：55−63. 原载于宋德金，景爱，穆连木，史金波 . 辽金西夏史研究［M］. 天津：天津古籍出版社，1997：29−36.

［167］王民信 .《辽史・韩知古传》及其世系补证［M］. 王民信 . 契丹史论丛 . 新北：学海出版社，1973：118−134.

［168］王民信 . 辽"东京"与"东京道"［M］// 王民信 . 王民信辽史研究论文集 . 台北："国立台湾大学出版中心"，2010：313−344. 原载于政大边政研究年报［J］. 1982（13）：1−22.

［169］王民信 . 辽朝统治下的奚族［M］// 王民信 . 王民信辽史研究论文集 . 台北："国立台湾大学出版中心"，2010：29−43. 原载于政大边政研究所年报［J］.1974（5）：47−65.

［170］王明前 . 契丹辽朝州县行政管窥［J］. 辽宁教育行政学院学报，2014（1）：13−21.

［171］王明荪 . 论辽代五京之性质［J］. 史学汇刊，2009（23）：143−191.

［172］王明荪 . 略论辽代的汉人集团［M］// 王明荪 . 宋辽金史论文稿 . 台北：明文书局，1981：63−126. 原刊于政治大学边政研究所年报，1980（11）：229−270.

［173］王青煜，敖力布 . 耶律隆祐与耶律隆裕考［M］// 姜锡东 . 宋史研究论丛（第十一辑）. 保定：河北大学出版社，2010：143−153.

[174] 王善军 . 辽代渤海世家大族考述 [J] . 民族研究，2006（3）：60-66.

[175] 王善军 . 辽代世家大族的军事势力 [J] . 安徽史学，2005（4）：23-27，15.

[176] 王善军 . 论辽代后族 [J] . 黑龙江民族丛刊，2007（2）：97-101.

[177] 王善军 . 论辽代皇族 [J] . 民族研究，2003（5）：59-68.

[178] 王善军 . 世选制度与契丹的家族势力 [J] . 社会科学战线，2004（1）：132-137.

[179] 王善军 . 耶律乙辛集团与辽朝后期的政治格局 [J] . 学术月刊，2008（2）：132-139.

[180] 王树民 . 略论契丹建国初期营建的四楼 [J] . 文史，1982（16）：99-103.

[181] 王滔韬 . 辽朝南面朝官体制研究 [J] . 重庆交通学院学报，2006（3）：37-46.

[182] 王昕 . 辽耶律宗愿墓志释文商榷 [J] . 中国历史文物，2004（5）：77-81.

[183] 王禹浪，石艳军 . 辽懿德皇后萧观音之死与辽朝的灭亡 [J] . 黑龙江民族丛刊，2008（3）：74-80.

[184] 王玉亭 . 从辽代韩知古家族墓志看韩氏家族契丹化的问题 [J]. 北方文物，2008（1）：59-64.

[185] 王玉亭 . 辽代韩德昌及其子嗣职官述略——兼论玉田韩第五代权势问题 [J] . 北方文物，2009（3）：71-75.

[186] 王云龙 . 契丹大字《耶律昌允墓志》考释 [M] //《中国古都研究》编委会 . 中国古都研究（第十八辑下册）——中国古都学会 2001 年年会暨赤峰辽王朝故都历史文化研讨会论文集 . 香港：国际华文出版社，2001：50-62.

[187] 魏奎阁，袁海波 . 辽外戚萧阿古只家族世系新补——兼论与阜新的密切关系 [J] . 辽海文物学刊，1995（2）：64-68，13.

[188] 乌力吉 . 关于契丹捺钵文化的再认识 [J] . 内蒙古大学艺术学院学报，2007（4）：15-20，92.

[189] 吴凤霞 . 契丹世选制的发展变化及其历史作用 [J] . 内蒙古社会科学，

1999（2）：47-49.

［190］吴英哲．契丹小字《耶律仁先墓志》补释［J］.内蒙古大学学报，2002（5）：49-54.

［191］武玉环．辽代职官考核制度探析［J］．史学集刊，2014（3）：83-87.

［192］武玉环．论辽与高丽的关系及辽的东部边疆政策［J］．吉林大学社会科学学报，2001（4）：76-80.

［193］武玉梅，张国庆．辽朝军、兵种考探［J］．黑龙江民族丛刊，1999（1）：46-52.

［194］向南．辽史公主表补正［M］．社会科学辑刊，1987（6）.

［195］向南．契丹萧思温家族［M］// 辽宁省辽金契丹女真史研究会．辽金历史与考古第一辑．沈阳：辽宁教育出版社，2009：107-111.

［196］肖爱民．辽朝的五京［J］．紫禁城，2008（10）：38-47.

［197］肖爱民．试析辽人意识中的国家政治中心——以辽代的石刻文为中心［M］// 辽宁省辽金契丹女真史研究会．辽金历史与考古国际学术研讨会论文集（上册、下册）．沈阳：辽宁教育出版社，2012：599-607.

［198］肖乃铖．"耶律宗元"在《辽史》中作"耶律重元"考，辽宁省辽金契丹女真史研究会．辽金历史与考古国际学术研讨会论文集（下册）［M］．沈阳：辽宁教育出版社，2012：576-580.

［199］萧启庆．汉人世家与边族政权—以辽朝燕京五大家族为中心［M］// 宋史座谈会．宋史研究集（第 27 辑）．台北："国立编译馆"，1997：481-542.

［200］熊鹰．从馆藏石刻略谈辽金元时期石刻书法特点［J］.书法丛刊，2007（4）：48-71.

［201］薛景平，冯永谦．辽代梁援墓志考［J］．北方文物，1986（2）：39-48，81.

［202］颜亚玉．契丹统治下的燕云农业经济［J］.中国社会经济史研究，1989（3）：15-21，14.

［203］杨福瑞．辽朝推行州县制过程考述［J］．内蒙古社会科学，2008（4）：

44–49.

［204］杨福瑞．辽上京留守系考［J］．昭乌达蒙族师专学报，2004（1）：24–25，39.

［205］杨杰．乌日根塔拉辽墓出土的契丹小字墓志铭再考［J］．西北民族研究，2003（4）：68–70.

［206］杨军，王成名．中国古代社会官吏文化制度与体制建设——契丹官吏世选的个案分析［J］．延边大学学报 2017（3）：69–74.

［207］杨军，王旭东．辽代南京留守的选任与迁转研究［J］．求索，2013（4）：68–71.

［208］杨军．东亚封贡体系确立的时间——以辽金与高丽的关系为中心［J］．贵州社会科学，2008（5）：117–124.

［209］杨军．辽朝南面官研究——以碑刻资料为中心［J］．史学集刊，2013（3）：3–19.

［210］杨军．辽代的宰相与使相［J］．学习与探索，2012（2）：154–157.

［211］杨军．辽代契丹故地的农牧业与自然环境［J］．中国农史，2013（1）：53–60.

［212］杨军．契丹“四楼”别议［J］．历史研究，2010（4）：171–179.

［213］杨若薇．辽朝科举制度的几个问题［J］．史学月刊，1989（2）：33–38.

［214］杨树藩．辽金地方政治制度之研究［M］// 宋史研究座谈会．宋史研究集（第 11 辑）．台北：“中华丛书编审委员会”，1979：359–414.

［215］杨树藩．辽金贡举制度［M］// 宋史研究集（第 7 辑）．台北：“中华丛书编审委员会”，1974：115–149.

［216］杨树藩．辽金文官任用制度［M］// 宋史座谈会．宋史研究集（第 9 辑）．台北：“中华丛书编审委员会”，1977：339–392.

［217］杨卫东．辽朝梁颖墓志铭考释［J］．文史 2011（1）：171–181.

［218］姚从吾．论辽朝契丹人之世选制度［J］．文史哲学报（台湾大学）1954（6）.

［219］姚从吾．说辽朝契丹人的世选制度［M］// 黄清连．制度与国家．北京：

中国大百科全书出版社，2005.309-348. 原载台湾大学文史哲学报，1954（6）.

［220］姚从吾 . 说契丹的捺钵文化［M］// 姚从吾 . 东北史论丛（下册）. 台北：正中书局，1959：7.

［221］尤李 . 辽南京留守耶律和鲁斡、耶律淳父子崇佛史事考［J］. 平顶山学院学报，2018（4）：79-81.

［222］余蔚 . 辽代懿州考［J］. 中华文史论丛，2009（4）.

［223］余蔚 . 论辽代府州遥领制度［M］// 历史地理（第二十三辑）. 上海：上海人民出版社，2008.

［224］袁刚，李俊义 . 辽朝在不同时期设立的“中京”及其相关问题探讨［J］. 赤峰学院学报，2013（7）：8-12.

［225］袁海波，李宇峰 . 辽代汉文《永清公主墓志》考释［J］. 中国历史文物，2004（5）：71-76.

［226］张国庆 . 辽朝官员的考绩与迁转探赜［J］. 中国史研究，2017（2）：137-148.

［227］张国庆 . 辽代理农使职考略［J］. 中国农史，2008（1）：10-16.

［228］张国庆 . 辽代牧、农经济区域的分布与变迁［J］. 民族研究，2004（4）：84-93.

［229］张国庆 . 论辽代石刻在疏证《辽史》中的作用——兼评向南先生《辽代石刻文编》［J］. 社会科学辑刊，1995（5）：96-103.

［230］张希清 . 辽宋科举制度比较研究［M］// 张希清，田浩，黄宽重，等 .10—13 世纪中国文化的碰撞与融合 . 上海：上海人民出版社，2006.

［231］张志勇 . 辽朝“五京”互动机制研究［J］. 渤海大学学报，2020（2）：27-33.

［232］张志勇 . 辽朝选任官吏的方式考述［J］. 辽宁工程技术大学学报，2004（2）：184-187.

［233］张志勇 . 论辽代法律及其特色——基于碑刻资料透露出的法律信息［J］. 辽宁工程技术大学学报，2012（4）：337-344.

［234］赵旭峰．辽王朝在燕云地区民族政策之研究［J］．大连民族学院学报，2006（2）：14-17.

［235］郑毅．辽与奚族的关系演变及辽中京的建置开发［J］．学理论，2012（35）：204-205.

［236］郑毅．略论辽朝边疆统驭方略的演变［J］．黑龙江民族丛刊，2012（5）：86-97.

［237］周峰．辽代前期汉人重臣高勋生平发微［J］．北方文物，2011（1）：52-56.

［238］周峰．辽代治边三题［J］．赤峰学院学报，2008（4）：10-13.

［239］周峰．奚族碑刻概说［J］．赤峰学院学报，2009（9）：1-4.

［240］朱子方．跋法库叶茂台出土辽肖义墓志铭［J］．中国历史博物馆馆刊，1985（7）：62-68，52.

［241］朱子方．从出土墓志看辽代社会［J］．社会科学辑刊，1979（2）：10，113.

［242］朱子方．辽代进士题名录［J］．黑龙江文物丛刊，1983（4）：24-34.

［243］朱子芳，黄凤岐．辽代科举制度述略［M］// 陈述．辽金史论集（第三辑）．北京：书目文献出版社，1987：1-12.

## 五、学位论文

［1］陈福来．辽金西京研究［D］．长春：东北师范大学，2007.

［2］高福顺．辽朝科举制度研究［D］．长春：吉林大学，2008.

［3］姜含．辽代五京建置研究［D］．沈阳：辽宁大学，2011.

［4］蒋金玲．辽代汉族士人研究［D］．长春：吉林大学，2010.

［5］康鹏．辽代五京体制研究［D］．北京：北京大学，2007.

［6］刘晋华．辽代五京布局特征研究［D］．长春：东北师范大学，2018.

［7］刘文静．以陪都留守为核心的中国古代陪都官制演变初探［D］．沈阳：辽宁大学，2016.

[8] 明盼盼 . 辽中京兴衰研究 [D] . 长春：东北师范大学，2010.

[9] 任爱君 . 契丹辽朝前期（907—982）契丹社会历史面貌解析 [D]. 呼和浩特：内蒙古大学，2005.

[10] 伞雾虹 . 辽朝上京建置研究 [D] . 大连：辽宁师范大学，2006.

[11] 史风春 . 辽朝天祚帝后妃世系考 [D] . 北京：中央民族大学，2010.

[12] 孙玮 . 辽朝东京海事问题研究 [D] . 大连：辽宁师范大学，2011.

[13] 陶莎 . 辽朝对高丽政策研究 [D] . 长春：吉林大学，2016.

[14] 陶玉坤 . 辽宋关系研究 [D] . 呼和浩特：内蒙古大学，2005.

[15] 王建军 . 辽朝枢密使研究 [D] . 保定：河北大学，2007.

[16] 王善军 . 辽代世家大族研究 [D] . 保定：河北大学，2001.

[17] 王淑兰 . 历史地理视角下的辽代城市研究 [D] . 长春：东北师范大学，2011.

[18] 辛鹏龙 . 辽代西京文化研究 [D] . 长春：长春师范学院，2010.

[19] 张景博 . 辽金时期西辽河流域人地关系研究 [D] . 沈阳：辽宁大学，2012.

[20] 张瑞杰 . 赤峰地区辽代城镇分布及其文化属性 [D]. 大连：辽宁师范大学，2014.

[21] 张韬 . 辽代道级行政区划研究 [D] . 长春：吉林大学，2016.

# ◎后记

本书是在前贤研究的基础上，对辽代五京政务运行开展的全面研究。第一，从建置过程、建置原因和行政建置三个方面对辽代五京建置情况进行梳理。第二，阐述五京留守在军事、行政、经济、文化等各个方面所具有职掌，考补五京留守任职人员，深入挖掘《辽史》等史料和碑刻资料，综合学术界研究动态对辽代五京留守人员予以全面辨析和考证，各京均增补部分留守，同时排除极少数目前已有研究成果中认为担任留守的人员。第三，分析辽代五京留守的任选，五京留守系各地方最高职官，契丹世家大族在选任为各京留守时占据绝对垄断地位，因此，辽政权在选任五京留守时有一定的原则，家族出身、入仕途径和前任职官是重要因素，不论何种因素，最终都要为维护契丹统治阶级的利益服务，也就是说五京留守的任选具有鲜明的民族性，与此同时，汉、渤海和奚等其他民族的佼佼者凭借自身势力也能跻身其中，但数量有限，可见辽代五京留守的任选开放性有限。第四，推断留守的更换频率，从现有资料和研究出发，利用三种数学统计方法，对五京留守更换频率做出推断；对留守的去职进行分类，任职留守后的去向分为三种情况，一是被调任到其他部门继续任职，二是死于留守任上，三是致仕，这其中以第一种去职方式为主要形式。第五，总结出辽代五京留守的基本概况，阐述了五京留守历史地位和作用，总结出辽代五京留守基本概况，阐述了五京留守在政务运行方面历史地位和作用，认为汉族留守的选任由前期的战时需要逐渐向中后期的荫补、科举等制度性措施过渡，分析辽政权对五京留守职掌的限制及其成效。

2014 年 12 月从吉林大学历史系博士毕业后，转岗到辽宁石油化工大学马克思主义学院从事教学科研工作，本书为博士论文《辽代五京留守研究》的拓展和延伸。书中的若干内容已经有 5 篇作为单篇论文发表，如《辽代南京留守的选任与转迁研究》《辽代上京留守选任研究》《辽代西京留守的选任与去向探究》《辽朝东京留守的选任及其特点》和《辽朝东京地方政务运行》，这些论文在收入本书时，虽然在内容、格式等方面都做了修改和调整，但肯定挂一漏万，难免存在不足和缺陷。

在本书付梓之际，对于给予我诸多指导、提携和帮助的师长、同仁、朋友谨致谢意！首先，感谢我的博士生导师——吉林大学文学院历史系杨军先生，博士毕业七年来，恩师一如既往地关心我的工作和生活，在获悉我转岗从事教学科研工作、任硕士研究生导师，他都非常高兴，在获批省社科基金项目后，恩师对于课题的开展提出高屋建瓴的指导和建议。其次，感谢课题组成员——师妹张韬副教授，她的博士论文《辽代道级行政区划研究》为本书第一、二章的撰写提供了参考和借鉴。之后，感谢在本书撰写过程中帮助我查询资料的师兄张士东教授，还有帮助我整理书稿的研究生宋佳和刘嘉欣。最后，感谢知识产权出版社责任编辑李婧，正是她的热心、悉心和耐心，才有了本书的顺利出版，同时感谢知识产权出版社对本书出版给予的支持。

本书是 2018 年度辽宁省社科规划基金项目《辽代五京地方政务运行研究》（项目编号：L18AZS001）的最终研究成果，该专著出版得到辽宁省社会科学规划基金办公室资助。